Georg F. von Canal
GEISTESWISSENSCHAFT
UND ÖKONOMIE

Georg F. von Canal

Geisteswissenschaft und Ökonomie

Die wert-, preis- und geldtheoretischen Ansätze in den ökonomischen Schriften Rudolf Steiners

Novalis Verlag

Georg Friedherr von Canal, geb. 1958, absolvierte seine Schulzeit in Deutschland und England und studierte allgemeine Volkswirtschaftslehre an der Hochschule St. Gallen für Wirtschafts-, Rechts- und Sozialwissenschaften, Schweiz.

Die Studienschwerpunkte lagen auf den Themengebieten ökonomische Theorie und Ökologie (Prof. Binswanger) und Analytik von Wirtschaftssystemen (Prof. O. Sik).

Tätigkeiten in der keramischen Industrie und im Bereich Corporate Finance einer internationalen Investmentbank Gruppe. Gegenwärtig ist er Direktor einer Investmentbank, die sich auf Privatisierungsprojekte in der Tschechoslowakei spezialisiert hat.

© 1992 Novalis Verlag AG
CH-8200 Schaffhausen
Umschlag: Johannes Klatt
Satz: Fotosatz Preis
Druck: Clausen & Bosse, Leck

ISBN 3-7214-0634-6

Inhaltsverzeichnis

satz aus liquiditätstheoretischer Sicht 210/Das Modell der Geldabschreibung auf der Basis von Rudolf Steiners Ideen zur Geldreform 216/Das assoziative Bankenwesen 228/Annex: Assoziatives
Bankenwesen in der Praxis 230

Vorwort

Rudolf Steiner ist vorallem als Begründer der anthroposophischen Geisteswissenschaft und der Waldorfpädagogik bekannt geworden. Weniger bekannt ist dagegen die Tatsache, daß Steiner auch als Sozialreformer wirkte und sich mit ökonomischen Theorien beschäftigte. Steiner entwickelte eine gesellschaftliche Grundkonzeption, die er die Dreigliederung des sozialen Organismus nannte und die von einer Neuzuordnung der drei Gesellschaftsbereiche, Kultur, Wirtschaft und Politik, ausgeht. Auf dem Gebiet der ökonomischen Theorien machte sich Steiner insbesondere mit der klassischen politischen Ökonomie vertraut, wobei er sich vorallem mit Adam Smith, David Ricardo und Karl Marx auseinandersetzte.

In vierzehn Vorträgen zur Nationalökonomie, die Steiner im Sommer 1922 in Dornach bei Basel hielt und die später unter dem Titel «Nationalökonomischer Kurs» herausgegeben wurden und in sechs begleitenden Seminarbesprechungen, die unter dem Titel «Nationalökonomisches Seminar» erschienen sind, entwickelte Steiner eigene theoretische Ansätze auf dem Gebiet der Wert- Preis- und Geldtheorie und setzte diese in ein Verhältnis zur klassischen politischen Ökonomie, die auf Adam Smith zurückgeht und deren Entwicklung sich hauptsächlich in England über fast das gesamte 19. Jahrhundert erstreckte.

Steiners wirtschaftstheoretische Ansätze enthalten eine Reihe von Ideen, die auch aus heutiger Sicht interessant erscheinen und die die Beschäftigung mit den Inhalten seines Kurses und des Seminars lohnend machen.

Steiner spricht im Kurs von *Adam Smith* als einem bedeutenden Ökonomen, der allerdings die Volkswirtschaft zu sehr aus der Perspektive des Individuums bzw. der Einzelwirtschaft betrachtet habe. Steiner hebt insbesondere hervor, daß Smith das Phänomen der industriellen Arbeitsteilung einseitig als Instrument zur Optimierung des Individualnutzens betrachtet habe. Für Steiner ist mit dem Phänomen der Arbeitsteilung dagegen wegen der auftretenden Abhängigkeiten der Wirtschaftsteilnehmer untereinander vorallem die Notwendigkeit einer Koordination von Leistungen im Sinne einer *sozialen Kooperationsgemeinschaft* verbunden.

Wenn man Steiners Ausführungen im Rahmen seines «Modells»

einer *Dreigliederung des sozialen Organismus* mit den werttheoretischen Erörterungen im Zusammenhang mit der Arbeitsteilung kombiniert, so wird deutlich, daß Steiner den klassischen Begriff der Privatwirtschaft — verstanden als einzelne, im Wettbewerb stehende Unternehmung — um eine *soziale Komponente* erweiterte. Unternehmen sollen nicht nur «für sich arbeiten», sondern auch übergeordnete volkswirtschaftliche Funktionen wahrnehmen. Als Beispiel führt Steiner die Koordination der Unternehmen einer Branche zur Ermittlung und Steuerung ihrer optimalen volkswirtschaftlichen Produktionskapazität an. Statt den Steuerzahler via Subventionen die *Kosten* (heute würde man von externen Kosten sprechen) der durch den Wettbewerb erzeugten Überkapazitäten einer Branche bezahlen zu lassen — der Steuerzahler bezahlt den dafür notwendigen *Staatsapparat* jeweils mit — schwebte Steiner eine rein «wirtschaftsinterne» Lösung vor, in deren Rahmen die beteiligten Unternehmen durch *eigenverantwortliches Handeln* im Sinne antizipativer Strategien Fehlallokationen von Ressourcen vermeiden. Die institutionellrechtliche Ausgestaltung einer solchen Zusammenarbeit einer Branche nannte Steiner *assoziative* Kooperation.

Steiner war stets bemüht, die seiner Auffassung nach richtigen Elemente einer Theorie zu würdigen. Abgrenzungen und Erweiterungen nahm er da vor, wo er sie für angebracht hielt. Die werttheoretischen Ansätze Steiners im Kurs verraten ~~in~~ mancherlei Beziehung den Klassiker, vorallem wenn seine werttheoretischen Ansätze mit der neoklassischen Werttheorie verglichen werden.

In drei weiteren wesentlichen Punkten geht Steiner allerdings über die Klassik hinaus:

Produktionsfaktoren: Statt Arbeit und Kapital — in letzterem wird von den Klassikern lediglich kristallisierte Arbeit gesehen — spricht Steiner von drei *qualitativ* unterschiedlichen Produktionsfaktoren: Natur, Arbeit und Geist. Steiner sieht die Produktivität der modernen Wirtschaft auch und vorallem als eine *geistige* Errungenschaft der modernen Zivilisation an. Der Faktor Geist, den Steiner vorallem im Kapital wirksam sieht, bildet gleichzeitig eine Brücke zu den *kulturellen Leistungen* einer Zivilisation, wobei sich Steiner so interpretieren läßt, daß der wirtschaftliche Erfolg einer Nation, worunter Steiner keineswegs nur eine Geldgröße wie etwa das Bruttosozialprodukt verstand, von der Fähigkeit einer Gesellschaft abhängt, *kulturelle Güter* und *immaterielle Werte* zu produzieren. Damit gerät

Steiner in einen gewissen Gegensatz zur Klassik, die seit Adam Smith den Wohlstand einer Gesellschaft ausschließlich am materiellen Erfolg gemessen hat und einen *unbegrenzt* wachsenden Kapitalstock als dessen Motor ansah.

Steiner vertritt dagegen die These, daß der Verbrauch des Kapitals durch *Schenkungen* in den Bereich der Kultur die Grundlage für eine gesunde Wirtschaftsweise darstellt und daß ein zuviel an Kapital, vorallem wenn es keine echten wirtschaftlichen Verbrauchswerte schafft, schädigend ist.

Preise und Einkommen: Die Klassik, vorallem in der Person David Ricardos, versuchte die Einkommen aus einer *qualitativen* Zurechnung von Werten und Preisen zu erklären, wobei die Basis dieser Zurechenbarkeit in einer in Zeiteinheiten gemessenen Arbeitsleistung liegt. Steiner bemängelt, daß diese Zurechenbarkeit auf der falschen Voraussetzung fuße, daß man in der *Vergangenheit* erbrachte Leistungen bezahlen könne. Nicht die Leistungen der Vergangenheit, sondern die *laufenden* Bedürfnisse, sagt Steiner, müssen als Ausgangspunkt für die Preisbildung aufgefaßt werden.

Die Verknüpfung der Wert- mit der Preis- und Einkommenstheorie via quantitativer Zurechnung — das theoretische Herzstück sowohl der Klassik als auch der Neoklassik — wird von Steiner abgelehnt. Steiners Verteilungsansatz geht von der prinzipiellen Trennung zwischen Leistung und Einkommen aus, da er die Ableitung des zweiteren aus dem ersteren für theoretisch unmöglich hält.

Die Geldfunktion: Neben der Zahlungsmittelfunktion des Geldes und seiner Funktion als Kreditgeld untersuchte Steiner auch die Funktion des Geldes als *liquides* Vermögensmittel. Im Unterschied zu den Klassikern, aber auch zu Keynes, deutet Steiner das Geld als ein Phänomen, in welchem sich abstrakte Fähigkeiten und Gesetze des Geistes verwirklicht haben. Damit ist die Eigenschaft des Geldes gemeint, sich über Grenzen des Raumes und der Zeit hinwegzusetzen. Diese Potenz des Geldes bringt nach Steiner neben bedeutenden Erleichterungen im Zahlungswesen und Kapitalverkehr auch die Gefahr der Manipulation der realen Güterwirtschaft mit sich. Dies wird besonders bei Steiners Auffassung der Liquidität deutlich. Unter der *Liquidität* im Sinne Steiners ist vorallem die Eigenschaft des Geldes zu verstehen, auf der Basis eines *abstrakt-monetären* Wertausdruckes von Rententrägern wie Grund und Boden sowie Produktionskapital, mit tendentiell *unbegrenzten* Erträgen («ewigen Renten») und einem dauerhaften *(Vermögens)wert* des Geldes zu rechnen. Steiner hat die realwirtschaftlichen Auswirkungen der Liquidität des Geldes allerdings nicht im Detail untersucht.

Bei der vorliegenden Abhandlung handelt es sich um eine wirtschaftswissenschaftliche Auseinandersetzung mit den wirtschaftlichen Lehren von Rudolf Steiner. Dabei geht es dem Autor allerdings weniger um eine kritische Überprüfung, sondern um die Einordnung der Nationalökonomie Steiners in die allgemeine Entwicklung der ökonomischen Lehre. Erst auf diesem Hintergrund ist es möglich, Steiners Ideen in ihrem praktischen Gehalt zu erfassen und zu beurteilen.

Bedeutsam ist insbesondere die eingehende Darstellung der Geldlehre Steiners und seine Reformvorschläge im Bereich des Geldwesens. Diese sind, wie Steiner selber bekennt, unvollständig geblieben. Der Autor versucht, auch unter Einbezug anderer Autoren, wie H.G. Schwepphäuser und U. Herrmannstorfer, diese Vorschläge auszubauen. Dabei ist ihm eine wesentliche Konkretisierung gelungen.

Hans Ch. Binswanger

Einleitung

Zur Biographie Rudolf Steiners

Rudolf Steiner, der Begründer der anthroposophischen Geisteswissenschaft, wurde am 27. Februar 1861 in Kraljevec (damals Österreich-Ungarn, heute Jugoslawien) als Sohn eines Beamten der österreichischen Südbahn geboren. 1879 begann er das Studium der Mathematik und Naturwissenschaft, zugleich Literatur, Philosophie und Geschichte an der Wiener Technischen Hochschule. In den achtziger Jahren des 19. Jahrhunderts lebte Steiner in Wien, wo er u.a. Herausgeber einer kulturpolitischen Zeitschrift war. 1891 erfolgte die Promotion zum Doktor der Philosophie an der Universität Rostock. In seiner Doktorarbeit setzte sich Steiner kritisch mit dem deutschen Idealismus auseinander, wobei insbesondere die erkenntniskritische Behandlung von Kant und Fichte als herausragende Leistung anzusehen ist.[1] Den meisten Teil der neunziger Jahre verbrachte Steiner in Weimar, wo er für Kürschner die Herausgabe der naturwissenschaftlichen Schriften Goethes besorgte. 1897 übersiedelte Steiner nach Berlin, wo er von 1899 bis 1904 an der von W. Liebknecht gegründeten Berliner Arbeiter-Bildungsschule als Lehrer tätig war. 1902 schloß sich Steiner der Theosophischen Gesellschaft an, deren Generalsekretär in Deutschland er wurde. 1913 gründete er die Anthroposophische Gesellschaft. Im gleichen Jahr begann der Bau am Goetheanum (Dornach, Schweiz), einer freien Hochschule für Kunst und Wissenschaft, an deren Entstehung Steiner entscheidend mitwirkte.

Ab dem Jahr 1902 entwickelte Steiner eine umfangreiche Vortragstätigkeit, die ihn durch ganz Europa führte. Bis zu seinem Tode 1925 hielt Steiner rund 6000 Vorträge. Steiners hohe geistige Fähigkeiten und seine diszipliniert-wissenschaftliche Denkweise erlaubten ihm auf vielen Lebens- und Wissensgebieten zu wirken. Insbesondere die Steigerung und Umwandlung der rationalen Erkenntniskräfte zum

---

1 Rudolf Steiners Dokotorarbeit ist unter dem Titel «Wahrheit und Wissenschaft» als Buch erschienen.

Erkenntnisvermögen der geistigen Welt gestatteten es ihm, entscheidende Impulse für eine weltanschauliche und soziale Neuorientierung zu geben. 1904 erschien erstmals sein Buch «Theosophie. Einführung in übersinnliche Welterkenntnis und Menschenbestimmung». 1904/05 erschien «Wie erlangt man Erkenntnisse der höheren Welten», sowie u.a. drei Aufsätze in der von Steiner herausgegebenen Zeitschrift «Luzifer Gnosis» mit dem Titel «Geisteswissenschaft und soziale Frage». Besonders in den Jahren 1914-1925 gab Rudolf Steiner in Vorträgen und Kursen zahlreiche Anregungen zur Erneuerung sehr verschiedener Lebensgebiete: Naturwissenschaft, Kunst, Pädagogik, Medizin, Theologie und Wirtschaft. Ab 1917 vertrat Steiner den Gedanken einer «Dreigliederung des sozialen Organismus», der eine grundlegende Neugestaltung des sozialen Lebens (Recht, Wirtschaft, Kultur) beinhaltet. 1919 erschien die Schrift «Die Kernpunkte der sozialen Frage in den Lebensnotwendigkeiten der Gegenwart und Zukunft». Im gleichen Jahr wurde in Stuttgart auf Initiative des damaligen Direktors der Waldorf-Astoria Zigarettenfabrik die «Freie Waldorfschule» gegründet, die Steiner bis zu seinem Tode leitete. 1921 erfolgte die Gründung der Wochenschrift «Das Goetheanum» mit regelmäßigen Aufsätzen und Beiträgen Steiners. 1922 erschien «Kosmologie, Religion und Philosophie». In das gleiche Jahr fallen vierzehn Vorträge zur Nationalökonomie, die Steiner vom 24. Juli bis zum 6. August vor Studenten der Nationalökonomie hielt. Begleitend dazu fanden sechs Seminarbesprechungen mit Fragenbeantwortungen statt. Vorträge und Seminare wurden unter dem Titel «Nationalökonomischer Kurs» bzw. «Nationalökonomisches Seminar» (1922 bzw. 1931) erstmals veröffentlicht. 1924 hielt Steiner u.a. Vorträge zur Landwirtschaft, die zur Grundlage der biologisch-dynamischen Wirtschaftsweise wurden. 1923-1925 arbeitete Rudolf Steiner mit Ita Wegmann an dem Buch «Grundlegendes für eine Erweiterung der Heilkunst nach geisteswissenschaftlichen Erkenntnissen». Aus der Zusammenarbeit mit Wegmann ergaben sich wesentliche Neuimpulse für die homöopathische Heilkunst. Rudolf Steiner war nicht nur ein Kenner der Weltreligionen, sondern er trug mit seiner Geisteswissenschaft zu deren tieferem Verständnis bei. Von herausragender Bedeutung sind Steiners Vorträge zum Christentum. 1924 entstand unter hauptsächlicher Beteiligung Steiners der Ritus für die Christengemeinschaft. Am 30. März 1925 starb Rudolf Steiner in Dornach, Schweiz.

Rudolf Steiner als Ökonom

Während auf den Gebieten der Pädagogik, Medizin und Landwirtschaft breite Betätigungsfelder auf anthroposophischer Grundlage entstanden, blieben Initiativen und Werke auf den Gebieten Wirtschaft und Politik in ihrer Wirkung wesentlich bescheidener. So heißt es beispielsweise in Meyers Enzyklopädischem Lexikon (1978): «Weniger einflußreich war die von Steiner nach dem Ersten Weltkrieg zur Lösung sozialer Fragen inaugurierte ‹Bewegung für Dreigliederung des sozialen Organismus› mit dem Programm einer Entflechtung von Staat, Wirtschaft und Gesellschaft». Insbesondere ist eine Rezeption der wirtschaftswissenschaftlichen Beiträge Steiners durch die «offizielle» Wissenschaft bisher fast gänzlich unterblieben. So fand Steiners «Nationalökonomischer Kurs» z.B. bisher nur innerhalb der anthroposophisch orientierten sozialwissenschaftlichen Literatur Beachtung.[1] Allerdings bemerkt Binswanger, daß «das ökonomische Werk Rudolf Steiners als eine Wiederaufnahme und Weiterführung der früheren Lehren von Aristoteles bis John Locke zu verstehen (ist), indem er der Dynamik des Geldes eine entscheidende Bedeutung beimißt».[2]

Zweck und Ziel der vorliegenden Arbeit ist es, Steiners ökonomisches Denken in seinen wesentlichen Bestandteilen darzustellen und zu erläutern. Im Mittelpunkt dabei steht Steiners «Nationalökonomischer Kurs». Zum besseren Verständnis der vierzehn Vorträge Steiners zur Nationalökonomie werden zwei weitere Arbeiten Steiners herangezogen, deren Bezug zum «Nationalökonomischen Kurs» von Steiner selbst mehrfach hervorgehoben wurde. Es handelt sich hierbei einerseits um die kleine Schrift «Geisteswissenschaft und soziale Frage» und um «Die Kernpunkte der sozialen Frage in den Lebensnotwendigkeiten der Gegenwart und Zukunft».

Im Mittelpunkt der hier vorliegenden Darstellung und Erläuterung von Steiners «Nationalökonomischem Kurs» steht seine Auseinandersetzung mit der Klassischen Politischen Ökonomie, die mit den Namen Smith und David Ricardo verbunden ist. Der Herausarbei-

---

1 Hier allerdings in Verbindung mit anderen Schriften Steiners in zahlreichen Veröffentlichungen. Zuletzt u.a. in den von Stefan Leber herausgegebenen Sammelbänden «Das Soziale Hauptgesetz», «Die wirtschaftlichen Assoziationen» und «Wesen und Funktion des Geldes».
2 H.C. Binswanger 1980, S. 70

tung und Präzisierung der Unterschiede zwischen den Klassikern und Steiners eigenen wirtschaftstheoretischen Ansätzen auf wert-, geld- und preistheoretischem Gebiet ist der größte Teil der vorliegenden Arbeit gewidmet.

Der «Kurs» kann aber nicht nur als Auseinandersetzung mit der Klassik gewertet werden. Steiners geldtheoretischer Ansatz, den er aus einer Kritik an der klassischen Wertlehre und einem eigenen werttheoretischen Ansatzpunkt entwickelt, vermag wesentliche Neuimpulse für zukünftige geldtheoretische Arbeiten zu vermitteln. Im zwölften Vortrag des «Nationalökonomischen Kurses» entwirft Steiner einige Grundprinzipien zu einer Reform des Geldwesens, die ihn als einen auf das Praktische gerichteten Sozialreformer ausweisen.

Die Darstellung und Interpretation der eigenen Theorieansätze und ihre praktischen Konsequenzen stellt einen zweiten Schwerpunkt der vorliegenden Arbeit dar.

Darstellung ausgewählter Veröffentlichungen Rudolf Steiners zu sozialwissenschaftlichen Themen

«Geisteswissenschaft und soziale Frage»

Die kleine Schrift «Geisteswissenschaft und soziale Frage» besteht aus drei Teilen, die als jeweils einzelne Aufsätze erstmals in der Zeitschrift «Luzifer Gnosis» in den Jahren 1904/1905 erschienen sind. Die Aufsätze fanden wenig Verständnis und Interesse, so daß eine Fortsetzung unterblieb. Erst im Jahre 1928 wurden sie wieder in der Wochenschrift «Anthroposophie» abgedruckt. 1957 erfolgte die Neuherausgabe durch die Rudolf-Steiner-Nachlaßverwaltung, und seither kam es zu weiteren Auflagen.

Ausgangspunkt aller Schriften Rudolf Steiners im sozialwissenschaftlichen Themenbereich ist die sogenannte soziale Frage. In «Geisteswissenschaft und soziale Frage» behandelt Steiner die soziale Frage in einem Kontext, den man mit E. Cannan, dem Herausgeber der Schriften Adam Smiths so formulieren könnte: «The really fundamental questions of economics are why all of us, taken together, are as well off — or as ill off, if that way of putting it be preferred — as we are, and why some of us are much better off, and other much worse off than the average.»[1] Für Rudolf Steiner ist die soziale Frage aber nicht nur eine wirtschaftswissenschaftliche Frage. Er bringt sie vielmehr in Verbindung mit der von ihm begründeten anthroposophischen Geisteswissenschaft. Reichtum und Armut berührt die Frage nach dem Wesen der menschlichen Gemeinschaft und

---

1 E. Cannan, in: V.W. Bladen 1974, S. 113. In einem Vortrag in Berlin am 26.10.1905 mit dem Titel «Die soziale Frage und die Theosophie», der den Inhalt der drei Aufsätze in der «Luzifer Gnosis» widerspiegelt, geht Steiner von den Einkommensstatistiken Preußens und Englands aus und stellt fest, daß in Preußen 21 Millionen Menschen weniger als 800 oder 900 Mark verdienen, wobei 900 Mark Jahreseinkommen die Besteuerungsgrenze darstellte. Vgl. R. Steiner, in: Beiträge 1985, S. 15.

dem Wesen des einzelnen Menschen, der in dieser Gemeinschaft lebt.[1]

Geisteswissenschaft und soziale Frage

Nach Steiners Auffassung ist der Mensch Teil einer geistig-übersinnlichen Wirklichkeit: «Anthroposophische Geisteswissenschaft, ... beruht darauf, daß anerkannt werde, wie hinter der sinnlich-physischen Welt, und mit dieser innig verwoben, eine geistig-übersinnliche steht, aber auch darauf, daß der Mensch in der Lage ist, durch Entwicklung gewisser Erkenntniskräfte zu einer Einsicht zu kommen in diese mit der Sinneswelt verwobene übersinnliche Welt.»[2] Die Anthroposophie versteht sich als Schulungsweg, der den Menschen auch sozial zu neuen Fähigkeiten leiten soll. Nicht Heilslehre und transzendentale Philosophie, sondern praktisches soziales Handeln auf der Grundlage höherer Erkenntnis will sie sein, um den Anforderungen der Zeit gerecht zu werden: «Das ethische, das moralische Leben steht heute deshalb auch mit brennenden Fragen vor uns, weil wir in dem Zeitalter leben, in dem das Ethische zu gleicher Zeit das Soziale ist und die soziale Frage als eine brennende Frage von jedem Menschen empfunden werden kann.»[3]

Die Gestaltung des sozialen Lebens aus dem Geiste einer zugleich inspirierten und praktischen Ethik heraus wird sich in dem Maße gemeinschaftlich realisieren, als höhere geistige Fähigkeiten erworben werden. Der anthroposophische Schulungsweg führt zur Erkenntnis «daß es neben allgemein bekannten und ‹anerkannten› Seelenverfassungen noch weitere gibt, die durch die Konzentration allein auf innere Seelentätigkeiten, durch ‹Seelenübungen›, in das Bewußtsein

---

1 Als die Frage nach der Gerechtigkeit ist die soziale Frage uralt. In der Nikomachischen Ethik von Aristoteles ist sie in die Untersuchung der arithmetischen und distributiven Gerechtigkeit gekleidet. Im Mittelalter stellt sie sich mit der Frage nach dem iustum pretium, im 19. Jahrhundert schließlich ist sie der Mittelpunkt im Konflikt zwischen Arbeit und Kapital. Eines jedoch ist im 19. Jahrhundert völlig neu: Während sie im 18. Jahrhundert (inklusive Fichte und Hegel) noch als philosophische Frage behandelt wird, wird sie durch die Klassiker auf dem Boden der Wirtschaft gestellt. Durch die «invisible hand» der Marktkräfte (Adam Smith) wird das Göttliche gewissermaßen als wirtschaftliches Urprinzip gedeutet.

2 R. Steiner 1962, S. 7

3 R. Steiner a.a.O., S. 103

gehoben werden können und damit zu einer Vertiefung und Erweiterung des menschlichen Bewußtseins beitragen können».[1] Steiners Geisteswissenschaft grenzt sich gegenüber reinen Glaubenslehren dadurch ab, daß er den Bereich des Übersinnlichen der menschlichen Erkenntnis erschließen will. Steiner ging es darum, eine «Brücke von der Wahrnehmung der sinnlichen Erscheinung hinüber zu einer geistigen und moralischen ‹Weltordnung› zu schlagen und damit zu einem umfassenden Verständnis der Welt zu gelangen».[2] Vom wissenschaftlichen Rationalismus trennt Steiner das Vorurteil, daß es in und hinter den physischen Erscheinungen keine rein geistige Wirklichkeit mehr geben soll. Die Verquickung moderner Wissenschaftslehren mit materialistischen Weltanschauungen hemmt nach Steiner den Erkenntnisfortgang der Wissenschaften und führt zu Begrenzungen der wissenschaftlichen Methodik.

Die Bedeutung des anthroposophischen Ansatzes wird deutlich, wenn die heutige Gegensätzlichkeit von Religion und Wissenschaft ins Auge gefaßt wird. Denn die Polarisierung von Religion und Wissenschaft führt zur moralischen Verwaisung der menschlichen Seele. Die Unfähigkeit zu moralischem Handeln wird heute gerade dadurch hervorgerufen, «daß die Wissenschaft vor den Grenzen des Übersinnlichen haltmacht, daß sie den Bereich des Übersinnlichen den Mystikern überläßt».[3] Diese Mystiker sind ihrerseits nicht am Projekt der Aufklärung interessiert. Statt Hinführung des Individuums zu höherer Erkenntnis und individueller Verantwortung im konkreten sozialen und wirtschaftlichen Leben entstehen Sekten mit ihren sozialen Gruppeninstinkten. So entsteht eine Polarisation von Weltanschauungen, die zur sozialen Zersplitterung führt und den Menschen zur Orientierungslosigkeit in der menschlichen Gemeinschaft treibt.

Steiners Schrift «Geisteswissenschaft und soziale Frage» sucht einerseits die Bedeutung geisteswissenschaftlicher Erkenntnis für das Verständnis sozialer Fragen zu verdeutlichen. Geisteswissenschaftliche Erkenntnis führt zum besseren Verständnis der sozialen Realitäten. Zum anderen macht Steiner deutlich, daß das Individuum allein bei der Lösung sozialer Fragen überfordert ist. Strukturelle

---

1 W. Kugler 1978, S. 14f.
2 W. Kugler a.a.O., S. 12.
3 W. Kugler 1978, S. 12.

Veränderungen in einer arbeitsteiligen Wirtschaft sind erforderlich.

Die Veranlassung zu den drei Aufsätzen «Geisteswissenschaft und soziale Frage» — als Schrift liegen sie erst seit 1957 vor — geht aus dem Text selbst nicht eindeutig hervor. Allerdings findet sich im zweiten Aufsatz ein Hinweis, der diese Frage beantworten könnte. Steiner setzt sich dort mit dem Buch von G.L. Dankmar «Die kulturelle Lage Europas beim Wiedererwachen des modernen Okkultismus» von 1905 auseinander, der darin u.a. schreibt, daß eine Familie, die sich im sozialen Elend befindet, nicht einer esoterischen Geisteswissenschaft bedürfe, sondern konkreter sozialpolitischer Maßnahmen, die dem Elend ein Ende bereiten.[1] Diese Kritik an der anthroposophischen Geisteswissenschaft könnte der Hintergrund für die Eingangsfrage Steiners sein: «Was soll, so wird mancher fragen, eine Lehre den sozialen Übelständen helfen, die sich mit ‹Wiederverkörperung›, mit ‹Karma›, mit der ‹übersinnlichen Welt›, mit der ‹Entwicklung des Menschen› und so weiter befaßt?»[2] Steiner gestand ein, daß die Geisteswissenschaft, verstanden als Selbstbeschäftigung der Seele zu eigenem höheren Heil keine wesentliche Bedeutung für das soziale Leben der Menschen haben könne. So aber wollte er die Geisteswissenschaft nicht verstanden wissen. Geisteswissenschaftliche Ideen «bilden den Blick aus für eine richtige Führung des alltäglichen Lebens» und die «Geisteswissenschaft schärft gerade dadurch das Verständnis für die sozialen Forderungen, daß sie den Geist erst in die lichten Höhen des Übersinnlichen führt».[3] In seinen

---

1 R. Steiner (1982, S. 19) zitiert Dankmar mit den Worten: «Steige die Geisteswissenschaft aus ihrer eisigen Einsamkeit hinab unter Menschen, unter das Volk; stelle sie im Ernste und in der Wahrheit die ethische Forderung der allgemeinen Brüderlichkeit an die Spitze ihres Programms, und handle sie, unbekümmert um alle Konsequenzen danach; mache sie das Wort Christi von der Nächstenliebe zur *sozialen Tat* und sie wird köstlich unverlierbares Menschheitseigentum werden und bleiben.»

2 R. Steiner a.a.O., S. 6.

3 R. Steiner a.a.O., S. 8. Steiner maß die Legitimation der Geisteswissenschaft an ihrer sozialen Wirksamkeit. In diesem Sinne müsse sie sich erst «zu ihrer hohen Kulturmission» hinaufentwickeln. R. Steiner a.a.O., S. 44. Die soziale Wirksamkeit als grundlegende Intention der Geisteswissenschaft bringt Steiner an anderer Stelle durch die Worte zum Ausdruck: Die Geisteswissenschaft «möchte sich so auffassen, daß sie nicht tote, abstrakte Erkenntnis, in Theorien ... ist ... daß sie einströmt in den Menschen nicht bloß als Gedanken und nicht bloß als Beobachtungsresultate, sondern als ein Lebensblut der Seele; daß sie als Leben im Menschen selber vorhanden ist». R. Steiner, in W. Kugler a.a.O., S. 12.

drei Aufsätzen machte es sich Steiner zur Aufgabe, diese Absicht näher zu begründen.

Eigennutz und «soziales Hauptgesetz»

Im ersten Abschnitt seiner Schrift «Geisteswissenschaft und soziale Frage» machte Steiner auf zwei weltanschauliche Irrtümer aufmerksam, die zu einer Fehlinterpretation realer sozialer Verhältnisse führen. Den Vertretern einer historisch-materialistischen Weltauffassung hält er entgegen, daß sie dem «Äußerlichen» eine ganz falsche Macht zuschreiben. Die äußeren Verhältnisse seien nur der Ausdruck eines «inneren Lebens», das sich im äußeren materialisiert habe. Nur derjenige könne die äußeren Einrichtungen und Institutionen richtig beurteilen, «der sich klar macht, daß diese nichts anderes sind als das Geschöpf der Menschenseelen, die ihre Empfindungen, Gesinnungen und Gedanken darin verkörpern». Folglich kann sich die Welt auch nur wandeln, «wenn man ... von anderen Gedanken, Gesinnungen und Empfindungen ausgeht».[1] Steiner warnt aber gleichzeitig vor einem theoretischen Idealismus, der vom «bloßen Glauben an die Güte der Menschennatur» ausgeht und nicht zu wahrer Menschenkenntnis fortschreitet.[2] Der bedeutende englische Sozialreformer Robert Owen (1771-1858), Begründer des englischen Genossenschaftswesens, hätte die Erfahrung machen müssen, daß die besten Sozialeinrichtungen nur dann erhalten werden können, wenn die Menschen «mit warmer Anteilnahme an ihnen hängen».[3] So, wie die Menschen heute an Wissenschaft und Technik hängen, weil sie die Gesetze der Natur in ihnen bewundern, werden sie nach Rudolf Steiner in Zukunft an sozialen Grundwahrheiten der menschlichen Gemeinschaft hängen müssen, um soziale Probleme lösen zu können. Eine neue innere Gewißheit auf sozialem Gebiet vermag die Geisteswissenschaft zu wecken, weil sie aufzuzeigen vermag, daß die sozialen Gesetze geistig genauso objektiv sind, wie es die Naturgesetze sind, obgleich diese Objektivität — anders als in der Natur — erst realisiert werden muß. Die natürliche Welt ist geschaffen, die soziale Welt muß erst

---

1   R. Steiner 1982, S. 24.
2   R. Steiner a.a.O., S. 32.
3   R. Steiner a.a.O., S. 31. Steiner spielt an dieser Stelle auf das gescheiterte Sozialprojekt Owens in New Lanark an.

noch geschaffen werden.[1] Rudolf Steiner geht es hier zum einen um die Erkenntnis der Geistnatur allen Seins und zum anderen um die Liebe zum Geistigen selbst, die aus dem bewußten inneren Erleben der geistigen Wahrheiten fließt, und so die Kraft gewinnt, die Welt auch sozial zu verändern.

Wer erkennt, daß die äußere soziale Welt durch «Gedanken, Gesinnungen und Empfindungen» entstanden ist, entwickelt eine neue Anschauung der sozialen Realität. Der Manchester Kapitalismus erscheint dann z.B. als die höchste Form der sozialen Indifferenz. Klassenkampf- und Ausbeutungstheorien sind dann die durch Not und Haß inspirierten Antworten. Wer in der Logik dieser Dialektik verharrt, erreicht keine wirkliche Erkenntnis der sozialen Zusammenhänge. Deshalb ist Selbsterkenntnis die erste Stufe der sozialen Erkenntnis. «Ob ich arm bin oder reich; ich beute aus, wenn ich Dinge erwerbe, die nicht genügend bezahlt werden.»[2] Der sozialen Frage sieht man «tief ins Herz», wenn es einen mit einem gewissen «Schmerz» erfüllt, daß die Kleider am eigenen Leib für einen Hungerlohn hergestellt sind.[3] Die persönliche Betroffenheit darf sich nicht gegen andere Menschen richten, sondern muß zur Erkenntnis der tieferen Ursachen von Armut und Elend fortschreiten. Armut und Elend werden dadurch geschaffen, «daß unsere Einrichtungen oder die uns umgebenden Verhältnisse auf den persönlichen Eigennutz aufgebaut sind».[4]

Als realisiertes wirtschaftlich-soziales Ordnungsmuster führt der Eigennutz nach Steiner u.a. dazu, daß die Unternehmer den Lohn nur als Kosten ansehen mit der Folge von Lohnkostenminimierungsstrategien und die Arbeiter den Gewinn als einseitige Ertragsannexion, mit der Folge von Lohneinkommensmaximierungsstrategien. «Ob ich viel oder wenig habe: bediene ich mich dessen, was ich habe, zur Befriedigung meines Eigennutzes, so muß dadurch der andere ausgebeutet werden».[5] Das Wirtschaftssubjekt kann sich diesem zum System gewordenen Eigennutz nicht entziehen; denn der einzelne wird systembedingt dazu veranlaßt, «daß er möglichst viel erwerbe (...) Wie die anderen arbeiten müssen, um seine Bedürfnisse zu be-

---

1 Vgl. R. Steiner a.a.O., S. 11.
2 R. Steiner a.a.O., S. 25.
3 Vgl. R. Steiner in Beiträge 1985, S. 15.
4 R. Steiner 1982 a), S. 25.
5 R. Steiner in Beiträge 1985, S. 26f.

friedigen, darauf kann er keine Rücksicht nehmen. Er muß also dadurch seine Kräfte im Kampfe ums Dasein entfalten».[1]

Die Geisteswissenschaft richtet ihr Augenmerk nicht auf die Symptomstrategien der Wirtschafts- und Sozialpolitik, sondern radikalisiert die soziale Fragestellung: «Sie zeigt gerade, daß alles menschliche Elend lediglich eine Folge des Egoismus ist, und daß in einer Menschengemeinschaft ganz notwendig zu irgendeiner Zeit Elend, Armut und Not sich einstellen müssen, wenn diese Gemeinschaft in irgendeiner Art auf dem Egoismus beruht.»[2] Dem Gesetz des Egoismus stellt Steiner ein Gesetz entgegen, das er das *soziale Hauptgesetz* nennt und das durch die Geisteswissenschaft «erwiesen» sei: «Das Heil einer Gesamtheit von zusammenarbeitenden Menschen ist um so größer, je weniger der einzelne die Erträgnisse seiner Leistungen für sich beansprucht, das heißt, je mehr er von diesen Erträgnissen an seine Mitarbeiter abgibt, und je mehr seine eigenen Bedürfnisse nicht aus seinen Leistungen, sondern aus den Leistungen der anderen befriedigt werden.»[3]

Das «volle Verständnis der Sache», meint Steiner, könne nur gewonnen werden, wenn man sich eine auf die Geisteswissenschaft begründete Weltauffassung erwirbt.[4] In der Tat: Das soziale Hauptgesetz überfordert das Vorstellungsvermögen zunächst dadurch, daß in den herkömmlichen wirtschaftswissenschaftlichen Auffassungen seit Adam Smith das Gegenteil Gültigkeit hat. Es stellt sich somit die Frage der Verifikation des sozialen Hauptgesetzes auf einer Grundlage, die nach dem gewöhnlichen Verständnis von Empirie nicht zu leisten ist. Denn der Eigennutz, so gestand Steiner ein, ist zunächst einmal eine Tatsache, an der nicht vorbeizukommen ist.[5] Erst geisteswissenschaftliche Erkenntnis zeigt, daß der Egoismus kein Naturgesetz ist, dem der Mensch ausgeliefert ist. Der Mensch trägt Kräfte in sich, durch die er die «Wesenheit und Bedeutung» der Gesamtheit fühlen lernt.[6] Steiner zielt auf keinen Altruismus, der sich als individueller Kraftakt bewährt. Der Altruismus Steiners baut auf die Schöpfungskraft des gegenseitigen Vertrauens, wo der eine Mensch sich von dem anderen getragen weiß. «Goldene» Vertrauensnetze sollen das Bau-

1 R. Steiner a.a.O., S. 28.
2 R. Steiner a.a.O., S. 33.
3 R. Steiner a.a.O., S. 34.
4 R. Steiner a.a.O., S. 33.
5 Vgl. R. Steiner a.a.O., S. 32.
6 Vgl. R. Steiner a.a.O., S. 37.

prinzip einer zukünftigen sozialen Welt sein. Dabei zeigt geisteswissenschaftliche Erkenntnis, daß die Gesamtheit nicht bloß die Summe der Einzelnen ist. Die Menschheit hat eine hohe «Mission», und erst der Einblick in diese Mission setzt neue soziale Gestaltungskräfte frei. Steiners Altruismus bedeutet auch nicht den Untergang des Individualismus zugunsten eines mystischen Kollektivismus. Steiner will lediglich verdeutlichen, daß der Egoismus die Substanz des Menschlichen zerstört, indem sich die Gemeinschaft in soziale Bindungslosigkeit auflöst. Das Ich kann nur in der Gemeinschaft wachsen.[1]

Steiner zeigt in seiner Schrift «Geisteswissenschaft und soziale Frage» zwei sich ergänzende und sich bedingende Wege zum Verständnis des sozialen Hauptgesetzes auf. Der eine Weg zeigt die Verankerung dieses Gesetzes in den Entwicklungsgesetzen der geistigen Welt. Der andere Weg zeigt die Notwendigkeit der Realisierung des sozialen Hauptgesetzes in der arbeitsteiligen Wirtschaft.

Geisteswissenschaftliche Grundlagen der sozialen Frage

Für Rudolf Steiner ist der Gedanke der Reinkarnation von großer Bedeutung für die weitere soziale Entwicklung der Menschen. Sie eröffnet ganz neue Perspektiven der sozialen Verantwortung.

Steiner macht im dritten Abschnitt seiner Schrift darauf aufmerksam, daß die Erkenntnis der eigenen Schicksalswege über die verschiedenen Wiederverkörperungen hinweg ein «mächtiger Impuls» für den sozialen Willen der Menschen werden könne. Der Mensch könne dann erkennen, daß er auf Erden keiner Willkür ausgeliefert ist, sondern daß er sich durch moralische Entwicklungsgesetze zu bestimmten Fähigkeiten und Aufgaben heranbildet.[2] Solche Erkenntnisse würden zu einem grundsätzlich anderen Verständnis der menschlichen Gemeinschaft führen. Dadurch könnten die Irrtümer, die solche Sozialreformer wie Robert Owen begangen hätten — den Steiner im übrigen in hohem Maße schätzte — vermieden werden; denn das «Heil» der Gemeinschaft liegt dann weder im Glauben an die nach rein pragmatischen Gesichtspunkten optimalen Sozialein-

---

1 «Heilsam ist nur, wenn / Im Spiegel der Menschenseele / Sich bildet die ganze Gemeinschaft / Und in der Gemeinschaft / Lebet der Einzelseele Kraft.» R. Steiner, in: L. Bos 1983, S. 7.
2 Vgl. R. Steiner a.a.O., S. 42f.

richtungen noch in einem naiven Menschheitsglauben, sondern in der erfahrbaren Gewißheit einer Menschheitsaufgabe, einer gemeinsamen, sinnerfüllenden Entwicklung, deren individueller Spiegel die Reinkarnation des Individuums ist. Die Welt wird gleichsam der Siegelabdruck der inneren, geistigen Welt und alles praktische Handeln ist die Durchsetzung des erlebten Inneren.

Der Ursprung der Forschungen Rudolf Steiners zur Wiederverkörperung des Menschen (Reinkarnation) liegt in seinen mathematischen Studien auf dem Gebiet der synthetischen Geometrie.[1] Nach intensivem Studium der physikalischen Vorstellungen seiner Zeit zum Thema Raum und Zeit kam er zu der Anschauung, «daß eine Linie, die nach rechts in das Unendliche verlängert wird, von links wieder zu ihrem Ausgangspunkt zurückkommt. Der nach rechts liegende unendlich ferne Punkt ist derselbe, wie der nach links liegende unendlich ferne... Hinter dem Raumrätsel stand in diesem meinem Lebensabschnitt für mich das von der Zeit. Sollte auch da eine Vorstellung möglich sein, die durch ein Fortschreiten in die ‹unendlich ferne Zukunft› ein Zurückkommen aus der Vergangenheit ideell in sich enthält?»[2] Andererseits, meinte Steiner, könnten die Zeit und der Raum immer nur als immanente Eigenschaft eines realen Geschehens aufgefaßt werden.[3] Steiner war deshalb gezwungen, seine spirituelle Raum- und Zeitauffassung an den realen Prozessen zu verifizieren. Auf diese Weise gelangte er zu den Begriffen der Evolution und Devolution, denn die Einheit zwischen Vergangenheit und Zukunft ist im Rahmen der Raum/Zeit-Verhältnisse der physischen Welt nur dann denkbar, wenn man die Evolution durch eine Devolution «abbricht».[4] Die gleiche Verfikationsaufgabe stellte sich Steiner, als er feststellte, daß das zur Selbstreflexion gesteigerte Ich durch seine Gedankenleistung einer zeitlosen, rein geistigen Welt angehört.[5] Hier

---

1 Vgl. W. Kugler 1978, S. 20.
2 R. Steiner, in W. Kugler 1978, S. 18f.
3 Vgl. R. Steiner a.a.O., S. 20.
4 Vgl. W. Kugler a.a.O., S. 54.
5 In diesem Zusammenhang schrieb Steiner über seine «Philosophie der Freiheit»: «In dem Hindeuten darauf, daß die Sinnenwelt in Wirklichkeit geistiger Wesenheit ist, und daß der Mensch als seelisches Wesen durch die wahre Erkenntnis der Sinneswelt in einem Geistigen webt und lebt, liegt das eine Ziel meiner ‹Philosophie der Freiheit›. In der Kennzeichnung der moralischen Welt als einer solchen, die ihr Dasein in dieser von der Seele erlebten Geistwelt aufleuchten und damit den Menschen in Freiheit an sich herankommen läßt, ist das Ziel enthalten.» R. Steiner, in W. Kugler a.a.O., S. 30.

stellte sich das Problem gerade umgekehrt: Wie wird die zeitlose Substanz des Geistes zeitlich? Die Lösung ergab sich ihm, als er neben den Sinnen des physischen Körpers weitere Sinnesorgane erfaßte, die als Eigenschaften der Seele die Vermittlung zwischen dem Zeiterlebnis des physischen Raumes und dem reinen Raumerlebnis der geistigen Welt übernehmen. Er verglich diesen Seelensinn mit der Erinnerungsfähigkeit.[1] Durch diese Seeleneigenschaft wird die Seele zum Vermittler dadurch, daß sie das Geistige in die physische Raumzeit zieht (Evolution) und die physische Raumzeit ins Geistige hebt (Devolution). Das Kontinuum zwischen Evolution und Devolution wird für den Menschen durch die Reinkarnation hergestellt. Die Bedingungen, unter denen Steiner zu diesen Forschungsergebnissen kam, hat er sorgfältig dokumentiert, so daß sie jeder Interessierte nachprüfen kann.[2]

Im Zusammenhang mit der sozialen Frage sind besonders die Auswirkungen der Reinkarnationsidee auf die Lebensführung von Interesse; denn durch die Reinkarnation bringt der Mensch sein «Karma» mit auf die Erde: Die Summe seiner geistig verarbeiteten Erfahrungen aus früheren Leben und den Fortentwicklungstrieb seines moralischen Wesens. Darüber sagt Steiner: «Wenn der Mensch nun übergeht zur Erkenntnis von Reinkarnation und Karma ... müssen wir uns klar sein, daß das, was für einen solchen Menschen in seiner Seele lebt, nicht bloß, wenn er durch die Pforte des Todes geschritten ist, eine Bedeutung für eine erdentrückte Sphäre, sondern daß von dem, was er erlebt zwischen Geburt und Tod, die Zukunft der Erdengestalten abhängt. Die Erde wird ... die ... Konfiguration haben, welche die Menschen ihr geben, die vorher da waren. Der ganze Planet in seiner Zukunftskonfiguration, das Zusammenleben der Menschen in der Zukunft, hängt davon ab, wie die Menschen früher gelebt haben in ihren früheren Verleiblichungen. Das ist das Gemüthaft-Moralische, das sich an diese Ideen anknüpft; so daß ein Mensch, der dies angenommen hat, weiß: Wie ich war in dem Leben, so werde ich wirken auf alles, was in der Zukunft geschieht, auf die ganze Kultur der Zukunft! — Da erweitert sich etwas mit dem Wissen von Reinkarnation und Karma über die Grenzen von Geburt und Tod hinaus,

1 Vgl. W. Kugler a.a.O., S. 15.
2 Hier sei auf Rudolf Steiners Buch «Wie erlangt man Erkenntnisse der höheren Welten?» hingewiesen.

was der Mensch bisher nur in engsten Grenzen kennengelernt hat:
Das Verantwortungsgefühl! Da sehen wir herauswachsen ein gestei-
gertes Verantwortungsgefühl. Darin prägt sich aus, was als eine tief
bedeutsame moralische Folge auftritt von Ideen, wie es Reinkarnation und Karma sind.»[1]

Die moralische Welt erscheint hier als eine lebendig-dynamische
‹Weltordnung›, und es ist der Entwicklungsweg des Menschen,
durch immer größere Bewußtheit die physische Welt zu einem schöp-
ferisch gestalteten Siegelabdruck der geistigen Welt werden zu lassen.
In der erkennenden Erfahrung der geistigen Weltordnung liegt auch
der Lösungsansatz für soziale Fragestellungen begründet; denn nur
durch Erkenntnis erwächst Anteilnahme an den menschheitlichen
Aufgaben und nur durch Anteilnahme schließlich Liebe zu ihnen.
Wer die geistige Welt nicht kennt, der kann sie auch nicht lieben, und
wer sie nicht liebt, der handelt auch nicht aus freiem Bekenntnis zu
ihr. Alle Weltanschauungen, die dem Menschen keinen Erkenntnis-
weg zur geistigen Welt aufzeigen, sind in irgendeiner Weise immer
darauf angewiesen, Druck oder gar Zwangsmittel anzuwenden, um
soziale Verhaltensnormen zu prägen. Darin unterscheidet sich eine
religiöse Gebots- und Verbotsethik nicht vom Wettbewerbsgesetz der
klassischen politischen Ökonomie. Diese Druckmittel sind die Folge
des Umstandes, daß das menschliche Wesen innerhalb dieser Weltanschauungen vom geistigen Wesen des Moralischen entfremdet bleibt
und es aus Mangel an Liebe zu keiner menschlichen Selbstverantwortung kommen kann.[2] Geisteswissenschaft ist nicht zuletzt ein Weg
zur Menschenliebe, und Menschenliebe ist das Soziale im Menschen
schlechthin. Reinkarnation und «Karma» bestärken die Menschenliebe und helfen ein neues soziales Verständnis zu begründen.

Das «soziale Hauptgesetz» aus wirtschaftswissenschaftlicher Sicht

Ab Mitte des 19. Jahrhunderts tritt ein Phänomen auf, das als ein
Kardinalproblem der Moderne angesehen werden muß: Wirtschaftstheorie und wirtschaftliche Realität klaffen auseinander. Das Gesetz

---

1   R. Steiner in W. Kugler 1978, S. 71f.
2   «Und indem man aufsucht, wo im Menschenwesen die moralischen Intuitionen
    wurzeln ... entdeckt man die auf's höchste ins Geistige hinauf geläuterte Liebe.»
    R. Steiner 1962, S. 118.

des klassischen politischen Ökonomen Say, wonach das Angebot seine eigene Nachfrage schaffe und es folglich zu keiner Massenarbeitslosigkeit kommen könne, stimmt — um nur ein Beispiel zu nennen — mit der Wirklichkeit nicht überein. Der Realitätsverlust der Theorien führt zu katastrophalen sozialen Entwicklungen, weil die Theorien die menschlichen Handlungen beherrschen. Entfremdet sich die Theorie von der Realität, wird letztere schließlich selbst unheilvoll verformt.

Das Verhältnis zwischen Theorie und Wirklichkeit ist ein zentrales Thema in Steiners «Geisteswissenschaft und soziale Frage». Im ersten Abschnitt erwähnt Steiner das Buch des preußischen Regierungsrates Kolb, der in seinem Buch «Als Arbeiter in Amerika» das soziale Elend der Industriearbeiterschaft praktisch erlebt hatte und den Steiner mit dem Satz zitiert: «Wie oft hatte ich früher, wenn ich einen gesunden Mann betteln sah, mit moralischer Entrüstung gefragt: warum arbeitet der Lump nicht? Jetzt wußte ich's. In der Theorie sieht sich's eben anders an als in der Praxis, und selbst mit den unerfreulichsten Kategorien der Nationalökonomie hantiert sich's am Schreibtisch ganz erträglich.» Für jeden, der sehen will, meint Steiner, sei klar, daß alle Schulung und alle Wissenschaft, die der preußische Regierungsrat absolviert hatte, bis er in seine einflußreiche Stellung gelangte, ihm «kein Urteil über das Leben» geben konnte. «Man kann alles lernen, was einen gegenwärtig befähigt, verhältnismäßig leitende Stellen einzunehmen: und man kann dabei dem Leben, auf das man wirken soll, ganz ferne stehen.»[1]

Die klassische politische Ökonomie interpretiert die moderne Arbeitsteilung als produktivitätssteigernde Produktionsstruktur, die den individuellen Leistungserwerb steigern hilft. Ihr Wesen erschöpft sich demnach in ihrer individuellen Nützlichkeit. Die Produktionsgemeinschaft ist das abgeleitete Phänomen des Individualnutzens. Dagegen ist Steiner der Auffassung, daß die moderne Arbeitsteilung ihrem Wesen nach die Grundlage einer altruistischen Wirtschaftsordnung ist; denn in der arbeitsteiligen Wirtschaft produziert niemand mehr für den eigenen Bedarf, sondern für die Gesamtheit. Umgekehrt wird der einzelne von der Gesamtheit erhalten. Die altruistische Wirtschaftsordnung ist deshalb keine Sozialutopie, sondern eine Forderung der wirtschaftlichen Entwicklung selbst. Das soziale Haupt-

---

1 R. Steiner 1982 a), S. 9f.

gesetz Steiners versteht sich folglich als die Handlungsmaxime der arbeitsteiligen Wirtschaft. Das soziale Hauptgesetz ist kein «allgemein moralisches Gesetz» im Sinne bloßer «Gesinnung». Das Gesetz lebt nur dann, «wenn es einer Gesamtheit von Menschen gelingt, solche Einrichtungen zu schaffen, daß niemals jemand die Früchte seiner eigenen Arbeit für sich selber in Anspruch nehmen kann, sondern daß diese möglichst ohne Rest der Gesamtheit zugute kommen. Er selbst muß dafür wieder durch die Arbeit seiner Mitmenschen erhalten werden. Worauf es also ankommt, das ist, daß für die Mitmenschen arbeiten und ein gewisses Einkommen zu erzielen zwei voneinander getrennte Dinge seien.»[1]

Die Trennung zwischen Leistung und Einkommen wird von Rudolf Steiner später im «Nationalökonomischen Kurs» werttheoretisch begründet. In der arbeitsteiligen Wirtschaft kommt es zu einem derartig ausdifferenzierten Wertetausch, daß jede Wert-Einkommensrechnung über die individuelle Leistung — wie dies die klassische politische Ökonomie anstrebte — unmöglich ist. Zwischen der Ernte von einem Zentner Kartoffeln und einer wissenschaftlichen Abhandlung gibt es keinen gemeinsamen Leistungsmaßstab im Sinne einer im Produkt «kristallisierten» Arbeit, so daß nicht eine vermeintlich objektive Leistung, sondern die Bedürfnisse als Bewertungskriterien anzusehen sind. Diese Konsequenz zieht Steiner in seiner «Preisformel», wonach ein richtiger Preis für eine wirtschaftliche Leistung dann vorhanden sei, wenn der Leistende soviel als Gegenwert für seine Leistung erhält, daß er die Summe seiner Bedürfnisse so lange befriedigen kann, bis er wieder ein neues Produkt hergestellt hat. Diese «Preisformel» wird von Steiner sowohl in den «Kernpunkten der sozialen Frage» als auch im «Nationalökonomischen Kurs» behandelt.

Ein naheliegender Einwand gegen das soziale Hauptgesetz könnte lauten, daß der Erfolg der Marktwirtschaften, deren Paradigma in der Tradition Adam Smiths im sozialen Wohl des Eigennutzprinzips besteht, nicht zuletzt darin liegt, daß sie für einen bedeutenden Anstieg der realen Einkommen aller Arbeitenden durch ihre Leistungsfähigkeit gesorgt habe. Gegen einen solchen Einwand ließen sich aber die folgenden Argumente anführen: Erstens ist die Frage zu stellen, ob dieser Erfolg der Marktwirtschaften nicht gerade deshalb erzielt wurde, weil ein historisch gewachsenes Netz sozialpolitischer Maß-

---

1   R. Steiner 1982 a), S. 35.

nahmen das Eigennutzprinzip ständig eingeschränkt hat und somit dieser Erfolg nicht wegen des Eigennutzes, sondern entgegen dem Eigennutz erzielt wurde. Diesen Standpunkt vertreten z.B. einzelne Vertreter des Neo-Korporatismus.[1] Zweitens ist zu vermerken, daß die Natur als Produktionsgrundlage bisher von den Distributionsgewinnen der Marktwirtschaft ausgeschlossen blieb.[2] Drittens ist angesichts der weltwirtschaftlichen Verflechtung eine nationale Betrachtung der sozialen Frage angemessen.[3] Der Konflikt, der im 19. und auch noch im 20. Jahrhundert zwischen Arbeit und Kapital herrschte, hat sich zwar entschärft, aber die soziale Frage hat sich in der Form des Nord-Süd Gefälles in den internationalen Raum verlagert. Überall dort, wo die Marktwirtschaft noch keine politischen «pressure groups» hervorgebracht hat, verursacht der Eigennutz, wie Steiner sagt, nach wie vor «Not und Elend». Solange das Prinzip des Eigennutzes allgemein anerkannt wird, läßt sich ihm einzig durch rechtlich-politische Machtmittel begegnen. Der menschliche Verkehr wird dann zunehmend durch Paragraphen beherrscht, die Rhetorik einer «freien Gesellschaft» wird unbemerkt zum Pathos. Dagegen wird die freie soziale Verständigung zwischen Menschen und Menschengruppen im Sinne Steiners mit der gleichen Effizienz und Selbstverständlichkeit vonstatten gehen müssen, wie dies heute bei der Einführung eines neuen Produktes der Fall ist — sonst wird das Wort vom freien Menschen und der freien Gesellschaft zur Lebenslüge.[4] Dazu

---

1 Vgl. dazu W. Streeck / P.C. Schmitter 1984; P. Katzenstein 1984. Vgl. ferner B. Binger / E. Hoffmann 1989, R.N. McKean 1975, E. Phelps 1975.
2 Vgl. H.C. Binswanger et al. 1981.
3 Vgl. J.N. Bhagwati 1977, H. Jacobson / D. Sidjarski 1982.
4 Der freie Mensch ist nach Steiner zugleich der moralische Mensch: «Freiheit! du freundlicher, menschlicher Name, der du alles sittlich Beliebte, was mein Menschentum am meisten würdigt, in dir fassest, und mich zu niemandes Diener machst, der du nicht bloß ein Gesetz aufstellst, sondern abwartest, was meine sittliche Liebe selbst als Gesetz erkennen wird, weil sie jedem nur aufgezwungenen Gesetze gegenüber sich unfrei fühlt.» R. Steiner 1962, S. 118. Die normative Ethik à la Kant ist vom Geistigen entfremdet und widerspricht daher der menschlichen Natur; denn die Norm ersetzt Erkenntnis durch zwanghafte Autorität, und diese Autorität verläßt sich nicht auf die Liebe, sondern auf die Furcht. Dies hat in der neueren Menschheitsgeschichte schon immer zum Widerspruch geführt. Die Rebellion gegen die Autorität entspricht unerfüllter Liebessehnsucht. Wahre Erkenntnis führt zur Liebe. Man handelt nach Steiner moralisch und frei, wenn man die moralische Welt erkannt hat und daher liebt. Erkenntnis im Sinne Steiners ist nicht als sozial unverbindliche Intellektualität aufzufassen, sondern ergreift das soziale Wollen im Sinne der Menschenliebe.

bedarf es einer geistigen Erneuerung des Gemeinschaftsverständnisses. Auf diese Notwendigkeit hat Rudolf Steiner mit seiner Schrift «Geisteswissenschaft und soziale Frage» aufmerksam gemacht.

In den «Kernpunkten der sozialen Frage» versucht Steiner aufzuzeigen, welche sozialen Strukturen angestrebt werden müssen, damit sich ein soziales Gemeinschaftsverständnis in Selbstverantwortung realisieren kann.

«Die Kernpunkte der sozialen Frage in den Lebensnotwendigkeiten der Gegenwart und Zukunft»

Die Schrift «Die Kernpunkte der sozialen Frage in den Lebensnotwendigkeiten der Gegenwart und Zukunft», in der Folge kurz «Kernpunkte» genannt, wurde nach dem Ersten Weltkrieg im April 1919 erstmals veröffentlicht.

Bereits im Jahre 1917 verfaßte Steiner zwei Memoranden, in denen er zum ersten Mal seine Ideen einer grundlegenden Neugestaltung des sozialen Lebens auf der Basis einer Analyse des Ist-Zustandes zur Darstellung brachte. Die großen politischen Konflikte und das Versagen gegenüber grundlegenden sozialen Erneuerungen führte Steiner darauf zurück, «daß.. das wirtschaftliche, politische und geistig-kulturelle Leben mal unter dem Primat der Wirtschaft, mal unter dem der Politik stand, so daß ein sachgemäßes Vorgehen unmöglich gemacht wird.»[1] Daher stellte Steiner in den Mittelpunkt der Memoranden die Forderung «in Gesetzgebung, Verwaltung und sozialer Struktur die Trennung des Politischen, Wirtschaftlichen und Allgemein-Menschlichen» vorzunehmen.[2] Die Memoranden, die für führende Politiker bestimmt waren, hatten keine konkreten Ergebnisse zur

---

1 W. Kugler a.a.O., S. 191.
2 R. Steiner, in W. Kugler a.a.O., S. 191. «Dreigliederung des sozialen Organismus hat er (Steiner) genannt, was er wie das Ei des Columbus vor mich hingestellt hat». O. Graf Lerchenfeld, in W. Kugler a.a.O., S. 191.

Folge,[1] und Steiner begann sich durch Vorträge an die breite Öffentlichkeit zu wenden.

Im gleichen Monat des Jahres 1919, in welchem die «Kernpunkte» erschienen, hielt Steiner Vorträge vor Arbeitern und Angestellten der Waldorf-Astoria-Zigarettenfabrik und der Daimler Werke in bzw. bei Stuttgart. Zu einem späteren Zeitpunkt kamen Versammlungen mit Mitgliedern des Stuttgarter Industrierates sowie einige Sitzungen mit den Arbeiterausschüssen Stuttgarter Großbetriebe mit dem Ziel der Gründung einer Betriebsräteschaft hinzu.[2] Steiners Bestreben bei den Gründungen von Betriebsräten war es, darauf hinzuweisen, daß aus einer Ideologie des Klassenkampfes heraus keine vernünftigen sozialen und wirtschaftlichen Einrichtungen entstehen könnten.[3]

Steiners Idee einer *Dreigliederung des sozialen Organismus,* welche er in seinen «Kernpunkten» und zahlreichen öffentlichen Vorträgen (s.o.) darlegte, fand im Bund für Dreigliederung einen Menschenkreis, der entschlossen war, Steiners soziale Ideen in die Tat umzusetzen.[4]

---

1 Vgl. W. Kugler 1978, S. 184. Veranlaßt wurden die beiden Memoranden durch Otto Graf Lerchenfeld, bayerischer Reichsrat in Berlin. Graf Lerchenfeld schaltete Ludwig Graf Polzer-Hoditz, den Bruder des Kabinettschefs des österreichischen Kaisers Karl, Arthur Graf Polzer-Hoditz, in seine Aktivitäten ein, um auch die österreichische Regierung in Kenntnis von Steiners Gedanken zu setzen. Kugler (ebenda) schreibt darüber: «Otto Graf Lerchenfeld und Polzer-Hoditz begannen nun ihre Beziehungen zu deutschen und österreichischen Regierungskreisen einzusetzen, um Rudolf Steiners Gedanken von einem über die unmittelbaren Kriegsziele hinausgehenden politischen deutschen Beitrag zur ‹Gesundung der Weltlage› an einflußreiche Persönlichkeiten heranzutragen. Doch konkrete Ergebnisse brachten die Kontakte etwa mit dem deutschen Staatssekretär v. Kühlmann und Prinz Max von Baden nicht». Vgl. ferner Polzer-Hoditz 1985.

2 Vgl. W. Kugler a.a.O., S. 198.

3 «Wenn man von der Überführung der Produktionsmittel aus dem privaten in das Gemeineigentum spricht, so liegt dem gegenwärtig eine solche Denkweise (Klassenkampf) zugrunde. Man bemerkt unter dem Einflusse dieser Denkweise nicht, daß die Verwaltung der Produktionsmittel durch die Gemeinschaft ebenso unsozial wirken kann wie die privatkapitalistische, wenn die Verwaltenden sich zu ihren Mitmenschen unsozial verhalten.» R. Steiner, in W. Kugler a.a.O., S. 199.

4 «Der Bund setzt sich die Aufgabe, den Impuls, der mit der Dreigliederung des sozialen Organismus gegeben ist, in allen Kreisen der Bevölkerung bekannt zu machen. Er rechnet mit dem Verständnis und der Selbstbesinnung all derer, die aus den Erfahrungen der Gegenwart fühlen, daß Gesundung und Wiederaufbau nur möglich ist, wenn das alte soziale Leben einem ganz neuen Platz macht.» Arbeitsausschuß des Bundes für Dreigliederung, in W. Kugler a.a.O., S. 198.

Die «Kernpunkte» stießen auf ein nicht unbeträchtliches Echo in der Öffentlichkeit,[1] fanden aber in den Sozialwissenschaften selbst keine weitere Aufnahme.[2]

Die Kritik am Einheitsstaat als Ausgangspunkt

Als Redakteur der «Deutschen Wochenschrift» in Wien im Jahre 1888 kam Steiner erstmals näher mit politischen und sozialen Fragen in Berührung. Er setzte sich nicht nur mit den damals führenden politischen Strömungen des Liberalismus und Sozialismus auseinander, sondern machte auch die Bekanntschaft bedeutender politischer Persönlichkeiten.[3] In seinen Artikeln wendete sich Steiner u.a. gegen die Politik der Deutschliberalen, die 1861 eine föderalistische Ordnung Österreichs durch eine zentralistische Gesamtverfassung verhinderten. Im Zentrum der Steinerschen Kritik stand die «Verstaatlichung» der Bildungseinrichtungen und die Unterordnung der Politik unter wirtschaftliche Interessen, wie sie durch die Deutschliberalen seit den sechziger Jahren des 19. Jahrhunderts betrieben wurde.[4] Dieser von Steiner als «Scheinliberalismus»[5] kritisierten Politik maß er durch ihre gesellschaftlichen Folgen noch nach dem Ersten Weltkrieg einen nicht unerheblichen Einfluß auf die Entstehung der Weltkriegskatastrophe zu. Steiner glaubte in dieser Politik etwas allgemein Charakteristisches für die politische Kultur des ausgehenden 19. Jahrhunderts zu sehen. Das verstaatlichte Bildungswesen führt seiner

1 Dies kann man den von Kugler wiedergegebenen internationalen Presserezensionen entnehmen. Vgl. W. Kugler 1985, S. 7ff.
2 Einzige Ausnahme: Die bei Prof. Robert Wilbrandt, Tübingen, 1923 von Fritz Piston verfaßte Dissertation mit dem Titel «Assoziative Wirtschaft als Forderung Rudolf Steiners».
3 Z.B. mit dem Deutschnationalen Pernerstorfer und Viktor Adler, dem Gründer und Führer der österreichischen Sozialdemokratie. Vgl. W. Kugler a.a.O., S. 168f.
4 Zum einen wurde das Konkordat von 1855, das der Katholischen Kirche die Aufsicht über das Bildungswesen überließ und unter dem Ministerium Graf Leopold v. Thuns eine relative Bildungsfreiheit im Sinne freier pädagogisch-didaktischer Entfaltung gewährleistete, durch das Reichsschulgesetz von 1861 ersetzt, welches dem Staat und damit den politischen Parteien das Bildungswesen übertrug, zum anderen wurde das parlamentarische System im Sinne einer wirtschaftlichen Ständeverfassung (Großgrundbesitz, Handelskammern, Städte und Landgemeinden) organisiert. Vgl. F. Piston 1923, S. 7ff, ferner R. Steiner 1980 a), S. 60.
5 Vgl. R. Steiner, in: F. Piston a.a.O., S. 10.

Meinung nach dazu, daß das allgemeine Bildungsniveau sowie die damals höchst wichtige kulturelle Völkerverständigung durch grobe nationale Parolen und Gesichtspunkte eingefärbt wurde und damit die gesunde Basis jeder Völkerverständigung, der unpolitisch-freie, auf sich selbst gestellte geistige Austausch, unterhöhlt wurde.[1] Andererseits bot der Staat den wirtschaftlichen Interessenträgern die Gelegenheit, durch Verstaatlichungen von Bahn- und Postwesen und anderen Industrien, die nach den Marktgesetzen defizitär wurden, notwendige wirtschaftliche Leistungen zu sozialisieren sowie die Internationalisierung der Wirtschaft nach nationalstaatlichen Interessen zu betreiben.[2] Beide Aspekte führte Steiner am Beispiel des Baues der Bagdadbahn (1903) an, bei welchem wirtschaftliche und strategische Interessen Deutschlands bzw. auch Österreichs miteinander vermischt wurden.[3] Der wirtschaftlich-politische und kulturelle *Einheitsstaat* auch und gerade liberaler Prägung habe alte Herrschaftsinstinkte der Antike und der europäischen Neuzeit nicht überwunden, meinte Steiner, sondern auf seine Weise fortgesetzt.[4] In den «Kernpunkten» heißt es dazu: «Im Altertum gab es Sklaven. Der *ganze* Mensch wurde wie eine Ware verkauft. Etwas weniger vom Menschen, aber doch eben ein Teil des Menschenwesens selber wurde in den Wirtschaftsprozeß eingegliedert durch die Leibeigenschaft. Der

---

1 Steiner beklagte den national-bürokratischen Geist der Bildungspolitik in einem Artikel aus dem Jahre 1888 mit den Worten: «Die Kulturentwicklung kann ja doch nicht auf Gesetze und Verordnungen, sie muß auf die Menschen gestützt werden...»
R. Steiner, in F. Piston a.a.O., S. 10.

2 So verhinderten die Ungarn den Eisenbahnbau in Dalmatien, weil sie für ihren Hafen Fiume an der Adria keine Konkurrenz aufkommen lassen wollten.
Vgl. F. Piston a.a.O., S. 11.

3 «Sowohl im Südosten Europas wie bei der Bagdadbahn», schreibt Steiner (1969,34), «hätten Maßnahmen, die *nur* im Interesse der Weltwirtschaft unternommen worden wären, *für sich* nicht zu Ursachen der Weltkatastrophe werden können. Sie sind es geworden, weil die Einheitsstaaten andersartige Interessen mit den wirtschaftlichen verbanden».

4 In einem Aufsatz Steiners im «Magazin für Literatur» mit dem Titel «Freiheit und Gesellschaft» aus dem Jahre 1898 schreibt er über seinen eigenen Staatsbegriff: «Der Staat z.B. soll eine solche Einrichtung erhalten, daß er der freien Entfaltung der Einzelpersönlichkeit den möglichst großen Spielraum gewährt. Die allgemeinen Einrichtungen sollen im Sinne gemacht werden, daß nicht dem Staate als solchen, sondern daß dem Individuum gedient ist».
R. Steiner, in: F. Piston a.a.O., S. 14.

Kapitalismus ist die Macht geworden, die noch einem Rest des Menschenwesens den Charakter der Ware aufdrückt, der Arbeitskraft.»[1]

Die Ambivalenz des bürgerlichen Staates ergibt sich daraus, daß er zwar einerseits durch ein aufgeklärtes Rechtsempfinden die feudale Rechtswirklichkeit durch den *Rechtsstaat* ablösen konnte, auf dem Gebiet des *Geisteslebens* aber die Privilegien der Kirche weitgehend durch ein Staatsmonopol ersetzte und auf dem Gebiet des *Wirtschaftslebens* die Privilegien des feudalen Grundbesitzes durch ein neues soziales Machtinstrument, die uneingeschränkte Verfügung über Kapital, in veränderter Gestalt fortsetzte.

Das Proletariat habe ursprünglich aus einem Empfinden der Menschenwürde heraus gegen den Warencharakter der Arbeitskraft, so wie er sich durch die kapitalistischen Produktionsverhältnisse herauskristallisiert habe, gewendet, sei aber durch die Not und die materialistischen Wissenschaftsideale des 19. Jahrhunderts dazu verleitet worden, die Tugenden des bürgerlichen Staates immer geringer zu achten und die Untugenden zu radikalisieren.[2]

Die Sozialismuskritik Steiners läßt sich dahingehend zusammenfassen, daß der Sozialismus Marxscher Prägung die Eigenständigkeit des Geisteslebens im sozialen Leben durch die Interpretation des kulturellen Lebens als Überbau der Produktionsverhältnisse vollständig beseitigen würde und unter dem Einfluß der Klassenkampftheorie der bestehende liberale *Einheitsstaat* nicht nur allein durch die Auslöschung demokratischer Rechtsstaatsprinzipien zum diktatorischen Gewaltstaat verabsolutiert, sondern auch durch die Vergesellschaftung der Produktionsmittel endgültig und ausschließlich etabliert

---

1   R. Steiner 1980 a), S. 43.
2   Steiner sah in der proletarischen Bewegung den Vorläufer einer geistig erneuerten Menschheit, in der die sozialen Verhältnisse durchgeistigt werden, indem das aus dem geistigen Raum Geschöpfte zur *sozialen* Tat wird. Steiner betrachtete es als größte Tragik, daß das Proletariat diesen Impuls nur unbewußt repräsentierte, ja geradezu durch die Aneignung des historischen Materialismus vernichtete. Vgl. R. Steiner in Nachrichten 1969 a) und b), S. 34 und 1980 a), S. 29ff. Die Tragik liegt auch darin, daß der Arbeiter gar nicht anders *konnte* als sich auf den Boden des Materialismus zu stellen, weil ihm weder seine Arbeit Halt noch das bürgerliche Verständnis von Bildung — fern jeder sozialen Realität — Sinn vermitteln konnte. Alles Geistige wurde dem Arbeiter auf diese Weise, so Steiner, zur «Ideologie». Vgl. R. Steiner, in W. Kugler 1978, S. 173 und R. Steiner 1969, S. 48. Interessant ist ferner, daß Piston (a.a.O., S. 16) eine Aussage Steiners wiedergibt, wo dieser auf die antike Tradition des europäischen Bildungswesens aufmerksam macht. Der Antike war eine ethische Behandlung der Produktionsverhältnisse noch fremd.

würde.[1] Der bürgerliche Staat politisiert die Wirtschaft und das Geistesleben durch pragmatische Interessenwahrnehmung und demokratische Machtmittel. Der sozialistische Staat radikalisiert die Staatsmacht durch diktatorische Machtmittel und ordnet sich die Wirtschaft und das Geistesleben total unter.[2] Während die gewöhnliche politisch-wirtschaftliche Systemanalyse vom Klassenantagonismus ausgeht, unterzieht Steiner die Geschichte der sozialen Entwicklung einer dreigliedrig-organischen Betrachtungsweise, indem er danach fragt, welche Stellung die drei Glieder des sozialen Körpers: Geistesleben, Rechtsleben und Wirtschaftsleben in ihrer historischen Entwicklung zueinander eingenommen haben. Aus dieser Betrachtung ergibt sich für Steiner die Notwendigkeit einer *Neugliederung* der drei sozialen Gesellschaftsglieder. *Von einer Dreigliederung des sozialen Organismus* läßt sich dann sprechen, wenn die drei Glieder eine gesellschaftliche Zuordnung erfahren, die ihrem *eigenen* Wesen entspricht. Zu einer wesensmäßigen Betrachtung des sozialen Organismus in diesem Sinne waren weder herkömmliche «kapitalistische» noch «sozialistische» Gesellschaftstheorien in der Lage. Aus diesem Grund schöpfte Steiner seine in den «Kernpunkten vertretene Idee einer Dreigliederung des sozialen Organismus auch nicht aus den ver-

---

1 Über beides: Auslöschung des Rechtsstaates und die Konsequenzen einer Zentralverwaltungswirtschaft war sich Steiner völlig im klaren. In einer Notiz heißt es z.B. hierzu: «Wenn der Mensch das Geistige dem Staat übergibt, so ist es, als ob er sich als Einzelwesen nicht nähren wolle — wenn er die Wirtschaft dem Staate übergibt, so ist es, als ob er nicht die Sinne und den Verstand gebrauchen wollte — das erstere führt zum wissenschaftlichen Materialismus — das letztere muß zum praktischen Nihilismus führen, zur Sterilität des Produzierens». R. Steiner in Nachrichten 1969 a) und b), S. 40; ferner zur Analyse des Leninschen Staatsbegriffes, S. 37. Für eine eingehendere Behandlung der zentral geleiteten Wirtschaft vgl. W. Kugler a.a.O., S. 199.

2 In diesem Zusammenhang ist der Satz Steiners aus den «Kernpunkten» von Interesse: «Der Bekenner proletarischer Lebensauffassung» erkennt nicht, «wie er sich innerhalb dieses Lebens durch eine Denkungsart zu bewegen sucht, die ihm von den ‹herrschenden Klassen› als Erbgut übermacht ist. Er *lebt* proletarisch; aber er *denkt* bürgerlich».
R. Steiner 1980 a), S. 33.

schiedenen sozio-politischen Theorien seiner Zeit, sondern aus den Ergebnissen seiner geisteswissenschaftlichen Forschung.[1]

Die Dreigliederung des sozialen Organismus

Die dreigliedrig-organische Betrachtung des sozialen Organismus ergibt zunächst nur, daß das Geistes-, Rechts- und Wirtschaftsleben sich nicht zu einem Ganzen entwickeln kann, wenn ökonomische oder politisch-ideologische Interessen sich «ihre» Wirtschaft und «ihren» Staat schaffen. Erst eine Anschauung und ein Verständnis des Wesens des sozialen Organismus selbst gibt Hinweise auf eine sinngemäße Gliederung. Speziell vom Verständnis des Wesens der arbeitsteiligen Wirtschaft hängt die Lösung der sozialen Frage, so wie sie sich im 19. Jahrhundert zu stellen begann, ab.

Das Geistesleben. Der unmittelbare Anknüpfungspunkt des Geisteslebens sind die menschlichen *Fähigkeiten,*[2] die man nicht züchten

---

1 In den «Kernpunkten hebt Steiner hervor, daß der menschliche Organismus drei funktional voneinander getrennte Wesensglieder besitzt. Er benannte diese Wesensglieder mit Nerven/Sinnessystem, rhythmischem System und Stoffwechselsystem. Die Teilsysteme haben eine gewisse *Selbständigkeit* mit einem jeweils besonderen Verhältnis zur Außenwelt (Sinne, Atmung, Ernährungs/Bewegungsorgane). Die organischen Teilsysteme bringt Steiner an anderer Stelle mit den Rosenkreuzer-Qualitäten Sal (Sinnes/Nervenbereich — Formkräfte), Merkur (Atmungs/Zirkulationssystem — Ausgleichskräfte) und Sulfur (Stoffwechselsystem/Bewegungssystem — Wärme/Umsetzungskräfte) in Zusammenhang. Der *soziale* Organismus ist als eine transmutierende Spiegelung des physischen Organismus aufgebaut. Er erhält die «Nahrung» und sorgt für einen «Stoffwechsel» durch das freie Geistesleben (Sulfur), er erhält die Kräfte des menschlichen «Ausgleichs» im Rechtsleben (Merkur) und erhält schließlich seine Gestalt durch die Koordination der Bedürfnisse im Wirtschaftsleben «Formkräfte» (Sal). Vgl. L. Bos a.a.O., S. 10. Daß die «Naturgrundlage» im sozialen Organismus das Geistesleben darstellt, deutet Steiner auch in den «Kernpunkten» an. Vgl. R. Steiner 1980 a), S. 51ff. Zum Begriff und Bild der involutiven Umstülpung (Transmutation als makrokosmisches Prinzip der Verwandlung) vgl. R. Steiner 1962, S. 78f. In den «Kernpunkten» selbst verweist Steiner, was die geisteswissenschaftlichen Grundlagen der Dreigliederung angeht, auf sein Buch «Von Seelenrätseln». Vgl. R. Steiner 1980 a), S. 47.

2 Das Geistesleben umfaßt «alles dasjenige, was beruht auf der natürlichen Begabung des einzelnen menschlichen Individuums, was hineinkommen muß in den sozialen Organismus auf Grundlage dieser natürlichen, sowohl der geistigen wie der physischen Begabung des einzelnen menschlichen Individuums». R. Steiner 1980 a), S. 51.

kann, sondern die durch die Eigenart der *Individualität* gegeben sind. Sie haben aber ihre Eigenart nicht nur in einem äußeren Sinne in sich und aus sich, sondern sie tragen auch ihre geistige und moralische Identität in sich selbst. Diese Identität ist *potentiell* freier Natur, weil der Geist, anders als die Natur, nicht aus Notwendigkeit zum Handeln getrieben wird, sondern aus bewußten Willensimpulsen handeln kann. Sie ist *tatsächlich* frei, wenn sie nicht durch Ideologien und Interessen getrübt wird, sondern sich frei entwickeln kann. Gerade weil die Natur des Geistes die Freiheit ist, enthält sie auch die Kraft der moralischen Selbstbestimmung, die man zwar durch bestimmte Interessen und entsprechende Ideologien untergraben, ihrem eigenen Wesen nach allerdings nicht aufheben kann.[1] Steiners Forderung nach einem vom Staat unabhängigen selbstverwalteten Geistesleben entspringt einerseits der Auffassung, daß die Ausbildung von Fähigkeiten ein pädagogisch-didaktisches Eingehen auf das Individuum erfordert, was nur geschehen kann, wenn der Lehrer über entsprechende Kompetenz und Verantwortung verfügt — also große Handlungsfreiheit hat — und stellt andererseits die wesensmäßige Fortsetzung der Geistnatur dar, welche er mit dem Begriff der Freiheit in Verbindung brachte. Die freie Entfaltung der Fähigkeiten in einem auf sich selbst gestellten Geistesleben ist von zentraler Bedeutung für den sozialen Organismus. Denn menschliches Handeln fließt aus Ideen, und die Natur dieser Ideen drückt dem sozialen Organismus seinen Stempel auf. Die jeweils richtigen Ideen für den gesamten sozialen Organismus können sich Steiners Auffassung nach nur dann ergeben, wenn das Geistesleben frei ist. Dieser Freiheit widerspricht die staatliche Verwaltung und Einflußnahme.[2] Rudolf Steiner trat deshalb für die

---

1 Zur Ideologie muß nach Steiner *jede* Wissenschaft zwangsläufig werden, wenn sie nicht empirisch wird, d.h. hier, wenn sie nicht zu einer Empirie des Geistes in der menschlichen Natur fortschreitet. Zum Thema Freiheit heißt es u.a., «die hier dargestellte Anschauung beruht nicht ... auf dem Wahnglauben, daß ‹der Geist› Wunder wirken werde, wenn diejenigen möglichst viel von ihm sprechen, die ihn zu haben meinen; sondern sie geht hervor aus der Beobachtung des freien Zusammenwirkens der Menschen auf geistigem Gebiete. Dieses Zusammenwirken erhält durch *seine eigene Wesenheit* ein soziales Gepräge, wenn es sich nur *wahrhaft frei* entwickeln kann.» R. Steiner 1980 a), S. 77.

2 «Man spricht ja wohl von ‹Freiheit der Wissenschaft und des Lehrens›. Aber man betrachtet es als selbstverständlich, daß der politische Staat die ‹freie Wissenschaft› und das ‹freie Lehren› verwaltet.» R.Steiner 1980 a), S. 66.

rechtlich garantierte administrative Selbstverwaltung des Geisteslebens im Zeichen der Freiheit ein.[1]

Das Rechtsleben. Die Grundlage des Rechts ist nicht die Macht, «sondern das Ersprießliche für die Allgemeinheit».[2] Das Wesen des Rechtes ist es nach Steiner, *allgemein*gültige soziale Urteile, die übereinstimmend von Menschen getroffen werden, festzustellen und zu garantieren. Der Begriff der Rechtsstaatlichkeit besteht darin, daß alle Rechtsregeln, die in ein bestimmtes soziales Gebiet fallen, für alle gleich verbindlich gemacht werden. Recht in diesem Sinne kann also nur bei all dem wirksam sein, was «von dem Urteil und der Empfindung eines *jeden* mündig gewordenen Menschen abhängig sein muß»,[3] und was sich folglich «aus rein Menschlichem heraus auf das Verhältnis des Menschen zum Menschen bezieht».[4]

Dieser Gültigkeitsbereich ist für Steiner der klassische rechtsstaatlich-politische Bereich der Gesellschaft. Denn in diesem Bereich sind im Rechtsstaat alle Menschen in ihrer Urteilsfähigkeit gleich zu behandeln. Der politische Bereich richtet sich auf das, was der mündige Mensch aus dem «Menschsein» heraus mit anderen Menschen vereinbaren will. Wenn man z.B. feststellt: «Alle Menschen sind von Geburt gleich», dann ist der Blick dabei auf den Menschen als Gesamtheit gerichtet. Das Politische dieses Rechtsbegriffes ist seine Grundlage in einer gleichen Mündigkeit der Menschen. Deshalb ist der Begriff des Rechtsstaates *der* Begriff einer mündigen Menschheit. Für das Rechtsleben in diesem Sinne gilt der gleiche Grundsatz der Selbständigkeit aus einem eigenen Wesen heraus, wie dies für das Geistesleben aus *seiner* Eigenart der Fall sein muß. Das Rechtsleben lebt im Rechtsstaat durch Gesetzgebungs-

---

1 In der Einleitung der «Kernpunkte» heißt es dazu: «Diese Schrift muß die heute wenig beliebte Aufgabe übernehmen, zu zeigen, daß die Verworrenheit unseres öffentlichen Lebens von der Abhängigkeit des Geisteslebens vom Staate und der Wirtschaft herrührt. Und sie muß zeigen, daß die Befreiung des Geisteslebens aus dieser Abhängigkeit den einen Teil der so brennenden sozialen Frage bildet. Das Erziehungs- und Unterrichtswesen, aus dem ja doch alles geistige Leben herauswächst, muß in die Verwaltung derer gestellt werden, die erziehen und unterrichten. Die jetzige Verwaltung soll nichts hineinreden oder hineinregieren, was im Staate oder in der Wirtschaft tätig ist».
   R. Steiner 1980 a), S. 9.
2 R. Steiner in Nachrichten 1960 a), S. 52.
3 R. Steiner 1980 a), S. 17.
4 R. Steiner a.a.O., S. 51.

und Verwaltungskörper[1] und steht unter dem Zeichen der Gleichheit.

Das Wirtschaftsleben. Grundlage der Wirtschaft ist die Befriedigung von physischen, seelischen und geistigen Bedürfnissen. «Zu tun hat es dieses Wirtschaftsleben mit all dem, was Warenproduktion, Warenzirkulation, Warenkonsum ist.»[2] Die arbeitsteilige Wirtschaft gibt der Wirtschaft von heute ihr Gepräge. Der darauf gegründete Warenaustausch geht auf die Bedürfnisse der Menschen zurück. Deshalb bestimmen letztlich Bedürfnisse den Wert der Waren.[3] Da diese Bedürfnisse nur in gegenseitigem Angewiesensein befriedigt werden können und außerdem verschieden sind, kann letztlich nur die eigene Einsicht und das freie *Verständnis* für die Bedürfnisse anderer Menschen den Warenaustausch im Sinne eines selbständigen Wirtschaftslebens regeln.[4] Fehlt dieses Verständnis, dann muß eine politische Beeinflussung der Einkommensverteilung die *notwendige* Folge sein. Denn wenn sich die Wirtschaftsteilnehmer nicht über ihre Verteilungsansprüche einigen können, bleibt nur der politische Kampf. Das aber ist das Ende einer wirklich freien Wirtschaft und der Beginn der staatlichen Beeinflussung. Was im arbeitsteiligen Warenaustausch bewertet wird, vollzieht sich in sozialer Gegenseitigkeit, denn arbeitsteilig arbeiten heißt nicht für sich, sondern für andere arbeiten. Der Egoismus kann diese altruistische Faktizität zwar manipulieren, er kann sie aber nicht aufheben.[5] Der praktizierte Altruismus, ließe sich folgern, wird so zum Garanten einer freien Wirtschaft. Dies muß im

---

1 Vgl. R. Steiner a.a.O., S. 56f.
2 Vgl. R. Steiner a.a.O., S. 50.
3 «Die Ware hat ihren Wert durch denjenigen, der sie verbraucht». R. Steiner a.a.O., S. 56. Vgl. ferner S. 104.
4 An anderer Stelle (1980 b, S. 101) bemerkt Steiner dazu: «Das Wirtschaftsleben kann sich nur gestalten durch Menschen, die zunächst in ihren Gedanken über das Wirtschaftsleben ganz absehen können von ihren eigenen Bedürfnissen, und die ein Gefühl haben für die Bedürfnisse irgendwelcher anderer Menschen und dadurch lernen, sich in der Menschheit zu fühlen. Einsichtsvolles Verständnis für dasjenige, was man die Konsumtion der Menschheit nennen kann, das ist es, was im Wirtschaftsleben notwendig ist.»
5 «Wer in einem auf Arbeitsteilung eingestellten sozialen Organismus arbeitet, der *erwirbt* eigentlich niemals sein Einkommen selbst, sondern er erwirbt es durch die Arbeit *aller* am sozialen Organismus Beteiligten... Die Arbeitsteilung drängt dazu, daß der einzelne Mensch in ihm lebt nach den Verhältnissen des Gesamtorganismus; sie schließt *wirtschaftlich* den Egoismus aus.» R. Steiner 1980 a), S. 106f.

Auge behalten werden, wenn Steiner in den «Kernpunkten» schreibt, daß das Wirtschaftsleben danach strebe, «sich aus seinen eigenen Kräften heraus unabhängig von Staatseinrichtungen, aber auch von staatlicher Denkweise zu gestalten».[1] Diese Unabhängigkeit wird nur gewährleistet, wenn sich die Produktionsverhältnisse aus einer Vernetzung und gegenseitigen Bewertung von Bedürfnissen ergeben. Auf die eigenen Kräfte könne sich die Wirtschaft erst dann verlassen, «wenn sich, nach rein wirtschaftlichen Gesichtspunkten, Assoziationen bilden, die aus Kreisen von Konsumenten, von Handel und Produzenten sich zusammenschließen.»[2] Die Selbständigkeit der Wirtschaft beruht auf der Kenntnis der und Einsicht in die wechselseitigen Bedürfnisse. Dazu bedarf sie nach Steiner der Brüderlichkeit der Menschen in assoziativen Zusammenschlüssen zwischen Produzenten, Konsumenten und Handel.

Obwohl Steiner die Selbständigkeit der drei Glieder des sozialen Organismus betonte — an einer Stelle, an der er die Beziehung zwischen Rechts- und Wirtschaftsleben behandelte, sprach er sogar von einem Verkehr «annähernd wie gegenwärtig der zwischen den Regierungen souveräner Staatsgebiete»[3] — ging es ihm nicht um eine getrennte Zwecksetzung der einzelnen Glieder, um eine mechanische Trennung oder gar «Dreistaatlichkeit» des sozialen Organismus. Im Gegenteil, Steiner ging von der Frage aus, wie die einzelnen Glieder des sozialen Organismus so aufeinander wirken können, daß eine sinnvolle Ganzheit entstehen kann. Für *diesen* Zweck hielt er die Selbständigkeit der drei Glieder für unerläßlich.[4] Eine weitgehende gegenseitige Durchdringung der einzelnen Teilglieder ist sogar, wie Steiner in den «Kernpunkten» mit Nachdruck am Beispiel des Wirtschaftslebens aufzuzeigen suchte, unerläßlich. Zunächst ging es ihm aber darum, ein «Empfinden» dafür zu wecken, daß der soziale Organismus ganz unterschiedliche *Wesensglieder* besitzt, die man nicht

---

1 R. Steiner a.a.O., S. 14.
2 Ebenda.
3 R. Steiner 1980 a), S. 57.
4 «Es ist merkwürdig: auf dem Gebiete des rein äußerlichen Lebens sieht man leicht den Vorteil der Arbeitsteilung ein. Man glaubt nicht, daß der Schneider sich seine Kuh züchten solle, die ihn mit Milch versorgt. Für die umfassende Gliederung des Menschenlebens glaubt man, daß die Einheitsordnung das allein Ersprießliche sein müsse.»
   R. Steiner a.a.O., S. 98.

verwechseln sollte, wenn man eine soziale Fehlentwicklung vermeiden wolle.[1]

Die Notwendigkeit einer Dreigliederung des sozialen Organismus ist für das Wirtschaftsleben nach der Auffassung Rudolf Steiners von besonderer Wichtigkeit. Es sei das Verhängnis des sozialen Denkens seit der Physiokratie gewesen zu meinen, daß sich die sozialen Lebensgesetze automatisch aus dem Wirtschaftsleben allein ergeben würden, so daß sich auch die Grundlagen des Rechts- und Geisteslebens aus dem liberal geordneten «Wirtschaftsboden» in rechter Weise entwickeln würden.[2]

Das jedoch ist ein Irrtum: «Im Kreislauf des Wirtschaftslebens ist *nichts* vorhanden, das von sich aus einen Antrieb enthielte, dasjenige zu regeln, was aus dem Rechtsbewußtsein über das Verhältnis von Mensch zu Mensch erfließt. Und will man *dieses* Verhältnis aus den wirtschaftlichen Antrieben heraus ordnen, so wird man den Menschen mit seiner Arbeit und mit der Verfügung über die Arbeitsmittel in das Wirtschaftsleben einspannen. Er wird ein Rad in einem Wirtschaftsleben, das wie ein Mechanismus wirkt. Das Wirtschaftsleben hat die Tendenz, fortwährend in einer Richtung sich zu bewegen, in die von einer anderen Seite her eingegriffen werden muß. Nicht, wenn die Rechtsmaßnahmen in der Richtung verlaufen, die vom Wirtschaftsleben erzeugt wird, sind sie gut, oder wenn sie ihr zuwiderlaufen, sind sie schädlich; sondern, wenn die Richtung, in welcher das Wirtschaftsleben läuft, fortwährend beeinflußt wird von den *Rechten,* welche den Menschen nur als Menschen angehen, wird dieser in dem Wirtschaftsleben ein menschenwürdiges Dasein führen können. Und nur dann, wenn ganz abgesondert von dem Wirtschaftsleben die individuellen Fähigkeiten auf einem eigenen Boden erwachsen und dem Wirtschaftsleben die Kräfte immer wieder neu zuführen, die aus ihm selbst sich nicht erzeugen *können,* wird auch

---

1 «Die gegenwärtige geschichtliche Menschheitskrisis fordert», schreibt Steiner (a.a.O., S. 49f.) «daß gewisse *Empfindungen* entstehen in jedem einzelnen Menschen, ... wie die Kräfte des sozialen Organismus wirken sollen, damit dieser als lebensfähig sich erweist, das wird, von der Gegenwart an, von dem Menschen gefordert». Mit Blick auf den Sozialismus meint Steiner, daß die Sozialisierung sogar ein «Zerstörungsprozeß» sein könne, «wenn nicht in die ... menschlichen Herzen, in die menschlichen Seelen einzieht wenigstens die *instinktive* Erkenntnis von der Notwendigkeit der Dreigliederung des sozialen Organismus».
2 R. Steiner a.a.O., S. 97.

das Wirtschaften in einer den Menschen gedeihlichen Art sich entwickeln können.»[1]

Im weitern sollen die folgenden Aspekte, die Steiner in den «Kernpunkten» im Zusammenhang mit der Rolle von Rechts- und Geistesleben in ihrer Bedeutung für das Wirtschaftsleben behandelt hat, erörtert werden: Die Entflechtung von Recht und Wirtschaft und die Neugestaltung des Verhältnisses beider Bereiche, und die Entflechtung von Wirtschaft und Geistesleben und auch hier die erneuerte Beziehung beider Bereiche. Zum Schluß sollen noch die Auffassungen Steiners zur Erneuerung der Beziehungen zwischen Produzenten und Konsumenten erörtert werden, die in den «Kernpunkten» selbst nur angedeutet sind.

Die Entflechtung von Recht und Wirtschaft

Steiner untersuchte in den «Kernpunkten» folgende Problembereiche: Erstens, den Warencharakter von Grund und Boden, zweitens den Warencharakter des Kapitals und drittens den Warencharakter der Arbeit. Auf diesen drei Gebieten würde sich das Interesse des Wirtschaftslebens mit dem Rechtsleben verflechten. Im vierten Problembereich, der staatlichen «Betätigung» im Wirtschaftsbereich, handele es sich um eine unzulässige Beeinflussung des Wirtschaftslebens durch den staatlich-rechtlichen Bereich.

Eine wirtschaftliche Ware ist nach Steiner durch das Bedürfnis, welches zum Verbrauch führt und die dazu aufgewendete Leistung charakterisiert. Deshalb kann Grund und Boden keine Ware sein. Denn laut Steiner steht der Produzent einer Ware in einem anderen sozialen Verhältnis als der Besitzer von Grund und Boden. Im Fall eines Austausches steht der Warenbesitzer durch seine Leistung, der Grundbesitzer durch sein Recht in einem Tauschverhältnis.[2] Dies

---

1 R. Steiner 1980 a), S. 97f. Weil es zum *Wesen* des Wirtschaftskreislaufes gehöre, Kapital und menschliche Arbeitskraft als Verwertungsmasse zu behandeln, wenn beides in den Sog des Wirtschaftskreislaufes gelange, nütze es auch nach Steiner nichts, wenn man lediglich die Eigentumsfrage bei der Beeinflussung der Wirtschaft durch das Recht im Auge hat. Das Recht soll den Gültigkeitsbereich des «Wirtschaftswesens» einschränken und modifizieren. Vgl. R. Steiner a.a.O., S. 80f.
2 «Das Grundstück selber aber wirkt im Wirtschaftsleben nicht als Ware. Es steht in dem sozialen Organismus durch das *Recht* darinnen, das der Mensch auf seine Benützung hat.» R. Steiner a.a.O., S. 58.

läßt sich durch folgendes Beispiel erläutern: Angenommen, jemand erwirbt gegen Geld ein Grundstück, und das Geld repräsentiert eine erbrachte Warenleistung. Der Geldbesitzer erwirbt durch eine Warenleistung ein Benutzungsrecht. Dieses Recht «ist etwas wesentlich anderes als das Verhältnis, in dem sich der Produzent einer Ware befindet. In dem letzteren Verhältnis liegt es wesentlich begründet, daß es nicht übergreift auf die ganz anders geartete Beziehung von Mensch zu Mensch, die dadurch hergestellt wird, daß jemandem die alleinige Benützung eines Grundstückes zusteht».[1] Denn der Besitzer von Grund und Boden bringt andere Menschen, «die zu ihrem Lebensunterhalt von ihm zur Arbeit auf diesem Grundstück angestellt werden, oder die darauf wohnen müssen, in Abhängigkeit von sich».[2] Eine solche Abhängigkeit würde beim Warentausch nicht entstehen, woraus hervorgeht, daß der Warentausch seinem Wesen nach nicht vergleichbar ist mit dem Rechtserwerb von Grund und Boden. Aus dem gleichen Grund kann ein solches Recht seinem Wesen nach keine Ware sein, was künstlich aber dadurch herbeigeführt wird, daß das «Recht *innerhalb* des Wirtschaftslebens entsteht».[3] Durch die Käuflichkeit und Erblichkeit von Grund und Boden können sich wirtschaftliche Interessen über die durch den Besitz von Grund und Boden berührte (nicht wirtschaftliche!) Beziehung «von Mensch zu Mensch» hinwegsetzen und eine beliebige Anzahl von Abhängigkeitsverhältnissen schaffen, die als potentielle soziale und wirtschaftliche Machtmittel einsetzbar werden. Der gleiche Sachverhalt gilt für das Kapital auch, das Steiner ähnlich wie die Natur im Wirtschaftsleben verankert sieht. Zwar ist das Produktionsmittel vor seiner produktiven Nutzung Ware, steht aber dann, wenn mit ihm produziert wird, in gleicher Beziehung zur menschlichen Arbeit wie die Natur. Beide stellen Produktionsgrundlagen dar, an welche die menschliche Arbeit anknüpft, und von denen sie abhängig bleibt. Das aber bedeu-

---

1 R. Steiner a.a.O., S. 58.
2 Ebenda.
3 R. Steiner a.a.O., S. 59. «Tragen die Menschen diejenigen Interessen, denen sie in ihrem Wirtschaftsleben dienen müssen, in die Gesetzgebung und Verwaltung des Rechtsstaates hinein, so werden die entstehenden Rechte nur der Ausdruck dieser wirtschaftlichen Interessen sein». R. Steiner a.a.O., S. 56. Piston (a.a.O., S. 80f.) interpretiert in diesem Sinn das römische «Dominium» als Wirtschaftsrecht, im Gegensatz zum «Menschenrecht», das sich aus der Menschenwürde ableitet. Besitzverhältnisse sind nicht Wirtschaftsrechte, sondern berühren Menschenrechte.

tet, daß auch das Kapital seinem Wesen nach keinen Warencharakter haben kann. Das gleiche gilt für die menschliche Arbeitskraft. Die Ware dient dem Verbrauch. In welchem Maße aber die menschliche Arbeitskraft in der Erzeugung von Waren selbst verbraucht wird, ist nicht Sache des auf den Verbrauch orientierten Wirtschaftskreislaufes, sondern unterliegt dem gleichen, von der Wirtschaft und seinen Interessen ganz unabhängigen, rein menschlichen und damit rechtlichen Urteil. Genauso wie Grund und Boden und Kapital ist die Arbeit lediglich Grundlage der Produktion, die ihrem Wesen nach keinen Warencharakter haben kann. Art und Höhe ihrer Zuführung zum Wirtschaftskreislauf muß Gesichtspunkten unterliegen, die ganz außerhalb der Wirtschaft stehen und in das Rechtsgebiet gehören.[1] Am Beispiel der Arbeit wird das Wesen wirtschaftlicher Werte insofern deutlich, als nicht sie, sondern ihre Produkte in einem Tauschverhältnis stehen. Nicht die Arbeit besitzt wirtschaftlichen Wert, sondern die Produkte, die sie schafft.

Zur Herstellung des Produktes ist ein Rechtsverhältnis zwischen Arbeiter und Unternehmer notwendig. Dieses kann aber durch die kapitalistische Wirtschaftsart in ein solches verwandelt werden, daß sich eine wirtschaftliche Übermacht des Arbeitgebers über den Arbeiter ergibt. Im gesunden sozialen Organismus dagegen muß zutage treten, daß die Arbeit nicht bezahlt werden kann. Denn diese kann nicht im Vergleich mit einer Ware einen wirtschaftlichen Wert erhalten. Einen solchen hat erst die durch Arbeit hervorgebrachte Ware im Vergleich mit anderen Waren.[2] In Wirklichkeit stellen Arbeiter, Angestellte und Unternehmer gemeinsam Produkte her, mit denen sie den Bedürfnissen anderer Menschen dienen.

Der Sozialismus macht andererseits auf der Grundlage der Lehren von Karl Marx und Lenin[3] den Staat selbst zum wirtschaftlichen Handlungsträger. Der Sozialismus mache die Arbeitskraft nur in «anderer Form» zur Ware,[4] indem statt dem Privateigentümer nun

---

1 Vgl. R. Steiner a.a.O., S. 63. Zu erwähnen sind hier: Arbeitszeitregelungen, allgemeine Arbeitsbedingungen wie Arbeitssicherheit, Fortbildung etc. Aber auch im Sinne des sozialen Hauptgesetzes die Beendigung darwinistischer Erwerbsprinzipien, was auf die Erneuerung der Wirtschaftsverfassung herausläuft.
2 Ebenda.
3 Außer mit den Werken von Karl Marx hat sich Rudolf Steiner insbesondere mit der Staatstheorie Lenins auseinandergesetzt. Vgl. R. Steiner i. Nachrichten 1969a), S. 37.
4 Vgl. R. Steiner 1980 a), S. 44.

der Staat die Wirtschaft regle; außerdem beseitige der Staatssozialismus die unternehmerische Sachkompetenz durch politische Entscheide, die dem Wesen der Wirtschaft fremd sind.[1] Die Konsequenzen einer sozialistischen Staatswirtschaft für das Wirtschaftsleben hat Steiner klarsichtig erkannt und vorhergesehen. Nach seiner Auffassung sind die Verstaatlichung von Post- und Bahnwesen der Beginn von «Verstaatlichungsbestrebungen» gewesen, die der Sozialismus nur fortgesetzt habe.[2] Der Staat muß sich dagegen aus *jeder* wirtschaftlichen Betätigung heraushalten. Der Rechtsstaat verkörpert das Rechtsbewußtsein, das aus dem Wesen der Dreigliedrigkeit des sozialen Organismus erfolgt. Mit der Erkenntnis des *rechtlichen* Wesens von Kapital und Arbeit und der *altruistischen* Natur der Wirtschaft wird dem wirtschaftlichen Handlungsbedarf des Staates ein Ende gesetzt. Dies wird besonders auch dann deutlich werden, wenn die Rolle des *Geisteslebens* bei der Verwaltung des Kapitals berücksichtigt wird. Zu diesem Themenbereich hat Steiner in den «Kernpunkten» einige Anregungen gegeben, die er nicht als «Programm» verstanden wissen wollte, sondern als «Richtungen», die angestrebt werden müßten, ohne daß dazu revolutionäre Umwälzungen erforderlich seien.

Über Kapital kann im wirtschaftlichen Sinn nur verfügen, wer mit seiner Hilfe wirtschaftliche Leistungen erbringt. Das Kapital erhält diese Leistungsfunktion nicht primär rechtlich, sondern durch unternehmerische Fähigkeiten. Durch diese Fähigkeiten ragt das Geistesleben in das Wirtschaftsleben hinein: «Was auf der Grundlage des Kapitals für den sozialen Organismus geleistet wird, beruht seinem Wesen nach auf der Art, wie die individuellen menschlichen Fähigkeiten in diesen Organismus eingreifen. Die Entwicklung dieser Fähigkeiten kann durch nichts anderes den ihr entsprechenden Impuls erhalten als durch das freie Geistesleben.»[3] Wenn die Leistungsfunktion des Kapitals von individuellen Fähigkeiten abhängt, dann liegt es aus sachlichen Erwägungen nahe, in die Verwaltung des Kapitals das freie Geistesleben einzuschalten.

Es müssen Institutionen bzw. Einrichtungen zur Verwaltung und Übergabe von Kapitalbesitz geschaffen werden, so «daß der einzelne

---

1 Vgl. R. Steiner 1980 a), S. 80f.
2 R. Steiner a.a.O., S. 62.
3 R. Steiner a.a.O., S. 79.

in besonderer Richtung begabte Mensch oder daß zu Besonderem befähigte Menschengruppen zu einer solchen Verfügung über Kapital
kommen, die lediglich aus der ureigenen Initiative entspringt».[1] Das
Freiheitselement, das das Geistesleben auszeichnet, trägt es auch in
das Wirtschaftsleben hinein. Auf die geistigen Fähigkeiten im Wirtschaftsleben ist der soziale Organismus auf völlig natürliche Weise
angewiesen, was in dem so verstandenen Sinne auch jeder Arbeiter
anerkennen werde.[2] Es sei deshalb nicht nur erstrebenswert, daß die
fähigen Personen und Personengruppen über Kapital frei verfügen
können müßten, sondern es muß ihnen auch die Gelegenheit verschafft werden, «aus der eigenen Initiative heraus zu dem Kapitale
gelangen (zu) können».[3] Diese freie Verfügung, die sich auf der
Grundlage freier Initiative entfaltet, ist seinem Wesen nach aber etwas anderes als das «Rechtsverhältnis, in das der Verfüger zu anderen Menschen tritt, dadurch, daß durch sein Verfügungsrecht diese
anderen Menschen ausgeschlossen werden von der freien Betätigung
durch diese Kapitalgrundlage».[4] Damit sich ein Recht nicht in ein
Unrecht wandelt, muß das Privateigentum grundlegend anders aufgefaßt und nötigenfalls geändert werden. Denn: «Nicht die *ursprüngliche* freie Verfügung führt zu sozialen Schäden, sondern lediglich
das *Fortbestehen* des Rechtes auf diese Verfügung, wenn die Bedingungen aufgehört haben, welche in zweckmäßiger Art individuelle
menschliche Fähigkeiten mit dieser Verfügung zusammenbinden».[5]
Die bestehende Rechtsordnung und Rechtspraxis wirkt sich dadurch
negativ aus, daß das unbegrenzte Verfügungsrecht über die Produktionsmittel einen Anreiz zur Machtausübung und Bereicherung darstellt, und daß durch die bestehenden Rechtsverhältnisse die Verbindung zwischen unternehmerischen Fähigkeiten und der Verfügung
über Produktionsmittel nicht gewährleistet ist.

Die individuellen menschlichen Fähigkeiten müssen jederzeit mit
dem Kapital verbunden bleiben. Dies aber wird durch die bestehende
Form des Eigentums nicht gewährleistet. Als Privateigentum im herkömmlichen Sinn bleibt es allein den persönlichen Interessen verpflichtet. Steiner regt deshalb an, Kapital rechtlich wie geistiges

---

1 R. Steiner a.a.O., S. 84.
2 Vgl. R. Steiner 1980 a), S. 85.
3 Ebenda.
4 R. Steiner a.a.O., S. 87.
5 Ebenda.

Eigentum zu behandeln: «Das Eigentumsrecht muß in dem Augenblick verändert werden können, in dem es umschlägt in ein Mittel zur ungerechtfertigten Machtentfaltung. In unserer Zeit haben wir eine Einrichtung, welche der hier angedeuteten sozialen Forderung Rechnung trägt, teilweise durchgeführt nur für das sogenannte geistige Eigentum. Dieses geht einige Zeit nach dem Tode des Schaffenden in freies Besitztum der Allgemeinheit über.»[1] Die Verwaltung des Kapitals durch Organe des freien Geisteslebens und die Verfügungsrechte einzelner Personen und Personengruppen hat Steiner in den «Kernpunkten» nicht weiter spezifiziert, weil man sich vorstellen könne, daß darüber zu verschiedenen Zeiten ganz «unterschiedliche Regelungen» getroffen werden könnten.[2] Man könnte sich z.B. vorstellen, daß eine freie Wirtschaftshochschule oder auch ein anderes geeignetes Organ des freien Geisteslebens ein Kapitalportefeuille hält, aus welchem in enger Zusammenarbeit mit den entsprechenden Unternehmen an jeweils befähigte Unternehmerpersönlichkeiten aus dem Umkreis der Hochschule vertraglich vereinbarte Verfügungsrechte über bestimmte Produktionsmittel auf Zeit abgegeben werden.

Rudolf Steiner war der Auffassung, daß eine neue *funktionale Transparenz* in der Verwaltung des Kapitals, welche die Wertschöpfungsfunktion des Kapitals in den Vordergrund und die Machtpotenz des Kaptialbesitzes zurückzudrängen bestrebt ist, auch entscheidende neue Impulse für das Verhältnis zwischen Kapital und Arbeit in sich birgt. Denn es werde deutlich, daß Kapital und Arbeit gemeinsam an der Entstehung der Produktion beteiligt sind.[3] Zwar betont Steiner, daß der Arbeiter «auf dem Boden des politischen Staates die Rechte ausbilden wird, welche ihm den Anteil sichern an dem Ertrage der Waren, die er erzeugt»,[4] weil die Arbeit nicht zur Ware werden soll. Aber genauso wenig wie der Staat das Kapital verwalten kann, kann er die Einkommen einzelner Menschen bestimmen. Dies wird deutlich, wenn man die Preisformel Steiners berücksichtigt. Das Preisverhältnis müsse so sein, «daß jeder Arbeitende für ein Erzeugnis so viel an Gegenwert erhält, als zur Befriedigung sämtlicher Bedürfnisse bei ihm und den zu ihm gehörenden Personen nötig ist, bis er ein Erzeug-

---

1 R. Steiner a.a.O., S. 88.
2 R. Steiner 1980 a), S. 89.
3 R. Steiner a.a.O., S. 63.
4 R. Steiner a.a.O., S. 69.

nis der gleichen Arbeit wieder hervorgebracht hat. Ein solches Preisverhältnis kann nicht durch amtliche Feststellung erfolgen».[1]

Die Bedürfnisse lassen sich nicht in abstracto fremdbestimmen. Sie sind Angelegenheit jedes einzelnen Menschen und ergeben sich aus dem wirtschaftlich-sozialen Zusammenhang, in dem der Einzelne konkret steht und damit auch aus den Bedürfnissen anderer Menschen. Einen Lösungsansatz des Problems, wie der mit der Regelung von Grund und Boden, Kapital und Arbeit verbundene Rechtsauftrag des Staates einerseits und die konkreten wirtschaftlichen Anforderungen andererseits in Einklang miteinander gebracht werden können, gibt Steiner mit dem Prinzip der Rechtssubsidiarität. Der Rechtsstaat solle rechtliche Grundprinzipien verankern und die Ausführung subsidiären Rechtskörperschaften des Geistes- und Wirtschaftslebens überlassen.[2] In Anlehnung an Rudolf Steiner ließe sich von *sozialen Grundrechten,* die auf Verfassungsebene geregelt werden könnten, und von *sozialen Gestaltungsrechten,* die bis auf einzelne Rechtsträger des Geistes- und Wirtschatfslebens herab delegiert werden könnten, sprechen. Als ein solches soziales Grundrecht müßte Steiners Forderung nach der Trennung von Einkommen und Leistung («soziales Hauptgesetz») angesehen werden oder auch der Grundsatz, wonach die Verfügung über Kapital immer mit individuellen Fähigkeiten verbunden bleiben müsse und daher begrenzt sei.

Steiner hat bei den — hier so benannten — sozialen Gestaltungsrechten bewußte Zurückhaltung geübt. Zum einen hob er immer wieder hervor, daß der soziale Organismus kein mechanisch-starres System sei; zum anderen wußte er, daß ein Sozialsystem, in dem *verantwortliches Handeln* lebendig wirkt, mit einfachen Regelungen auskommen kann, weil aus dem Verantwortungsgefühl das Richtige auch auf sehr *flexibler* gesetzlicher Grundlage möglich wird. Dies kann eben auch bedeuten, daß das Kapital an ein Mitglied aus der Familie des derzeitigen Besitzers weitergegeben werden kann, wenn dieses Familienmitglied die dazu notwendigen Fähigkeiten mitbringt. Dies zeigt, daß soziale Angelegenheiten nie schematisch behandelt werden können und daß ein wahrhaft *guter Wille* notwen-

---

1 R. Steiner a.a.O., S. 105. Es ist unschwer zu erkennen, daß die Preisformel von Steiner die «logische» Schlußfolgerung des sozialen Hauptgesetzes ist.

2 In einem anderen Zusammenhang spricht Steiner hier vom Prinzip der «Rechtsübertragungen», die in «sehr verschiedener Art aus dem Rechtsbewußtsein heraus für richtig befunden werden». R. Steiner 1980 a), S. 90f.

dig ist, um sachlich richtige und unbürokratische Entscheidungen herbeizuführen.

Im Sinne sozialer Gestaltungsrechte können Verfügungsrechte über das Kapital, Einkommensregelungen etc. sehr praxisnah gestaltet werden. Worauf es Steiner ankam, war das praktizierte «Rechtsbewußtsein» in allen drei Gliedern des sozialen Organismus, daß das Recht als Verhältnis «von Mensch zu Mensch» gestaltet. Dieses Recht muß seiner Auffassung nach die gesellschaftliche «Vormacht» der Wirtschaft durch die Entflechtung zwischen Wirtschaft und Recht aufheben und eine darauf aufbauende Neuzuordnung des Rechtes zur Wirtschaft nach dem *Wesen* des Rechtes und dem *Wesen* der Wirtschaft leisten.

Das Wirtschaftsleben ist durch die Bedeutung von Rechts- und Geistesleben in seinem Bereich dreigliedrig. Durch diese Spiegelung der drei Glieder, die im übrigen für jeden Teilbereich gilt, wird deutlich, daß eine wesenmäßige *Erkenntnis* dessen, was durch Geist, Recht und Wirtschaft im sozialen Leben bewirkt wird, von großer Bedeutung für den sozialen Organismus ist. Ein Verständnis für diese drei Wesensglieder und ihre wechselseitige Durchdringung haben, heißt, den sozialen Organismus verstehen zu lernen. Von diesem Verständnis hängt nach Steiners Auffassung die Zukunft sozialer Gemeinschaften ab.

Die Entflechtung von Wirtschaft und Kultur

Das Geistesleben ragt durch die Fähigkeiten des Menschen, auf die eine leistungsfähige Wirtschaft angewiesen ist, in das Wirtschaftsleben herein. Diese Einwirkung des Geisteslebens kann für den sozialen Organismus nur nützlich sein, «wenn es in der Hervorbringung auf seine eigenen Impulse gestellt ist, und wenn es in verständnisvollem Zusammenhange mit den Menschen steht, die seine Leistungen empfangen».[1] Man habe sich schon so an die staatliche Verwaltung des Geisteslebens gewöhnt, daß man kein «Empfinden» mehr dafür habe, daß die Freiheit von Forschung und Lehre durch die dem Geistesleben vom Staat vorgegebenen Lehrinhalte grundlegend beeinflußt wird und diese Lehrinhalte selbst einen historisch gewachsenen

---

1 R. Steiner 1980 a), S. 65.

Ausdruck der im Staat etablierten Interessen darstellen.[1] Man würde nicht beachten, «wie eng verbunden *der Inhalt* des geistigen Lebens ist mit dem innersten Wesen des Menschen, in dem er sich entfaltet»,[2] was u.a. bedeutet, daß sich dieses innerste Wesen, wenn es einmal durch Erziehung «staatlichen Bedürfnissen» unterworfen worden ist, auch nicht mehr ohne weiteres frei neuen geistigen Inhalten öffnen kann und auf diese Weise z.B. die Arbeit eines Pädagogen selbst nur Reflex etablierter Bildungsinteressen ist.[3]

Der historische Materialismus habe nicht zuletzt deshalb als Geistesanschauung in der Arbeiterschaft Fuß fassen können, weil der Arbeiter das liberal-bürgerliche Geistesleben nicht frei, sondern als ein «Spiegelbild der materiellen Interessen»[4] empfunden hätte, als reine Ideologie.[5] Nur dem groben Materialisten kann entgehen, daß politisches und wirtschaftliches Handeln in letzter Reihe weltanschauliche Wurzeln hat; denn die Menschen handeln aus *Ideen* heraus.[6] Folglich beginnt die Unfreiheit des Menschen nicht im politisch-rechtlichen oder wirtschaftlichen Bereich, sondern im — beiden Bereichen «vorgelagerten» — geistigen Bereich. Aus diesem Grunde vertrat Steiner die Auffassung, daß erst in einem auf sich selbst gestellten Geistesleben die nötige belebende Entwicklung des Geisteslebens stattfindet, die zum Wesen eines freien Geisteslebens gehört und das Wirtschafts- und Rechtsleben mit neuen Impulsen versorgt. Konkret bezweifelt Steiner im Hinblick auf die Wirtschaft, daß der «Ausblick auf den wirtschaftlichen Vorteil» notwendig bestimmend sei «für die durch Kapital ermöglichte Ausbildung der individuellen

---

1 R. Steiner 1980 a), S. 65f.
2 Ebenda.
3 Das Geistesleben wird erst dann frei, «wenn (es) durch keine anderen Impulse in den sozialen Organismus hineingestellt ist als allein durch solche, die aus dem Geistesleben selbst kommen». Ebenda. Denn: «Im geistigen Gebiet waltet eine über das materielle Außenleben hinausgehende Wirklichkeit, die ihren Inhalt in sich selbst trägt.» R. Steiner a.a.O., S. 67.
4 Ebenda.
5 Sind die Kulturwissenschaften, fragt Steiner, «nicht ein Spiegelbild dessen geworden, was sich aus dem Zusammenhang ihrer Träger mit dem Staatsleben ergeben hat, aus den Bedürfnissen dieses Lebens heraus? Gerade durch diesen ihnen aufgeprägten Charakter haben die gegenwärtigen wissenschaftlich orientierten, das Geistesleben beherrschenden Vorstellungen auf das Proletariat als Ideologie gewirkt». Ebenda.
6 R. Steiner a.a.O., S. 27ff.

Fähigkeiten».[1] Eine solche Ansicht sei eben schon eine Ideologie, die allerdings im sozialen Leben zur Realität werden kann: «Auf diesen Vorteil geben manche Beurteiler des Kapitalismus sehr vieles. Sie vermeinen, daß nur durch diesen Anreiz des Voreils die individuellen Fähigkeiten zur Betätigung gebraucht werden können. Und sie berufen sich als ‹Praktiker› auf die ‹unvollkommene› Menschennatur, die sie zu kennen vorgeben. Allerdings innerhalb derjenigen Gesellschaftsordnung, welche die gegenwärtigen Zustände gezeitigt hat, hat die Aussicht auf wirtschaftlichen Vorteil eine tiefgehende Bedeutung erlangt.»[2] Das muß aber laut Steiner keineswegs so bleiben.

Es ist die Überzeugung Steiners, daß ein Geistesleben, das sich ganz unabhängig vom Wirtschaftsleben entwickeln kann, die Ideologie der Festschreibung «menschlicher Unvollkommenheiten» durchbrechen kann: Der Antrieb für die Betätigung individueller Fähigkeiten «wird in dem aus einem gesunden Geistesleben erfließenden *sozialen Verständnis* liegen müssen. Die Erziehung, die Schule werden aus der Kraft des freien Geisteslebens heraus den Menschen mit Impulsen ausrüsten, die ihn dazu bringen, dank dieses ihm innewohnenden Verständnisses das zu verwirklichen, wozu seine individuellen Fähigkeiten drängen.»[3]

Das Kapital erhält durch die menschlichen Fähigkeiten seinen Wert. Hier ist das Geistesleben durch seine produktiven Kräfte am Wirtschaftsleben beteiligt. Seine volle soziale Berechtigung erhält das Kapital erst durch ein richtiges «soziales Verständnis» desjenigen, der das Verfügungsrecht über das Kapital hat.[4]

In den «Kernpunkten» hat Rudolf Steiner noch eine ganze Reihe weiterer konkreter Anregungen für die Umgestaltung des Wirtschaftslebens gegeben. Interessant ist, daß er seine Vorschläge zur Kapitalverwaltung auf Kapitalien ab einer gewissen, nicht weiter spezifizierten Größenordnung beschränkt wissen wollte.[5] Ferner werden ein Erziehungseinkommen und bestimmte Regelungen zur Begrenzung von Zins- und Kapitaleinkommen vorgeschlagen.[6] Fiskalabgaben zog Steiner nur für das Rechtsleben in

---

1 R. Steiner a.a.O., S. 76.
2 Ebenda.
3 R. Steiner 1980 a), S. 76f.
4 Vgl. R. Steiner a.a.O., S. 78f.
5 Vgl. R. Steiner a.a.O., S. 92.
6 Ebenda.

Betracht.[1] Sozial schädliches Kapital entsteht nach Steiner dann, wenn ein automatisierter Zinsanspruch volkswirtschaftlich «arbeitet». Grundsätzlich sind Einkommensansprüche im Sinne Steiners immer mit persönlichen Leistungen verbunden, Einkünfte deshalb nicht beliebig übertragbar. Da aber die diesbezüglichen Ausführungen Steiners in den «Kernpunkten» eher knapp ausfallen und im «Nationalökonomischen Kurs» einen wesentlich breiteren Raum einnehmen, sollen an dieser Stelle keine weiteren Einzelheiten aufgeführt werden.

Das herausragende Thema der «Kernpunkte» ist die Dreigliederung des sozialen Organismus und deren Bedeutung für das Wirtschaftsleben. Diese Dreigliederung, meint Steiner, könne sich jederzeit entwickeln: «Man wird nur zu dem Entschluß greifen müssen, innerhalb des Rechtsstaates auf die Verwaltung des geistigen Lebens und auf das Wirtschaften allmählich zu verzichten und sich nicht zu wehren, wenn, was geschehen sollte, wirklich geschieht, daß private Bildungsanstalten entstehen und daß sich das Wirtschaftsleben auf die eigenen Untergründe stellt.»[2] «Vertrauen» sei nötig, um herauszufinden «wie Neueinrichtungen sich praktisch an das Bestehende anknüpfen lassen».[3]

Rudolf Steiner könnte sowohl als radikaler «Kapitalist» als auch als radikaler «Sozialist» bezeichnet werden. Als radikaler «Kapitalist», weil er erkannte, daß der wirtschaftliche Wert des Kapitals von individuellen geistigen und sozialen Fähigkeiten abhängt und nicht vom Eigentum am Kapital. Insofern entwickelte er in den «Kernpunkten» Ansätze zu einer echten Werttheorie des Kapitals, die «kapitalistische» Theorien selbst nie in der Form entwickelten. Als radikaler «Sozialist» kann er verstanden werden, weil er die Anliegen der *Menschenwürde* im Zusammenhang mit der menschlichen Arbeit und dem Umgang mit Kapital nicht nur allein rechtsstaatlich verankern, sondern vor allem durch die Rolle des freien Geisteslebens radikal erneuern wollte.[4]

---

1 R. Steiner a.a.O., S. 101.
2 R. Steiner 1980 a), S. 95.
3 Ebenda.
4 Hier kann deutlich werden, wie sich die einzelnen Glieder des sozialen Organismus stützen, wenn sie richtig aufeinander zugeordnet sind: Ein Wirtschaftsleben, auf das in rechter Weise das Geistesleben einwirkt (Kapitalverwaltung) kann *unpolitische* und *kooperative* Handlungsweisen entwickeln. Ein Rechtsstaat aber, in welchem sich keine ökonomischen Interessengruppen mehr um Macht zu bewerben brauchen, verändert grundlegend seinen Charakter. Aus diesem Grund setzte Steiner den Rechtsstaat auch nicht mit dem «Parteienstaat» gleich!

Allerdings ist bei ihm nicht eine Klasse und ihre staatlichen Zwangs-mittel, sondern der individuelle Mensch als ein geistig-seelisches We-sen der Ausgangspunkt für eine Erneuerung der sozialen Prozesse. Deshalb kann Rudolf Steiner auch als radikaler «liberaler» betrach-tet werden, weil er durch die Betonung individueller Verantwortung und die Selbständigkeit der drei Glieder des sozialen Organismus eine Gegenposition zur zentralistisch-staatlichen Ordnungsmacht, die heute weitgehend alle Demokratien kennzeichnet, vertritt.

Durch den Dreigliederungsansatz Steiners wird deutlich, daß Kapi-talismus, Sozialismus und Liberalismus, wenn sie von ihren histori-schen Einseitigkeiten «gereinigt» werden, berechtigte soziale Ideen enthalten, die in ihrer richtigen Zuordnung zueinander sozial förder-liche Leistungen erbringen können.

Für Steiner ist die Vernachlässigung des geistigen Menschen und die damit zusammenhängende Vernachlässigung der Heranbildung und Förderung der dem Menschen ureigenen sozialen Fähigkeiten die kardinale «Unterlassungssünde» sowohl «kapitalistischer» wie auch «sozialistischer» Gesellschaftssysteme. Diese Denkungsart wird auch und besonders an Steiners Auffassung über die Tauschbeziehungen deutlich; zwar finden sich in den «Kernpunkten» nur Ansätze dafür, welche Formen die wirtschaftlichen Tauschprozesse annehmen soll-ten, doch lassen sich aus den zahlreichen Vorträgen, die Steiner in der Zeit gehalten hat, in der die «Kernpunkte» erschienen sind (1919), einige Anhaltspunkte für das Verhältnis zwischen Produzen-ten und Konsumenten gewinnen.[1]

Die Beziehungen zwischen Produzenten und Konsumenten

Die marktwirtschaftliche Theorie geht davon aus, daß die Konsu-menten ihren persönlichen Nutzen maximieren wollen und die Pro-duzenten ihren Gewinn. Durch die atomistische Konkurrenz wird einerseits erstrebt, daß ein effizienter Einsatz bei der Allokation «knapper» Ressourcen gewährleistet wird, und andererseits soll das Entstehen monopolitischer Marktstrukturen unterbunden werden. Beides zusammen stellt die Grundvoraussetzung eines nach den Prä-ferenzen der Konsumenten ausgerichteten Kräftespieles von Angebot

---

1 Vgl. dazu die Übersicht in Nachrichten 1969 a) u. b) und R. Steiner 1980 b) u. c).

und Nachfrage dar. Das entscheidende dieser Vorstellungen vom Markt besteht nun darin, daß das Prinzip der Gewinnmaximierung bzw. -optimierung und die Konkurrenz als conditio sine qua non eines funktionierenden Marktes angesehen werden. Beides wird von Steiner bestritten. Eine Wirtschaft, die bloß mit dem «Erträgnis» rechnet, brauche gar keine Beziehung zu den wirklichen Bedürfnissen des Lebens zu haben, «kann ganz abseits von ihnen das Leben regulieren wollen».[1] Denn dem, der «bloß Erträgnisse haben will, ist es gleichgültig, für was er produziert oder für was er entlohnt wird; denn er bekommt dafür das Geld».[2] Die Strategie der Gewinnmaximierung und das Konkurrenzprinzip setzen die Funktiontüchtigkeit des Marktes in zweifacher Weise aufs Spiel. Zum einen werden, wenn man einfach «drauflos» produziert,[3] schnell Produktionskapazitäten aufgebaut, ohne die langfristig optimale Produktionsgröße zu berücksichtigen. Durch auftretende Überkapazitäten wird dann einerseits der Konzentrationsprozeß beschleunigt, andererseits wird der Staat aktiv.[4] Die Unternehmen nehmen ferner durch ihre Investitionen, die prinzipiell auf Wachstum ausgerichtet sind, Kosten auf sich, die sie im Markt durch den Kampf um Marktanteile decken müssen. Der eigentliche Sinn des Marktes im Sinne einer Bewältigung der Bedürfnisbefriedigung durch Koordination und Vielfalt des Leistungsangebotes wird manipuliert. Durch den Verdrängungswettbewerb geht der unmittelbare soziale Prozeß zwischen Produzenten und Konsumenten verloren. Die wirkliche Bedürfnisfindung dagegen ist nach Steiners Auffassung nicht Angelegenheit des Marktes. Die Wirtschaft hat es mit der *Ausführung* von Bedürfniswünschen zu tun. Wenn die Bedürfnisfindung der auf Erwerb fixierten Produktion überlassen wird, dann wird das Bedürfnis als solches kommerzialisiert. Die Wirtschaft wird nicht nur zum Waren-, sondern auch zum Bedürnisproduzenten. «Soziales Verständnis» ist also nicht nur bei der unternehmerischen Leistung gefragt, sondern es wird durch die richtige Bedürnisfindung zum umfassenden Element der «Umgestaltung» des Marktes, dem alle «anarchistisch-zufälligen» Elemente genommen werden müssen.[5]

---

1 R. Steiner 1980 b), S. 91.
2 R. Steiner 1980 c), S. 92.
3 Vgl. R. Steiner 1980 b), S. 93 und 1980 c), S. 68.
4 Vgl. R. Steiner 1980 b), S. 71ff. und 1980 c), S. 39, S. 43 und S. 98.
5 R. Steiner 1980 b), S. 102.

Soziale Einrichtungen der Leistungs- bzw. Bedürfniskoordination können nicht bürokratisch gedacht werden. Worauf es Steiner ankam, war ein «lebendiges Verhandeln», bei welchem wirtschaftlicher Sachverstand und geistig-freies Bedürfnisurteil zusammenfließen können. Steiner ging davon aus, daß durch die Rolle des freien Geisteslebens bei der Kapitalverwaltung und bei der Urteilsfindung von Bedürfnissen der Charakter der Wirtschaft entscheidend verwandelt wird. Unter diesen Voraussetzungen bedarf es aber gerade im Hinblick auf die Bedürfnisfindung zusätzlicher Koordinationsinstrumente. Von zentraler Bedeutung ist dabei Steiners Gedanke, den Konsumenten nicht erst am Markt zu befragen, was er wünscht — denn dort kann er sich durch den Kaufakt lediglich passiv verhalten — sondern ihn mit der Produktion sozusagen «ex ante» so «assoziativ» zu verknüpfen, daß die Produktion als Resultat einer gemeinsamen Bedürfnisermittlung erscheint. Dazu dienen Einrichtungen, die Steiner mit dem Begriff der «Assoziation» bzw. «Assoziationen» umschreibt. Ein weiterer Gedanke Steiners betrifft die Art des Warentausches. Die Koordination der Bedürfnisse muß so beschaffen sein, daß ein Bauer seine Lebensbedürfnisse genauso artikulieren kann wie ein Schriftsteller. Zwischen Landwirtschaft, Industrie und freiem Geistesleben spielt sich die wirtschaftliche Wertebildung ab. In einer gesunden Volkswirtschaft darf keine der «Teilökonomien» auf Kosten der anderen produzieren. Auch hier muß es zu industrieübergreifenden assoziativen Zusammenschlüssen kommen.

Das Koordinationsinstrument, welches Steiner für einen lebendigen Ausgleich unterschiedlicher Wirtschaftsinteressen für geeignet hält, nennt er die «Assoziation» oder das «Assoziationswesen». Das Wesentliche der Assoziationen besteht darin, daß der wirtschaftliche Interessenausgleich ohne staatliche Interventionen durch die Vernetzung der gesamten Wirtschaft erreicht werden soll: «Das Wirtschaftsleben muß beruhen auf Assoziation; erstens nach Berufsständen (Branchen), zweitens, was ... wichtig ist, aus Vertretern der Konsumtion mit Vertretern der Produktion zusammen.»[1]

---

1 R. Steiner a.a.O., S. 9. Piston (a.a.O., S. 61ff.) definiert: «Steiner versteht unter der Bezeichnung wirtschaftliche Assoziation die horizontale und vertikale Vereinigung aller Produktionszweige in Industrie und Landwirtschaft und deren Zusammenarbeit mit der genossenschaftlich vereinigten Konsumentenschaft.» In den «Kernpunkten» schreibt Steiner (59f.): «Die Wirtschaftsorganisation wird Menschen mit gleichen Berufs- oder Konsuminteressen oder mit in anderer Beziehung

Durch das Assoziationswesen sollen die wirtschaftlichen Beziehungen wieder den Charakter der sozialen Unmittelbarkeit bekommen. Das wichtigste Instrument dazu stellt das assoziative Vertragsprinzip dar. Im Zentrum der vertraglichen Vereinbarungen der assoziativen Wirtschaft stehen die Preise. Es kann dabei mit Sicherheit behauptet werden, daß Steiner weder an eine zentralistische Preisplanung dachte noch daran, die Lenkungsfunktion der Preise im Sinne der Allokation von Ressourcen aufzugeben. Mit dem assoziativen Vertragsprinzip sollen *Bedingungen* geschaffen werden, unter welchen die «richtigen» Preise entstehen können. Die Assoziationen sollen die Preisentwicklung aktiv verfolgen und dafür sorgen, «daß ... eine genügend große Zahl von Menschen sich mit einem Produktionszweig beschäftigt, daß man gewissermaßen durch Verhandlungen die rechte Anzahl von Menschen in einen Produktionszweig hineinbringt; das läßt sich nicht theoretisch bestimmen, das läßt sich nur dadurch bestimmen, daß die Menschen an ihre richtige Stelle gestellt sind».[1]

Assoziationen sind keine «Genossenschaften, sind keine Kartelle, keine Syndikate», sondern «Verbindungen», die «ganz nach einem Ziele hinarbeiten: nach einer ganz bestimmen Preisgestaltung».[2] Wenn Produktion und Konsumtion sozial richtig vernetzt sind,[3] können sich auch die richtigen Preise einstellen. Dann zeigt sich, «daß tatsächlich jede Ware nur einen bestimmten Preis haben kann. Höchstens kleine Schwankungen nach oben oder unten sollten stattfinden (...) Denn der Preis einer Ware ... ist nichts anderes als dasjenige, was ihren Wert darstellt zu den anderen Waren, für die man als

---

gleichen Bedürfnissen sich zu Genossenschaften zusammenschließen lassen, die im gegenseitigen Wechselverkehr die Gesamtwirtschaft zustande bringen. Diese Organisation wird sich auf assoziativer Grundlage ... aufbauen.» Wirtschaftliche Interessen sollen sich in *direkter* Zusammenarbeit und nicht über den Umweg der Politik «zum Beispiel als Bund der Landwirte, als Partei der Industriellen, als wirtschaftlich orientierte Sozialdemokratie» miteinander ausgleichen. Insofern ist das Assoziationswesen auch nicht mit einer «Verbandsökonomie» zu verwechseln.

1 R. Steiner 1980 b), S. 87f.
2 R. Steiner a.a.O., S. 95f.
3 Steiner dachte auch an ein assoziatives Instrumentarium für Marktanalysen, allerdings nicht im rein erwerbswirtschaftlichen Sinn etwa als Ermittlung von «Marktpotentialen»: «Daß man nach den vorhandenen Bedürfnissen die Produktion einrichtet, das wird nicht der (heutige) Markt tun, der das ganze anarchistisch-zufällig gestaltet; sondern das kann nur geschehen, wenn Einrichtungen da sind, durch die die Menschen die Bedürfnisse wirklich studieren und nach den Bedürfnissen die Produktion mit den Assoziationen regeln.» R. Steiner 1980 b), S. 102.

Mensch Bedürfnis hat».[1] Hier läßt sich wiederum Steiners Preisformel anführen, wonach jeder Arbeitende für ein Erzeugnis so viel an Gegenwert erhält, als er zur Befriedigung sämtlicher Bedürfnisse inklusive derjenigen der zu ihm gehörenden Personen nötig hat, bis zu dem Zeitpunkt, bis er ein Erzeugnis der gleichen Arbeit wieder hervorgebracht hat, wobei Steiner davon ausging, daß die Qualität und Art der erbrachten Leistung auf selbstverständliche Weise honoriert werde. Die Qualität der Bedürfnisse darf nach der Auffassung Steiners nicht der Wettbewerbslogik des technisch und kommerziell Machbaren folgen, sondern soll aus der «Gediegenheit» echter Bedürfnisurteile erwachsen.

Steiner erkannte, daß die Bedürfnisbildung durch den Erwerbszwang des Verdrängungswettbewerbes beeinflußt wird. Nach seiner Auffassung kann man kommerziell manipulierten Konsumgewohnheiten wirksam durch ein freies Geistesleben begegnen. Denn in ihm bildet sich der Mensch ganz unabhängig von den Interessen der Wirtschaft und wirkt auf diese Weise positiv auf die Bedürfnisbildung ein.

Denkt man sich das Assoziationswesen als Vernetzung von Organen verschiedener Tätigkeits- und Lebensbereiche, so nehmen sie im gesamten dreigliedrigen sozialen Organismus einen wichtigen Platz ein. Sie sind die Summe der sachlichen wirtschaftlichen Beziehungen im Zeichen des Ausgleiches und der Abstimmung. Auf diese Weise haben sie auch einen Platz zwischen den Gliedern des Geistes-, Rechts- und Wirtschaftslebens.

Oligopolistische Märkte, Subventionspolitik, Handelshemmnisse und Umweltkrise zeigen heute, daß die Vorstellung vom «freien» Markt stark relativiert werden muß. Es ist dem politischen Liberalismus seit jeher gleichgültig gewesen, welche Rolle der Staat im Wirtschaftsleben spielt — solange das grundlegende Interesse, die rechtliche und moralische Unantastbarkeit privaten Kapitalbesitzes, gewahrt bleibt. Aus diesem Grunde ist die Verbindung zwischen Liberalismus und sozialistischen politischen Tendenzen keineswegs unmöglich. Der politische Liberalismus führt notgedrungen zur Sozialisierung im Sinne eines ständigen Wachstums staatlicher Aufgaben. Dies war Steiner schon 1888 bewußt geworden, als die erste Verstaatlichungswelle die Doppelmonarchie erfaßt hatte. Heute sind es die

---

1   R. Steiner 1980 b), S. 102.

Landwirtschaft, die Kohle- und Stahlindustrie, morgen vielleicht schon die Automobilindustrie und einzelne Bereiche des Maschinenbaus, die der Hilfe des Staates bedürfen, weil ihnen der «Markt» die wirtschaftlichen und sozialen Probleme nicht lösen kann, die den Niedergang einer Branche begleiten.

Die Freiheit der Wirtschaft ist heute in Wahrheit nur noch ein nachgeordnetes Ziel. Die Technologiepolitik führender Wirtschaftsstaaten und ihrer Großunternehmen nimmt keine Rücksicht darauf, wie Kapital idealerweise verwaltet wird und was als menschliches Bedürfnis zu gelten hat und was nicht. Sie sucht sich durch großindustrielles oder staatliches Kapital die Voraussetzungen für «strategische Marktpositionen» zukünftiger Weltmärkte zu schaffen, in welchen es um die — nicht zuletzt eben auch politischen — *Machtstellungen* einzelner Staatsgebiete und Weltregionen geht.[1]

Der Technologieeinsatz in einseitig großindustriellen Strukturen erfordert große geistig-wissenschaftliche Ressourcen. Aus diesem Grund wird der Freiraum des Geisteslebens in Zukunft vermutlich noch weiter eingeschränkt werden.[2] Nicht das grobe Kriegsgerät der Vergangenheit, sondern die feine, weil zunächst immaterielle Waffe des Geistes im Sinne von industriell-technologischem Know How droht das entscheidende machtstrategische Instrument der Zukunft zu werden. Vor diesem Hintergrund bekommt Rudolf Steiners Plädoyer für ein freies Geistesleben einen ganz besonderen Stellenwert. Denn heute ist nicht nur Grund und Boden, Kapital und Arbeit Ware, sondern auch der menschliche Geist wird im Bereich der industriellen Forschungslabore immer mehr zur Ware.

Auf der anderen Seite bilden sich heute neue humanökologische Wirtschaftsweisen heraus. Die sogenannte «alternative Ökonomie»[3] strebt «partizipative» innerbetriebliche Entscheidungsstrukturen an,

---

1 Vgl. zur Verflechtung zwischen Staat und Großindustrie B. Mahr 1986, S. 27ff., P. Schmitt 1986, S. 118ff., G. v. Canal 1986, S. 143ff.

2 Die zunehmend enge Zusammenarbeit zwischen Hochschule und Industrie im Interesse der Hochtechnologie reicht von der projektbezogenen Auftragsforschung bis zur Finanzierung ganzer Forschungsinstitute unter öffentlich-rechtlichem Schutz. Vgl. Wirtschaftswoche 49/1986, S. 96 und Der Spiegel 44/1988, S. 86f. sowie T. Blachnik-Göller 1986, S. 8ff.

3 Diese Bezeichnung ist nicht unumstritten. Heinze/Olk (1986, S. 113ff.) halten die Bezeichnung «autonomer» oder «informeller Sektor» für brauchbar, da auch Tätigkeiten wie Mitarbeit in Bürgerinitiativen, Selbsthilfegruppen etc. dazuzuzählen seien. Es soll aber hier *nur* um Produktionsbetriebe gehen.

bekennt sich zu einer ökologisch und sozial verantwortlichen Wirtschaftsweise und will Einkommen und Produktion «bedürfnisorientiert» ausrichten.[1] Bei einer derartigen Polarisierung der Wirtschaftsformen — hier Hochtechnologie, dort «Basiswirtschaft» — kann es nicht überraschen, daß in den siebziger und achtziger Jahren theoretische Konzepte entwickelt wurden, die von einer Spaltung der Ökonomie in eine «formelle» und «informelle» Wirtschaft (Dualwirtschaft) ausgingen.[2] Dem sozialen Organismus wäre allerdings aus der Sichtweise Steiners nicht gedient, wenn sich aus dem «formellen» und «informellen» Sektor der Wirtschaft ein «formelles» und «informelles» neues Klassenbewußtsein entwickelte. Die «Kernpunkte» sollten ein Beitrag zur Überwindung des politisch-ökonomischen Klassendenkens sein. Die Idee der Dreigliederung rechnet nicht mit Gruppen und Interessen, sondern wendet sich an die Erkenntnis und Handlungsbereitschaft des einzelnen Menschen im Sinne einer Erfassung des dreigliedrigen Wesens des sozialen Organismus.

«Nationalökonomischer Kurs»

Die Bezüge zu «Geisteswissenschaft und soziale Frage» und den «Kernpunkten»

Der «Nationalökonomische Kurs», gehalten vom 25. Juli bis 6. August 1922 in Dornach bei Basel, war nach den Worten des Herausgebers der fünften Auflage, Walter Kugler, für einen kleinen Kreis von Studenten der Nationalökonomie bestimmt, «denen er (Steiner)

---

1 Einen Überblick geben Rolf Schwendters zwei Sammelbände zur alternativen Ökonomie (1986). Auch innerhalb der anthroposophischen Bewegung gibt es Betriebe, die man als «alternativ» bezeichnen könnte. In dem 1986 in Deutschland gegründeten «Verbund freier Unternehmerinitiativen» z.B. heißt es in den «Grundsätzen», daß sich dieser Verbund «ausschließlich am Bedarf nach menschen- und naturgerechten Produkten und Leistungen» orientieren will und daß man nicht um des Gewinnes willen produzieren wolle. Vgl. D. Brüll 1988, S. 32.

2 Vgl. dazu J. Huber 1981. Der formelle Sektor besteht dabei aus der Wirtschaft, die der «ökonomischen Rationalität» des herkömmlichen Marktes folgt, der informelle Sektor ist «eigenwirtschaftlich» im Sinne kleiner Produktionsstätten und Dienstleistungen, die sich als «Alternative» zum Markt verstehen.

lediglich einige Anregungen für ihre weiteren Studien geben wollte.»[1]
Begleitend zu den Vorträgen fanden an den Nachmittagen vom 31.
Juli bis einschließlich 5. August 1922 Seminarbesprechungen statt, in
denen Steiner Fragen beantwortete und Diskussionen über einzelne
Gebiete und Themen der Vorträge geführt wurden. Die Initiative für
die Vorträge und Seminare ging von den Studenten aus.

Der «Nationalökonomische Kurs» ist die in das Gebiet der ökonomischen Theorie hinein konkretisierte und verdichtete Fortsetzung
von Steiners sozialwissenschaftlichem Denken. Kannenberg-
Rentschler schreibt darüber: «Was ... 1905 (soziales Hauptgesetz),
1917 (Memoranden mit dem Gesetz der Dreigliederung) und 1919
(Die Kernpunkte der sozialen Frage mit dem Gesetz der Dreigliederung) geisteswissenschaftliche Mitteilung, Antwort, Expertise zu geschichtlich aufgeworfenen Fragen und Situationen ist, wird 1922
methodischer Lehrgang zum Erwerb wirtschaftswissenschaftlicher
Fähigkeiten.»[2]

Steiner erkannte, daß seine grundlegenden Gedanken zum Thema
Wirtschaft und Gesellschaft nicht verstanden werden können, solange ganze Generationen von Fachökonomen mit Theorien ausgebildet
werden, die die sozialen und wirtschaftlichen Realitäten einseitig auffassen und wiedergeben. Deshalb spricht Steiner von einer «anderen
Sprache», die er nun im Vergleich zu den «Kernpunkten» wählen
müsse.[3] Die «andere Sprache», die Steiner wählt, spannt den ge-
danklich weiten Bogen von den Anliegen aus «Geisteswissenschaft
und soziale Frage» bzw. den «Kernpunkten» bis zu einer Auseinandersetzung mit der klassischen politischen Ökonomie, die sämtliche
Kerngebiete der Wirtschaftstheorie umfaßt: Werttheorie, Preis- und
Verteilungstheorie sowie Geldtheorie.

Steiner hat den Zusammenhang zwischen «Geisteswissenschaft und
soziale Frage», den «Kernpunkten» und seinem «Nationalökonomischen Kurs» — im folgenden kurz «Kurs» genannt — selbst klar her-
ausgestellt, ja zum Ausgangspunkt seiner Vorträge gemacht.[4] Im ersten Vortrag gibt Steiner eine Art Ausblick auf die im «Kurs» zu be-

---

1   W. Kugler, in R. Steiner 1979 a), S. 216.
2   M. Kannenberg-Rentschler: Die Dreigliederung des Geldes und das freie Geistesle-
    ben — Ein Beitrag zur internationalen Schuldenkrise, Dornach 1988, S. 13.
3   R. Steiner 1979 a), S. 15.
4   Hier ist insbesondere der grundlegende erste Vortrag hervorzuheben. Vgl. R. Stei-
    ner a.a.O., S. 9ff.

handelnden Themen, die die Bezüge zu den beiden bisher behandelten Arbeiten Steiners verdeutlichen können:

1. Rudolf Steiner fordert eine grundlegende Erneuerung der Werttheorie. Ausgangspunkt für eine erneuerte Werttheorie ist das Verhältnis zwischen Natur und Geist im Zusammenhang mit dem Begriff der Arbeit und dem Begriff des Bedürfnisses. Erst wenn dieses Verhältnis erkannt worden ist, kann eine neue Preis-, Verteilungs- und Geldtheorie begründet werden. Steiner geht es hier um die werttheoretische Fundierung der assoziativen Wirtschaftsweise.

2. Das Verständnis der Arbeitsteilung muß paradigmatisch verändert werden.[1] Die Arbeitsteilung darf nicht zum Gegenstand des Eigennutzes werden, da sie selbst eine altruistische Struktur hat. Der Einzelne, so Steiner, produziert für die «unbestimmte Sozietät» und wird umgekehrt von ihr erhalten. In der arbeitsteiligen Wirtschaft sei jeder auf die Gegenseitigkeit angewiesen.[2] Wenn Steiner «echten Gemeinsinn» als bestimmende Gesinnung für die Wirtschaft fordert, so sieht er diese Forderung in den vorhandenen Wirtschaftsstrukturen selbst begründet. Aus diesem Grunde ist der Eigennutz das sachlich falsche Paradigma der auf Arbeitsteilung aufbauenden Wirtschaft. Steiner will verdeutlichen, daß das soziale Hauptgesetz aus «Geisteswissenschaft und soziale Frage» kein moralischer Imperativ ist, sondern eine objektive wirtschaftstheoretische Kategorie.[3]

3. Ein neues Verständnis von Weltwirtschaft ist erforderlich. Das Kapital darf in Zukunft nicht mehr als automatische Wachstumsmaschine begriffen werden, sondern muß im Rahmen einer neuen Weltwirtschaftslehre als Mittler zwischen Natur und Kultur aufgefaßt werden. «Die ganze Erde, als Wirtschaftsorganismus gedacht, ist der soziale Organismus.»[4] Der Assoziationsgedanke hat eine weltwirtschaftliche Bedeutung.[5] Ziel ist die Fundierung einer neuen Theorie der wirtschaftlichen Entwicklung.

4. Die Methodik der Wirtschaftswissenschaften muß grundlegend erneuert werden. Vom «Verstand» muß zur «Vernunft», von bloßen

---

1 Die Arbeitsteilung behandelt Steiner zwar erst im dritten und zehnten Vortrag, aber seine Ausführungen dort sind so grundlegender Art, daß sie sich in die Ausblicke des ersten Vortrages gut einfügen.
2 R. Steiner a.a.O., S. 148.
3 Vgl. R. Steiner a.a.O., S. 152.
4 Vgl. R. Steiner a.a.O., S. 19ff.
5 Vgl. R. Steiner a.a.O., S. 13.

Begriffen zu «Bildern» fortgeschritten werden. Der Verstand erfaßt nur das «Ponderable» und dringt nur bis zum Materiellen. Die Struktur des anorganisch-Materiellen ist mechanisch und wird auf einzelphänomenologischer Grundlage erfaßt. Die Vernunft dagegen beinhaltet die Erkenntnis einer lebendigen Wirksamkeit im wirtschaftlichen Schaffen. Die lebendige Wirksamkeit des Geistigen erzeugt den Wandel der Formen und die Widersprüche der sozialen Erscheinungen. Einzelphänomene müssen im Rahmen metamorpher Gesamtstrukturen erkannt werden, und wirtschaftliche Begriffe müssen sich entsprechend als modifikabel erweisen.[1]

Die Konkretisierung dieser Ausblicke am Anfang des «Kurses» vollzieht Steiner in kritischer Auseinandersetzung mit der klassischen politischen Ökonomie. Die vorliegende Arbeit sucht Steiners Auseinandersetzung mit der Klassik im einzelnen nachzuvollziehen und die Unterschiede der Auffassungen herauszuarbeiten. Dadurch tritt der Aspekt der Kontinuität, die zwischen «Geisteswissenschaft und soziale Frage», den «Kernpunkten» und dem «Kurs» herrscht, zwangsläufig in den Hintergrund. Diese Kontinuität wird aber an einzelnen Stellen immer wieder deutlich werden, so daß die Einheit von Steiners sozialwissenschaftlichem Denken erkennbar bleibt.

Rudolf Steiners Auseinandersetzung mit der klassischen politischen Ökonomie

Steiner setzt sich im «Kurs» vor allem mit den Klassikern Adam Smith (1723-1790), David Ricardo (1772-1823) und Karl Marx (1818-1883) auseinander. Zwar erwähnt Steiner auch immer wieder einzelne Vertreter der deutschen historischen Schule wie z.B. v. Stein (1815-1890), Brentano (1844-1931) und Schmoller (1838-1917); aber die Theorien dieser Ökonomen sind von geringem Belang für den «Kurs». Eine Sonderstellung nimmt Silvio Gesell ein, dessen geldtheoretischer Ansatz im «Kurs» mehrfach durchklingt und mit dem sich Steiner auseinandersetzt.

Spielten Karl Marx und der Sozialismus in Steiners Vorträgen zur sozialen Frage und der Dreigliederung des sozialen Organismus um die Jahre 1918/19 noch eine herausgehobene Rolle, so sind es im

---

1 Vgl. R. Steiner a.a.O., S. 19.

«Kurs» vor allem die Klassiker Smith und Ricardo, mit denen sich Steiner auseinandersetzt. Mit Ausnahme der Ausbeutungstheorie behandelt Steiner keine spezifisch Marxschen Theorieinhalte.

Steiner hatte eine gute Kenntnis des Werkes von Karl Marx, was durch Christoph Strawe sorgfältig dokumentiert ist.[1] Die Werkskenntnis bezüglich Smith und Ricardo kann nicht eindeutig beurteilt werden. Steiners Verweise auf Smith und Ricardo zeigen aber, daß er mit ihren Theorien vertraut war und lassen es als sehr wahrscheinlich erscheinen, daß er sowohl Smiths «Wealth of Nations» als auch Ricardos «Principles» kannte. Ob Steiner auch noch andere Klssiker wie z.B. Malthus, McCulloch, James Mill, Lauderdale oder John Stuart Mill kannte, geht aus dem «Kurs» nicht hervor. Sicher ist lediglich, daß er zur Vorbereitung seiner Vorträge auch volkswirtschaftliche Kompendien bzw. Lehrbücher verwendete.[2] Eine kritische, dogmenhistorische Auswertung von Steiner Vorträgen stößt an Grenzen, weil Steiner in nur vierzehn Vorträgen sämtliche Kerngebiete der volkswirtschaftlichen Theorie (Wert-Preis- und Verteilungstheorie, Geldtheorie) behandelt hat und der Schwerpunkt in den Vorträgen deshalb notgedrungen auf der Ebene der Ideen liegt und nicht auf der Ebene der Auseinandersetzung mit einzelnen Autoren und ihren Werken.

Im «Kurs» findet sich kein Hinweis darauf, ob Steiner von einzelnen Vertretern der Neoklassik Kenntnis hatte.[3] Man muß in diesem Zusammenhang erwähnen, daß noch Anfang der zwanziger Jahre fast alle Lehrstühle in Deutschland durch Klassiker oder die historische Schule beeinflußt oder geprägt waren. Carl Menger beklagte einmal zu Recht, daß die historische Schule, die in der Person

---

1 Vgl. C. Strawe 1986.
2 Vgl. R. Steiner a.a.O., S. 171f.
3 In der ersten Seminarbesprechung heißt es: «Ich habe in volkswirtschaftlichen Auseinandersetzungen zum Beispiel gefunden, die Arbeit könne aus dem Grunde nicht maßgebend für den Preis sein, weil sie bei den einzelnen Personen entsprechend ihrer persönlichen Kraft verschieden ist.» R. Steiner 1986, S. 17. Wolfram Groddeck und der Freiburger Nationalökonom Folkert Wilken, deren Stichwortverzeichnis in die von Walter Kugler besorgte 5. Auflage übernommen wurde, kommentieren (in R. Steiner a.a.O., S. 91): «Diese Auffassung entspringt der Grenznutzenschule, die auch nach ihren Hauptvertretern, Böhm-Bawerk, Weiser u.a. die österreichische Schule der Nationalökonomie genannt wird.» Dieser einzige Hinweis Steiners (s.o.) läßt keine klare Beurteilung der Frage zu, ob Steiner die Neoklassiker kannte.

Schmollers in einen zunächst scharfen Gegensatz zur Neoklassik trat (Methodenstreit), eine uneingeschränkte Monopolstellung in Deutschland einnähme. Friedrich v. Wieser war lange Zeit der einzige Ökonom der neoklassischen Wiener Schule, der in Deutschland einen Lehrstuhl innehatte. Die geringe Verbreitung und der geringe Stellenwert, den die Neoklassik in Deutschland hatte, mag ein Grund dafür sein, warum sie Steiner in seinen Vorträgen nicht berücksichtigte. Darüber hinaus muß aber festgestellt werden, daß Steiners zentrale Anliegen: Der Austausch unterschiedlicher Arbeitsleistungen und deren Koordination durch die moderne Arbeitsteilung von der Neoklassik nicht (mehr) behandelt wurde. Aus diesem Grunde entspricht die Vernachlässigung der Neoklassik von Seiten Steiners durchaus einer gewissen inneren Logik.

Die Themengliederung der vierzehn Vorträge zur Nationalökonomie zeigt eine deutliche Parallele zur thematischen Vorgehensweise von Smith und Ricardo: Die große Linie verläuft von der Wert- zur Preis- und Einkommenstheorie, gefolgt von der Geldtheorie und dem Gebiet des Außenhandels, das bei Steiner in die Erörterungen zur Weltwirtschaft eingebunden ist. In den Vorträgen zwei bie sechs legt Steiner die Grundlagen seiner Wert-Preis-Einkommens- und Geldtheorie. Werttheoretische Fragen werden in den Vorträgen zwei bis fünf, preis- und geldtheoretische Fragen werden im sechsten Vortrag behandelt. Die Vorträge sieben bis zwölf stehen im Zeichen der dynamischen Aspekte der Wirtschaft. Produktions- und Geldkapital, Gewinn und Zins, Wachstum und wirtschaftliche Entwicklung stehen dabei im Vordergrund. Im elften und zwölften Vortrag behandelt Steiner die Rolle des Geldes in der Weltwirtschaft. An diese Themen schließen sich auch Steiners Ideen zu einer Reform des Geldwesens an, die er im zwölften Vortrag entwickelt. Dreizehnter und vierzehnter Vortrag beinhalten Bausteine zu einer post-Wachstumsökonomie, in deren Mittelpunkt das Verhältnis zwischen Wirtschaft und Kultur steht. Insbesondere der dreizehnte Vortrag enthält Ansätze für eine Theorie des «Gleichgewichts» zwischen Landwirtschaft, Kapitalwirtschaft und Kultur.

Wert- und Preistheorie

Einführung in Rudolf Steiners Wertlehre

Die Wertlehre nimmt in Rudolf Steiners wirtschaftstheoretischen Ansätzen eine Schlüsselstellung ein. Aus ihr entwickelt er seine Preis- und Geldtheorie.

Rudolf Steiner vertritt eine Arbeitswertlehre in dem Sinne, als bei ihm, wie bei den Klassikern, die menschliche Arbeit eine zentrale Stellung bei der Wertbildung einnimmt. Allerdings ist die Arbeit in Steiners Werttheorie nicht der einzige wertbildende Faktor. Der 5. Vortrag ist der «subjektiven» Wertbildung durch die Nachfrage und die Bedürfnisse gewidmet.[1] Obwohl sich Steiners Wertlehre als in dem Sinne ganzheitlich charakterisieren läßt, als er neben der Arbeitsleistung auch den Nachfragefaktoren Aufmerksamkeit schenkt, nehmen die Leistungsfaktoren bei der Wertbildung unzweifelhaft die dominierende Stellung ein. Dies dürfte zum einen daran liegen, daß sich Steiner hauptsächlich mit den Klassikern beschäftigt hat und sie nicht etwa aus der Sicht eines Neoklassikers beurteilte. Andererseits aber entspringt die Konzentration auf die Leistungsfaktoren Steiners eigenen wirtschaftstheoretischen Überlegungen. Denn die Koordination von Arbeits- und Dienstleistungen bildet die Grundlage der modernen Arbeitsteilung, und diese steht im Zentrum der «praktischen», auf das Handeln abzielenden Nationalökonomie Steiners. Die soziale Bewältigung der modernen Arbeitsteilung sah Steiner als die größte zukünftige Herausforderung einer auf das praktische Handeln ausgerichteten Wirtschaftswissenschaft an.

Die Hauptkomponenten der «objektiven» Elemente von Steiners Werttheorie sind wie folgt:

---

[1] Das Gewicht der nachfragebedingten Wertbildung faßt Steiner mit den Worten zusammen: «Wir haben im volkswirtschaftlichen Prozeß nicht nur wertbildende Bewegungen, sondern haben auch wertbildende Spannungen (...) es entsteht die Spannung zwischen Produktion und Konsumtion, die nun ... auch ein wertbildender Faktor ist.»
R. Steiner a.a.O., S. 70.

1. *Ein qualitativer Arbeitsbegriff.* Zur Erstellung wirtschaftlicher Werte muß die menschliche Arbeit einerseits auf die Naturgrundlage zurückgreifen. Andererseits stellt die wirtschaftlich relevante Arbeitsleistung nicht einfach die Anwendung physischer Arbeitskraft auf ein Naturprodukt dar. Der menschliche Geist organisiert und gestaltet die Arbeitsprozesse im Sinne einer immer besseren Beherrschung von Produktionsmitteln und Arbeitsabläufen.

Somit ist die menschliche Arbeit qualitativ zwischen zwei «Pole» eingegliedert: Der Natur als Arbeitsgrundlage auf der einen Seite und dem menschlichen Geist als dem «Modifikator» der Naturproduktion auf der anderen Seite. Entsprechend spricht Steiner von zwei verschiedenen Wertbildungselementen, die er als Wert 1 und Wert 2 charakterisiert:

$$W_1 = n \cdot a$$

mit $\quad$ n = Natur
$\qquad$ a = Arbeit

W_1-Werte entstehen, indem menschliche Arbeit auf Naturprodukte angewendet wird.

$$W_2 = a \cdot g$$

mit $\quad$ a = Arbeit
$\qquad$ g = Geist

W_2-Werte entstehen, indem der menschliche Geist die Arbeit gliedert, organisiert und lenkt.

In der Praxis treten W_1- und W_2-Wertfaktoren immer gemeinsam auf. Ihre Unterschiede werden aber dort deutlich, wo die Arbeit an der Natur unmittelbar gegeben ist (Landwirtschaft) und andererseits die Gestaltung durch den Geist die herausragende Bedeutung gewinnt (Kunst).

Das Verhältnis zwischen Natur und Geist hat sich seit der industriellen Revolution dahingehend verändert, daß sich der Geist immer mehr durch Wissenschaft und Forschung der Natur selbst zugewandt hat. Auf diese Weise entstanden die Technik und das moderne Produktionskapital. Die Grundlage der modernen Industrie ist die «künstliche», vom Geist durchdrungene Natur, welche in den her-

kömmlichen Wirtschaftstheorien als das Kapital bezeichnet wird.
Natur und Geist stehen sich also nicht in einer bipolaren Statik gegenüber, sondern wandeln ihr Verhältnis in dem Sinne, als sich der
Geist im Kapital eine neue «Naturgrundlage» geschaffen hat. Diese
Metamorphose in der Entwicklung der Wirtschaftsgrundlagen spielt
auch werttheoretisch eine große Rolle. Steiner spricht hier von einer
Umkehr der Wertentwicklung: War noch im 18. Jahrhundert die Natur der Ausgangspunkt aller Wertbildung durch menschliche Arbeit,
ist es seit ca. der Mitte des 19. Jahrhunderts weitgehend das Indu-
striekapital.

2. *Eine Tauschtheorie der Arbeitswerte.* Steiners Arbeitswertlehre
ist eigentlich als eine Tauschtheorie der Arbeitswerte zu betrachten.
Denn Steiners werttheoretische Hauptfragestellung ist, wie sich Werte im Spektrum zwischen W_1- und W_2-Werten tauschen. Steiners Behandlung des Tausches von Wirtschaftsgütern ist dabei sowohl als
positiv als auch als normativ zu werten. Im normativen Sinne stellt
Steiner die These auf, daß sich letztlich eine «richtige» Wert- und
Preisbildung erst dann ergibt, wenn Bedürfnisurteile der Individuen
als gleichzeitig «soziale» Bedürfnisurteile wirksam sind, d.h. wenn
sich das individuelle Bedürfnisurteil durch «assoziative» Vernetzung
der arbeitsteiligen Wirtschaft ergibt. Diese These entwickelt Steiner
auf positiver Grundlage. Der Wert eines Gutes kann nicht aus einer
Eigenschaft eines Gutes selbst abgeleitet werden (etwa der in einem
Gut enthaltenen Arbeitsmenge), sondern ist einer sozial gestalteten
Wertbildung unterworfen.

Das normative Element in Steiners Tauschtheorie der Arbeitswerte
verbindet ihn mit der scholastischen Tradition des «justum pretium».
Im Unterschied zu den Scholastikern argumentiert Steiner aber nicht
aus den Glaubenssätzen der Metaphysik heraus, sondern geht von
den sozialen Notwendigkeiten aus, die aus der Natur der Arbeitsteilung selbst abgeleitet werden.

Eine Besonderheit in Steiners Tauschtheorie der Arbeitswerte liegt
in seinem Verständnis des Wirtschaftskreislaufes. Zur Werttheorie,
so sagt Steiner, gehöre nicht nur eine Theorie der Werteentstehung,
sondern auch der Wertvernichtung bzw. des Werteverbrauches.
Nicht alle Tätigkeiten und Dienstleistungen stellen materielle bzw.
kommerzielle Güterproduktionen dar. Steiner denkt hier vor allem
an das «freie Geistesleben» (Erziehung, Kunst und Wissenschaft).
Gerade wenn man das freie Geistesleben anschaue, könne man sehen, daß in einer Volkswirtschaft auch konsumiert werden müsse,

ohne daß für die konsumierten Güter materielle Gegenwerte geschaffen würden. Die geistigen Leistungen der Kulturschaffenden, argumentiert Steiner, seien zwar für das Wirtschaftsleben sehr produktiv (Erziehung und Ausbildung als Voraussetzung für eine hochentwickelte Industriekultur), aber sie sind keine kommerziellen Bedarfsartikel im gewöhnlichen Sinne. Ihr Nutzen ist nicht etwa zu vergleichen mit dem Barwert einer geplanten Investition eines Wirtschaftsunternehmens. Denn tatsächlich würden die dem freien Geistesleben zur Verfügung gestellten Güter aus dem Wirtschaftskreislauf «verschwinden». Da sie, anders als Investitionen, keine Gegenwerte erzeugen, müßten sie als reine Konsumwerte gelten und in einer volkswirtschaftlichen Bilanz als «Minusposten» (Abzüge) verbucht werden. Diese positive Feststellung Steiners ist wiederum mit einer normativen Aussage verbunden. Volkswirtschaftliche «Minuswerte» — also alle Güter, die denjenigen zur Verfügung gestellt werden, die *nicht* nach klassischem Verständnis materielle Marktgüter und Dienstleistungen produzieren — müssen in Form eines ausgedehnten Schenkungswesens verteilt werden, um die Anhäufung und Konzentration von Reichtümern abzubauen. Deshalb sollten besonders Rentenbildungen, die sich aus der Kommerzialisierung von Grund und Boden und Produktionskapital ergeben, durch Schenkungen verhindert werden. Diese Entwertungsprozesse durch Schenkungen wertete Steiner als den Endpunkt eines geschlossenen Wirtschaftskreislaufes.

Steiners Verständnis des Wirtschaftskreislaufes erinnert in manchem an die Realität theokratischer Wirtschaftsordnungen. In den Hochkulturen des Altertums wurde die Priesterschaft durch Schenkungen ernährt. Die Arbeitsaufteilung dazumal — hier Arbeit an der Natur, dessen Mehrprodukt an das Geistesleben abgetreten wurde, dort geistige Leistungen, die dem geistig-seelischen Bedürfnis der Menschen entsprachen — entspricht dem Grundschema des Steinerschen Kreislaufverständnisses. Steiner geht es aber nicht um die Errichtung einer neo-theokratischen Wirtschaftsordnung, sondern um die Darstellung der Grundfunktionen der Wirtschaft, die zu aller Zeit gleich sind. Die Notwendigkeit von Schenkungen liegt in der Natur des Wirtschaftskreislaufes selbst.

Rudolf Steiner hat diese Natur des Wirtschaftskreislaufes immer wieder in Variationen durch Zeichnungen zu verdeutlichen gesucht.

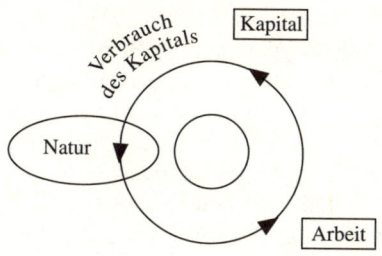

Abb. 1: Der Wertekreislauf

Steiners werttheoretischer Ansatz unterscheidet sich in dogmenhistorischer Weise von den Physiokraten und den Klassikern wie folgt:

1. *Physiokraten.* Während die Physiokraten die Natur als die alleinige Basis der Wertbildung betrachteten, mißt Steiner der Natur als solcher keinen wirtschaftlichen Wert bei. Zwar muß die Natur als Grundlage aller Wertbildung erhalten werden, und es müssen die dazu notwendigen Aufwendungen und Leistungen erbracht werden; einen Tauschwert erhält die Natur dadurch aber nicht.

Die Natur könne, so sagt Steiner, keinen Wert haben, weil ihr das Element der Arbeitsleistung fehle, die nach Auffassung von Steiner den Tauschwerten zugrunde liegen muß. Die Natur habe heute nur deshalb einen «Scheinwert», weil sie als Produktionsgrundlage unabdingbar ist und der Eigentümer unter den Verhältnissen privater Verfügbarkeit für ihre wirtschaftliche Nutzung einen Preis verlangen kann. Nur durch das Recht und die Abhängigkeit der Produzenten von der Naturgrundlage bekomme der Boden einen wirtschaftlichen wert.

2. *Klassiker.* Die Frage des Bodenwertes taucht im Rahmen der Auseinandersetzung Steiners mit der Klassik erneut auf. Die Klassiker, vor allem Ricardo, messen der Natur dann einen wirtschaftlichen Wert zu, wenn sie «knapp» ist. Zur Beurteilung, ob die Natur knapp ist, ist einerseits die Menge des landwirtschaftlich nutzbaren Landes im Verhältnis zur vorhandenen Bevölkerung heranzuziehen und andererseits die Qualität der vorhandenen Nutzflächen selbst zu untersuchen. Beides bildet die Grundlage von Ricardos Differentialrententheorie, die somit die Begründung ökonomischer Knappheit rein aus natürlichen Gegebenheiten ableitet.

Rudolf Steiner dagegen vertritt die Auffassung, daß Knappheiten nicht nur auf Grund natürlicher Gegebenheiten entstehen, sondern auch als soziale Erscheinungen zu werten sind. Solange die Natur selbst zum Tauschobjekt gemacht wird, so argumentiert Steiner, wird es immer wieder zu «Knappheiten» kommen. Dies hängt damit zusammen, daß die Natur als Tauschwert u.U. anderen Gütern überlegen ist. Die Natur läßt sich nicht beliebig vermehren. Ihr Besitz setzt die Produzenten zum Eigentümer in ein Abhängigkeitsverhältnis, was sich dieser bezahlen lassen kann. Durch die Erbfolge erhält die Natur zudem noch einen besonderen Reiz als ein Kapitalwert, der über den eigenen Tod hinaus Renten produziert. Im Vergleich zu gewöhnlichen Wirtschaftsgütern handelt es sich also um «ewige» Werte, die den Grund und Boden als einen Vermögenswert besonders begehrt machen. Mit zunehmender wirtschaftlicher Entwicklung und entsprechend wachsenden Einkommen nimmt die Nachfrage nach Kapitalwerten mit Rentencharakter tendenziell zu, wodurch der Preis für Grund und Boden ständig steigt. Vereinfacht gesprochen heißt dies, daß immer mehr durch Arbeitsleistungen erbrachte Leistungswerte geschaffen werden müssen, um «Knappheitswerte» wie Grund und Boden zu bezahlen und Rentenansprüche zu bedienen. Es finde, so sagt Steiner, eine schleichende und sozial fragwürdige Inflationierung der Wirtschaft statt. Dieser negativen Entwicklung könne nur sinnvoll begegnet werden, wenn man dem Grund und Boden seinen gegenwärtigen Tauschwert durch Schenkungen nehme. Schenkungen und ihre Bedeutung aber wurden von den Klassikern vernachlässigt!

Gegenüber Adam Smith hebt Steiner hervor, daß dessen Begriff der produktiven Arbeit nur jene Arbeitsleistungen berücksichtige, die das Produktionskapital in seinem Wert steigere. Insbesondere bestreitet Steiner, daß die Arbeit von Ärzten, Lehrern und Künstlern unproduktiv sei. Geistige Fähigkeiten, auch wenn sie mit dem Produktionsprozeß unmittelbar nichts zu tun hätten, stellen eine Art «Naturgrundlage» für die produktive Arbeit im Produktionsprozeß dar. Ohne die Heranbildung geistiger Fähigkeiten kann die Wirtschaft weder im Sinne der Wertbildung produktiv sein noch die komplizierten Tauschprozesse der arbeitsteiligen Wirtschaft sozial bewältigen.

Steiners Einwände gegen den klassischen Begriff der produktiven Arbeit bedingen auch seine Einwände gegen den Konsumtionsbegriff der Klassiker. Die Klassiker behandeln den Konsum als Voraussetzung zur Reproduktion der Arbeitskraft. Der Konsum im Sinne einseitiger Transfers wird vernachlässigt. Für Steiner bedeutet dieser Konsum in Form von Schenkungen aber gerade den notwendigen Abschluß des gesamten Wirtschaftskreislaufes (siehe oben). Ohne Schenkungen, so sagt Steiner, kann die wirtschaftliche Produktion gar nicht aufgebaut und produktiv gestaltet werden.

Dabei ist grundsätzlich davon auszugehen, daß es geistige Leistungen gibt, die unmittelbar in den Produktionsprozeß eingehen; diese Leistungen haben einen Tauschwert. Je «freier» sich aber die Kultur entfalte, so sagt Steiner, desto mehr geistige Leistungen würden im Bereich Erziehung, Bildung und Kultur erbracht. Solche Leistungen haben nach Steiner keinen Tauschwert im gewöhnlichen Sinne, sondern würden durch Schenkungen ermöglicht.

Adam Smiths Begriff der produktiven Arbeit ist für die Preis- und Verteilungstheorie der Klassiker von grundlegender Bedeutung. Ricardo baut seine Verteilungstheorie ebenso darauf auf wie John Stewart Mill. Sie stützt insbesondere Ricardos verteilungstheoretischen Ansatz, wonach der Wert eines Produktes und sein natürlicher Preis sich aus der Menge der in einem Produkt «verkörperten» Arbeitsmenge, gemessen in Arbeitsstunden, herleite. Ricardos Theorie beschränke sich, so wendet Steiner ein, nicht nur auf die Kapitalsphäre der Wirtschaft und lasse all jene Tätigkeiten, die zum freien Geistesleben gehörten, wiederum außer Betracht, sondern sei auch im Rahmen des klassischen Verständnisses der produktiven Arbeit fragwürdig. Nicht die abstrakte Arbeitsmenge sei für die Wertbildung entscheidend, sondern die qualitative Beschaffenheit der Arbeitsleistung, die wiederum sehr eng von individuellen Fähigkeiten abhängig ist. Der ganze Ansatz Ricardos, den Wert eines Gutes aus einer dringlichen Eigenschaft abzuleiten, führt aus Steiners Sicht dazu, den eigentlichen Tauschprozeß zu vernachlässigen und damit auch die sozialen Prozesse, die ihn beeinflussen und steuern.

Der physische Arbeitsbegriff der Klassik ist laut Rudolf Steiner auch der Grund dafür, warum den Klassikern keine Integration des Kapitals in ihre Werttheorie gelang. Erst wenn man berücksichtige, daß das Kapital durch den menschlichen Geist geschaffen werde, sei die Basis für eine werttheoretisch sinnvolle Interpretation des Kapitals gegeben.

Steiners werttheoretischer Ansatz führt zu einer Preistheorie, die sich von jener der Klassiker unterscheidet. Der natürliche Preis enthält bei den Klassikern 1. die Entlöhnung des Faktors Arbeit, 2. eine

Bodenrente und 3. einen Profit, wobei die Klassiker zwischen Gewinn und Zins nicht bzw. nicht eindeutig differenzieren. Da der natürliche Preis die Grundlage für den Marktpreis ist (dieser schwankt nach Auffassung der Klassiker um den natürlichen Preis), sind die oben genannten Komponenten bei den Klassikern die Grundlage aller Tauschwerte. Bei Rudolf Steiner ist die Arbeitsleistung ebenfalls Grundlage der Preisbildung, auch wenn er den Preis, anders als Ricardo, nicht auf in der Vergangenheit geleistete Arbeitsmengen zurückführt, sondern auf die Deckung der Bedürfnisse, die befriedigt werden müssen, bis der Arbeitende ein neues Produkt produziert hat. Von wesentlicher Bedeutung ist, daß es bei Steiner keine Rentenbestandteile in der Preisbildung geben darf, wobei die Bildung von Renten sowohl im Bereich des Grund und Bodens, des Produktionskapitals als auch des Geldkapitals grundsätzlich möglich ist. Konkret können sich Renten im Bereich der Gewinne und Zinsen bilden, und dies ist nach Steiners Auffassung unter den gegenwärtigen Verhältnissen auch der Fall. Gewinne und Zinsen reflektieren aber nicht nur Renten, sondern auch einen wirtschaftlichen Leistungsprozeß. Steiner differenziert also zwischen Gewinn und Zins als Renten, die aus einer ökonomischen Übervorteilung entspringen (Bodeneigentum und Vorteile aus dem Besitz von Produktionsmitteln) und Gewinn und Zins, die aus einem Leistungstausch entspringen (Unternehmerlohn und Entgelt aus der Bereitstellung von Sparkapital) und damit Bestandteil der Preisbildung bleiben.

Steiner nimmt umgekehrt zwei Komponenten in seinen Tauschpreis auf, die bei den Klassikern fehlen. Zum einen muß der Preis für agrarische Produkte einen Anteil enthalten, der die Naturgrundlage schützt; denn Steiner betrachtet die Natur als Produktionsgrundlage, deren Reproduktion die Voraussetzung für die Arbeitswerte ist. Vor dem Hintergrund der heutigen Umweltproblematik kann davon ausgegangen werden, daß Steiner diesem der Natur zugedachten Preisanteil deutlichere Beachtung geschenkt hätte, als dies im «Kurs» der Fall war. Zum anderen müssen die Preise für Industrieprodukte einen Anteil enthalten, der die wichtigste Grundlage der Gesellschaft erhält: Geistige und kulturelle Leistungen. Insbesondere der zweiten Preiskomponente schenkt Steiner im «Kurs» große Aufmerksamkeit.

Damit Kultur entstehen kann, sagt Steiner, muß den Kulturschaffenden die Arbeit an der Natur (zur Schaffung von Ernährungswerten und Artikeln des Lebensbedarfes) erspart werden. Diese Arbeitsersparnis werde durch Schenkungen ermöglicht, die als Bestandteile der Tauschwerte und der Preise jenen Teil der Produktion verkörpern, der über den Bedarf der in der Produktion Tätigen hinaus dem freien Geistesleben zur Verfügung gestellt wird. Jeder Preis enthält also einen Schenkungsanteil. Voraussetzung dafür ist die Nettoproduktion der Natur, die einen Überschuß der Naturproduktion über den Anteil hinaus, den die Arbeit selbst von der Naturproduktion beansprucht, darstellt. Die Möglichkeit der Arbeitsersparnis sieht Steiner weiter dadurch gegeben, daß die Schaffung von Kultur sich mittelbar auch auf die Produktion auswirkt; denn die Produktivität einer Wirtschaft, so sagt Steiner, hängt von dem Maß an geistigen Leistungen ab, die in der Produktion wirksam werden. Nicht das Kapital, sondern die in ihm ausgedrückte geistige Leistungsfähigkeit mache die Wirtschaft produktiv. Schenkungen stellen also keine Renten dar, auch wenn ihnen kein Tauschwert zugrunde liegt. Das freie Geistesleben sorgt über die Schaffung der eigentlichen Kulturwerte hinaus dafür, daß seinen Vertretern die Arbeit an der Natur, wie Steiner sagt, erspart werden kann. Der Preis hat also bei Steiner gesamthaft folgende Komponenten:

$$p = f (n \cdot a, a \cdot g, u, z, s)$$

mit $a \cdot n =$ Arbeit an der Natur. Hierbei handelt es sich um die 1. Stufe des Produktionsprozesses (Nahrungsmittelproduktion und Rohstoffgewinnung). Darüber hinaus enthält diese Preiskomponente Aufwendungen für die Pflege bzw. den Schutz der Natur.

$a \cdot g =$ Arbeit mit Kapital. Hierbei handelt es sich um die 2. Stufe des Produktionsprozesses (Verarbeitung der an der Natur gewonnenen Produkte).

$u \quad =$ Unternehmerlohn ohne Rentenanteil.

$z \quad =$ Zins als Entgelt für zur Verfügung gestelltes Sparkapital ohne Rentenanteil.

$s \quad =$ Schenkungsanteil für das freie Geistesleben.

Mit den Scholastikern teilt Steiner nicht nur die Auffassung, daß die Arbeit als entscheidender Faktor in die Preisbildung einfließt, sondern auch, daß im Preis keine Rentenbestandteile bestehen sollten. Während aber die Scholastiker Renten als Naturalleistungen zuließen (etwa als Getreideabgabe an den Feudalherren) und nicht zwischen

Renten und Schenkungen differenzierten, sind bei Steiner Schenkungen eindeutig für Kulturleistungen bestimmt. Im Mittelalter war es dem Feudalherren überlassen, was er mit den Mitteln machte, die ihm seine Bauern erwirtschafteten: Ob er damit Krieg führte oder einen Sängerstreit zwischen Minnesängern veranstaltete (wie etwa zu Anfang des 13. Jahrhunderts der Landgraf von Thüringen). Heute ist es der industriellen Massengesellschaft überlassen, zu entscheiden, ob sie Rentenbildungen zulassen möchte oder ob sie mit der durch den Geist ermöglichten Wertschöpfung Schenkungen zur Förderung von Erziehung, Wissenschaft und Kunst leisten möchte. Steiners Antwort auf diese Fragestellung ist eindeutig normativ. Der Einsatz des Faktors Geist in der Wirtschaft dient außer der Produktivitätssteigerung und dem Wohlstand, den dieser den Produzenten ermöglicht, auch dem Kulturschaffen.

Die hier behandelten wert- und preistheoretischen Grundlagen von Rudolf Steiners volkswirtschaftlichem Vortragszyklus werden in dem nun folgenden Kapitel vertieft. Die Präzisierung erfolgt anhand einer vergleichenden Betrachtung von Steiners wert- und preistheoretischen Ansätzen mit jener der Klassik.

Arbeitswert und Arbeitskraft in der Klassik

Ausgangspunkt von Ricardos Wertlehre ist das sogenannte «Corn model», das auf der Existenzminimumtheorie aufgebaut ist, die nun zuerst behandelt werden soll. Die Existenzminimumtheorie fixiert die Einkommen tendenziell an den Reproduktionsaufwand der Arbeitskraft. Sie klingt bereits bei Turgot an, der zugleich einen charakteristischen Einblick in die naturgesetzlich-mechanische Denkungsart gewährt, die seit dem 18. Jahrhundert für die Sozialwissenschaften immer bestimmender wird: «Les forts salaires, d'un côté, mettent les hommes salariés en état de consommer devantage, et d'augmenter leur bien-être de l'autre, ce bien-être et cette abondance de salaires offerts encouragent la population (...) Et la multiplication des hommes fait à son tour baisser les salaires par leur concurrence, tandis que leur nombre soutient la consommation».[1]

---

1   A.J.R. Turgot 1914, S. 634.

Die Existenzminimumtheorie spielt bei Ricardo insofern eine Rolle, als er den Wert eines Gutes aus der in ihm enthaltenen Arbeitsmenge und den Wert der Arbeit aus dem an der Existenzminimumtheorie orientierten Reproduktionsaufwand der Arbeitskraft ermittelt.[1] Das Bemerkenswerte an Ricardos Reproduktionskostentheorie der Arbeit ist, daß er sie ursprünglich aus einem naturalwirtschaftlichen Modell, dem «Corn model» entwickelte.[2] Ricardo ging davon aus, daß sich Arbeit und Kapital, welches als Vorschußfonds zum Unterhalt der Arbeit aufgefaßt wurde, in Weizen ausdrücken lassen, weil dieser das wichtigste Grundnahrungsmittel für die Arbeiter darstellt.[3] Fügt man diesem naturalwirtschaftlichen Kreislaufmodell — die Produktion von Weizen und anderen Gütern wird einheitlich in Weizen gemessen — die zugrunde liegende Mechanik der Existenzminimumtheorie hinzu, so ergibt sich das Bild einer Wertlehre, die man auch als eine mechanische Stoffkreislauflehre bezeichnen könnte. Daran ändert auch wenig, daß Ricardo in seinen «Principles» nach heftigem Protest von Malthus die Arbeitsmenge statt des Weizens als entscheidende Wertgröße einführte.[4] Denn hinter den Arbeitsmengen verbirgt sich nach wie vor der Reproduktionsaufwand der Arbeitskraft als die entscheidende Wertgröße und dieser unterliegt dem «natürlichen Preis» der Arbeit, hinter dem nichts anderes steht als

---

1 Vgl. A. Kruse 1959, S. 74.

2 Die Bestimmung eines Wertgesetzes nach dem Reproduktionsaufwand der Arbeitskraft sucht Ricardo erstmals in seinem 1815 publizierten «Essay on the Influence of a Low Price of Corn on the Profits of Stock» vorzunehmen. Ricardo wollte beweisen, daß die Gewinne der Unternehmen vom Kornpreis abhängen, da sich durch deren Preisveränderungen (steigende Kosten, Gesetz vom abnehmenden Bodenertrag) auch die Lohnkosten veränderten. Durch die Gleichsetzung von Lohn und Korn ersparte sich Ricardo eine eigentliche Tauschwertanalyse, da er alle Größen in Korn rechnen konnte.

3 Bei A. Smith heißt es (1926, S. 31): «Equal quantities of labour will at distant times be purchased more nearly with equal quantities of corn, the subsistence of the labourer than with equal quantities of gold and silver». Smith schneidet hier das Problem eines «invariable measure of value» an.

4 Vgl. R. Malthus, in P. Sraffa 1981, S. 21. Statt Weizen werden Arbeitsmengen bilanziert. Die Arbeitsmengen, die in den Unterhaltsgütern für die Arbeiter verkörpert sind und indirekt das zirkulierende Kapital darstellen, welches der Kapitalist den Arbeitern vorschießt, werden mit den Arbeitsmengen der Produktion bilanziert. Marx saldiert die Bilanzposten der Ricardianischen Wertebuchhaltung und bezeichnet den Saldo als Mehrwert. Dieser «Bilanzabschluß» ist Marx' Beitrag zum Gebäude der klassischen Werttheorie.

die Mechanik der Existenzminimumtheorie.[1] Ricardo kommt auf diese Weise auch hier ohne eine eigentliche soziale *Tauschtheorie* der Werte aus.

Während bei den Physiokraten die Natur allein wertbildend ist und in ihrer äußeren Gestalt als «Produzent» betrachtet wird, wird sie bei Ricardo als Reproduktionsmittel der Arbeitskraft (als «Produzent» der Wertgröße Arbeit) im menschlichen Körper quasi «internalisiert». Karl Marx schließlich, der auf der Lehre von Ricardo aufbaut, deutet die Arbeit als Verausgabung einfacher Arbeitskraft, «die im Durchschnitt jeder gewöhnliche Mensch ohne besondere Entwicklung in seinem leiblichen Organismus besitzt».[2]

Für Rudolf Steiner ist die menschliche Arbeit im Gegensatz zur Klassik kein biologisches Phänomen: «Man muß schon wirklich sehr danebenhauen, wenn man sagt: Die Arbeit entspricht dem, was wiederum ersetzt werden muß im menschlichen Organismus, sie ist aufgebrauchter Stoff».[3] Die klassische Wertlehre ist eigentlich als angewandte Energielehre interpretierbar: Wenn der Konsum quasi als Teil der Produktion angesehen werde, als «umgesetzte Energie», die die Produktionsreserven wieder aufbaut, meint Steiner mit Bezug auf die klassische Wertlehre, schalte man «einen Naturprozeß ein, der nicht mehr zum volkswirtschaftlichen gehört».[4] Das, was an biologischen Prozessen im menschlichen Körper abläuft, liegt nach Steiner ganz außerhalb des wirtschaftswissenschaftlichen Gebietes. Nur für die «Tierwirtschaft» sei die Natur unmittelbar wertbildend. Die wirtschaftliche Wertbildung muß anders gefaßt, die Naturprozesse müssen dabei ausgeschaltet werden. In dem Augenblick, «wo wir zum

---

1 Vgl. A. Kruse a.a.O., S. 74. Die zweite Quelle des «natürlichen Preises» ist die Differentialrententheorie, die ihrerseits auf dem Gesetz vom abnehmenden Bodenertrag fußt. Vgl. dazu A. Kruse a.a.O., S. 77f. Vgl. ferner A.J.R. Turgot a.a.O., S. 633, A. Tschupp 1929, S. 31.

2 K. Marx, in Diehl 1931, S. 131.

3 R. Steiner 1979 a).

4 R. Steiner 1986, S. 57f. Die Nähe der Klassiker zu biologischen Deutungen der Wertentstehung betont auch Philip Mirowski (1988, S. 12): «Neo energetics, the conviction that there exists a literal identity between the physical concept of energy and the economic concept of value ... has a long and illustrious history». Diese Sichtweise der Wertentstehung ist laut Mirowski (1984, S. 366) sogar dogmenübergreifend: «Neoclassical economic theory», schreibt Mirowski, «was appropriated wholesale from mid-nineteenth century physics; utility was redefined so as to be identical with energy».

Menschen, das heißt zur Volkswirtschaft heraufkommen, haben wir allerdings von der Naturseite her den Ausgangspunkt des Naturwertes; aber in dem Augenblick, wo Menschen nicht bloß für sich oder ihre Allernächsten sorgen, sondern füreinander sorgen, kommt nun allerdings sofort dasjenige in Betracht, was menschliche Arbeit ist».[1] Einerseits setze die menschliche Arbeit am Naturprodukt an, andererseits stehe sie selbst unter einem Veränderungsprozeß durch die Einwirkung des menschlichen Geistes. Deshalb komme es bei der Wertbildung der produktiven Seite darauf an, das Verhältnis zwischen der Natur und der Arbeit einerseits und das Verhältnis zwischen der Arbeit und dem menschlichen Geist andererseits zu betrachten: «Das sind im wesentlichen die zwei Pole des volkswirtschaftlichen Prozesses. Sie finden keine anderen Arten, wie volkswirtschaftliche Werte erzeugt werden: entweder wird die Natur durch die Arbeit modifiziert, oder es wird die Arbeit durch den Geist modifiziert».[2] Steiner vertritt also eine Arbeitswertlehre, die zum einen den sozialen Charakter der Tauschprozesse der Arbeitsprodukte und zum anderen die konkreten und qualitativen Aspekte der Wertbildung durch Arbeit hervorhebt.

Nach Steiner darf sich die Arbeitswertlehre nicht an der Reproduktion der Arbeitskraft orientieren. Die Arbeit erhält erst eine werttheoretische Bedeutung, wenn sie im Zusammenhang mit einer sozialen Tauschtheorie der Werte behandelt wird. Auf diese Weise erhält die Arbeit einen sozialen Bezug und Charakter, der von anderen Einflüssen bestimmt wird als von natürlichen Prozessen im menschlichen Körper. Ferner gilt zu berücksichtigen, daß der abstrakt-mathematische Begriff der Arbeit im Zusammenhang mit der Reproduktion der menschlichen Arbeitskraft von jeder qualitativen Eigenart absieht. Steiner dagegen untersucht die Wertbildung nach ihren qualitativen Eigenheiten im Spannungsfeld zwischen Natur und Geist. Schließlich hat die abstrakte Denkweise der Klassik eine Bedeutung, die über einen rein methodischen Rahmen hinausgeht. Sie verkörpert eine Weltanschauung und Anthropologie, die das speziell Menschliche der Tausch- und Wertbildungsprozesse vernachlässigt. Eine werttheoretische Erneuerung muß deshalb von einer wissenschaftlichen Neuorientierung begleitet sein, die die materialistische Denk-

1 R. Steiner 1979 a), S. 29.
2 R. Steiner a.a.O., S. 33.

weise, die in den herkömmlichen Werttheorien «verkörpert» ist, kritisch hinterfragt.

Die Rolle von Natur und Geist bei der Wertbildung

Natur und Arbeit

Laut Steiner fließen Naturprodukte in die volkswirtschaftliche Wertbildung dadurch ein, «daß auf die Naturprodukte menschliche Arbeit verwendet wird, und wir in der volkswirtschaftlichen Zirkulation Naturprodukte umgeändert durch menschliche Arbeit vor uns haben».[1] Zwar ist nach Steiners Auffassung die Natur selbst nicht wertbildend. Da sie aber die Grundlage aller Wertschöpfung ist, welche der Pflege bedarf, ist sie keineswegs, wie bei Ricardo, ein reines Ressourcenlager.[2] Die volkswirtschaftlichen «Verhältnisse» werden aber nach Steiner gerade dadurch «ungesund», daß von der Natur und ihrer Bedeutung für den Menschen abstrahiert wird, so daß «der Zusammenhang mit der Natur gar nicht mehr da ist».[3] Daraus folgt, daß die Wirtschaft für den Erhalt der Produktionsgrundlage Natur verantwortlich ist.

Wie bereits ausgeführt, verliehen die Klassiker Grund und Boden einen Wert, wenn sich dieser als «knapp» (scarce) herausstellte. Durch die Knappheit erhält der Grund und Boden einen Kapitalwert. Dies aber, so sagt Steiner, sei der Irrtum, dem auch die Klassiker im Anschluß an die Physiokraten zum Opfer gefallen seien. Der «Grund

---

1 R. Steiner 1979 a), S. 29.
2 Vgl. D. Ricardo 1926, S. 26, 35, 39. Erst Marshall unterscheidet zwischen erneuerbaren und nichterneuerbaren Ressourcen und hebt, ebenso wie J.B. Clark, den ästhetischen Wert der Natur hervor, ohne allerdings den Zusammenhang zwischen der wachsenden Industrieproduktion und der Zerstörung des ästhetischen Wertes zu erkennen. Vgl. D. Ricardo a.a.O., S. 26; A. Marshall 1898, S. 244ff., ferner J.B. Clark 1967, S. 57. Diesen Zusammenhang erkennen nicht die Ökonomen, sondern einzelne Kulturphilosophen wie z.B. Ralph Waldo Emerson. Vgl. dazu seine «Divinity School Address» oder «The Young American». Emerson vertritt hier die Auffassung, daß die Pflege der Kulturlandschaft zum Wohlstand eines Volkes gehört. R.W. Emerson 1941, S. 27ff. und S. 51ff.
3 R. Steiner a.a.O., S. 210.

und Boden als solcher, werterhöht gedacht, ist ein Unding, ein völliges Unding».[1] Der Grund und Boden kann heute nur einen Wert dadurch erlangen, daß das Recht, über Grund und Boden zu verfügen, veräußert werden kann. Das Recht als Ware ist aber das eigentliche «Unding»: «Gerade wenn wir den Boden bezahlen, so bezahlen wir ein Recht durch eine Ware, beziehungsweise durch das Geld, das wir für eine Ware bekommen haben, also jedenfalls Rechtswert bezahlen wir mit Warenwert (...) Dinge, die gar nicht miteinander vergleichbar sind, werden im volkswirtschaftlichen Prozeß ausgetauscht».[2] Rechtswerte sind keine wirtschaftlichen Leistungswerte, bei welchen Tauschwerte dadurch zirkulieren, daß Menschen «füreinander» durch Arbeit «sorgen».[3]

Rudolf Steiner legt großen Wert auf die Unterscheidung zwischen Rechtswerten und Wirtschaftswerten.[4] Rechtswerte stellen nach Steiner immer den einen Menschen zu dem anderen Menschen in ein gleiches Verhältnis. Solche «Gleichheitsverhältnisse» drängen sich immer dann besonders auf, wenn des einen Reichtum des anderen Armut bedeutet; und dies treffe für Grund und Boden als begrenzte Ressource durchaus zu. Deshalb ist Grund und Boden kein ökonomischer Tauschwert, sondern ein Rechtswert.[5]

Auch Ricardo unterschied in gewissem Sinn zwischen Rechts- und Wirtschaftswerten. Der Grund und Boden sei der einzige «Agent» der Natur «that one set of men take to themselves to the exclusion of others».[6] Buchanan wird zustimmend mit den Worten zitiert «that what the landlord gains in this way he gains at the expense of the community at large. There is no absolute gain to the society by the reproduction of rent; it is only one class profiting at the expense of another class».[7]

Ricardo verknüpft aber nicht den Gedanken der ökonomischen Knappheit mit der Verteilung von Grund und Boden. Seine Differentialrententheorie zeigt, daß er die Knappheit primär aus

1 R. Steiner a.a.O., S. 75.
2 R. Steiner 1979 a), S. 118.
3 R. Steiner a.a.O., S. 29.
4 Vgl. dazu Seite 49f.
5 Vgl. dazu R. Steiner a.a.O., S. 208f.
6 D. Ricardo a.a.O., S. 35.
7 J. Buchanan, in D. Ricardo a.a.O., S. 40.

natürlichen und erst sekundär aus sozialen Faktoren ableitet.[1]

Der unbürokratischste Weg, so sagt Steiner, dem Boden seinen Rechtswert zu geben und zu erhalten, ist ein ausgedehntes Schenkungswesen. Wenn der Grund und Boden verschenkt statt verkauft wird, dann wird ihm sein Kapitalwert genommen, und er hört auf, eine «Schein»-Ware besonderer Art zu sein.[2]

Eine wesentliche Stütze für ein solches Schenkungswesen stellt die Umwandlung des Eigentumsrechtes dar. In den «Kernpunkten» spricht Steiner in diesem Zusammenhang von der Einführung einer Art Pachtsystems, welches einerseits den Besitz und die Verfügbarkeit über Grund und Boden gewährleistet, andererseits aber die Verfügungsrechte zeitlich beschränkt.[3]

Arbeit und Geist

Der Beitrag des menschlichen Geistes zur wirtschaftlichen Wertbildung ist bis heute von der Nationalökonomie kaum in expliziter Weise gewürdigt worden. Dies liegt daran, daß die nationalökonomischen Theorien nicht berücksichtigen, daß das Geistige direkt in die Wertbildung eingreift.[4] Keine volkswirtschaftliche Betrachtung ist aber real, so Steiner, wenn sie «nicht mit dem rechnet, was eben durch die geistige Arbeit — wenn wir sie so nennen wollen —, das heißt aber im Grunde genommen, durch das Denken geleistet wird».[5]

Die wertbildende Wirkungsweise des Geistigen ist grundlegend und umfassend: «Die geistige Arbeit, sie beginnt ja schon damit, daß die Arbeit durch organisierendes Denken organisiert, gegliedert wird. Sie wird aber immer selbständiger und selbständiger. Wenn Sie diese geistige Arbeit fassen bei demjenigen, der irgendein in der materiellen Kultur stehendes Unternehmen leitet, so wendet er eine große Summe

---

1 Nach der Differentialrententheorie entsteht die Rente aufgrund des Bevölkerungswachstums, das zur Kultivierung schlechterer Böden zwingt und dadurch zu höheren Agrarpreisen und Renten führt. Die Kapitalisierung des Bodens aufgrund seiner *natürlichen* Verknappung (Gesetz vom abnehmenden Bodenertrag) ist das entscheidende Axiom von Ricardos Rententheorie! Vgl. D. Ricardo a.a.O., S. 34ff.
2 Vgl. R. Steiner 1979 a), S. 95 u. S. 168f.
3 Vgl. dazu Seite 49f.
4 R. Steiner a.a.O., S. 17.
5 R. Steiner a.a.O., S. 87.

von geistiger Arbeit auf, aber er arbeitet noch mit dem, was ihm der volkswirtschaftliche Prozeß aus der Vergangenheit liefert. Aber es ist ja nicht zu umgehen, rein auch aus ganz praktischen Interessen, daß innerhalb der geistigen Betätigung — so will ich es statt Arbeit nennen — des geistigen Wirkens, auch das vollständig freie Wirken auftritt. Schon wenn man die Differentialrechnung erfindet, und gar erst, wenn man ein Bild malt, tritt eine vollständig freie geistige Betätigung auf.»[1]

Die Stufenleiter der ökonomischen Wirksamkeit des Geistes beginnt bei der einfachen Arbeit im Feld und endet bei hohen geistigen Errungenschaften in Kunst und Wissenschaft. Die Bedeutung des Geistigen bei der Wertbildung, so sagt Steiner, bleibt in der quantitativen Werttheorie der Klassik weitgehend unberücksichtigt. Führt man den Wert einer Ware auf den Verbrauch der zu ihrer Herstellung notwendigen Arbeitskraft zurück, dann mache es ja, so Steiner, nach dieser Definition keinen Unterschied, ob man ein Konditionstraining absolviert oder eine Maschine konstruiert. Der Begriff der Arbeitsmenge und der Reproduktion von Arbeitskraft faßt das Wesen der ökonomischen Wertbildung gerade und besonders im Zusammenhang mit der Wirkungsweise des Geistigen nicht.[2]

Steiner wendet sich nicht nur gegen die rein quantitative Auslegung der Arbeit durch Ricardo und Marx, sondern er wendet sich im Zusammenhang mit der ökonomischen Bedeutung des freien Geisteslebens auch gegen den Arbeitswertbegriff von Adam Smith. Adam Smith erkennt zwar die Bedeutung des Geistigen bei der Wertbildung, aber er reduziert sie auf die materielle Produktionssphäre. Smith spricht hier von der «skill» und «dexterity», die die Effektivität der Arbeit ausmachen würden sowie von der «ingenuity of the makers of the machines».[3] Aber die geistigen Fähigkeiten müßten einen Kapitalwert haben, der in der Einzelperson «fixiert» ist, um eine werttheoretische Berücksichtigung zu erfahren;[4] dies ist nicht der Fall. Denn nur diejenige Arbeit ist gemäß Adam Smith produktiv, die ein Einkommen sowie einen Gewinn, zwecks Wachstum des Kapitalstocks, produziert. Produktiv und wertbildend ist, nach ihm allein «the labour of the manufacturer (which) fixes and realises itself

1 R. Steiner a.a.O., S. 87.
2 Vgl. R. Steiner 1979 a), S. 31.
3 Vgl. A. Smith 1926, S. 7f.
4 Vgl. A. Smith a.a.O., S. 247.

in some particular subject or vendible commodity».[1] Da Produkte
der Kultur wie Erziehungs- und Ausbildungsleistungen sowie die bil-
denden Künste keine Kapitalwerte darstellen, die einen Gewinn produzieren, klammert sie Smith aus seiner Werttheorie aus. «The labour of some of the most respectable orders in the society is, like that
of menial servants, unproductive of any value, and does not fix or
realise itself in any ... vendible commodity».[2] Smith erwähnt hier
insbesondere die Arbeit von «churchmen, lawyers, physicians, men
of letters of all kinds».[3] Gegen Smiths Definition der unproduktiven
Arbeit führt Steiner zwei Beispiele an, die zeigen sollen, daß die Aus-
grenzung des freien Geisteslebens aus der Werttheorie ein Irrtum ist.

Aus den von Smith angeführten Professionen wählt Steiner zuerst
den Arzt aus. «Sagen wir, irgendein Handwerker verfertigt irgendetwas in einem Dorf und wird krank. Er wird ... wenn er an einen un-
geschickten Arzt kommt, drei Wochen im Bett liegen müssen und seine Dinge nicht verfertigen können ... es werden durch drei Wochen
hindurch, wenn der Betreffende, sagen wir, Schuhe verfertigt hat, die
Schuhe nicht auf den Markt gebracht werden ... Nehmen wir aber
an, er kommt an einen sehr geschickten Arzt, der ihn in acht Tagen
gesund macht, so daß er nach acht Tagen wieder arbeiten kann, dann
können Sie die Frage in ernsthaftem Sinn entscheiden: Wer hat denn
dann durch diese vierzehn Tage hindurch die Schuhe produziert? Der
Schuhmacher oder der Arzt? Eigentlich hat der Arzt die Schuhe fabriziert.»[4]

Auch auf die «men of letters» geht Steiner ein. Als Beispiel wählt
er den Philosophen und Mathematiker Leibniz. Leibniz erfand zeit-
gleich mit Newton die Differentialrechnung. Ohne die Differentialrechnung, so Steiner, könnten keine Tunnels gebaut werden, so daß
Leibniz eigentlich auch heute noch an allen Tunnels mitbauen würde.
Diese, für die materielle Wertschöpfung grundlegenden Errungenschaften, wie z.B. die Differentialrechnung, seien überhaupt erst
durch die «Anspannung der geistigen Kräfte entschieden worden».[5]
Was die Bedeutung der geistigen Leistungen angeht, darf man nach
Steiner nie in kurzfristigen Zeiträumen denken, wie dies Smith im

---

1 Vgl. A. Smith a.a.O., S. 295.
2 Ebenda.
3 Ebenda.
4 R. Steiner 1979 a), S. 86.
5 R. Steiner a.a.O., S. 87.

Zusammenhang mit seiner Definition der produktiven bzw. unproduktiven Arbeit tat. Geistige Leistungen, die in der Gegenwart erbracht werden, wirken erst in der Zukunft. Dies unterscheidet diese Leistungen von jenen Leistungen, die im Zusammenhang mit der Umwandlung eines Naturproduktes stehen.

Smith und die Klassiker haben eine Wertlehre geschaffen, die nur mit dem «Ponderablen» rechnet, das aus der Vergangenheit hereinwirkt (Natur) und durch die Gegenwart (Arbeit) in Werte umgesetzt wird.[1] Die Wirkungsweise des Geistigen blieb ausgeklammert und damit auch eine weiterführende Zukunftsbetrachtung. «Sobald Sie von irgendeinem Punkt an die Zukunft ins Auge fassen, können Sie nicht mehr sagen, daß das Geistige in die Zukunft hinein nicht produktiv wäre.»[2]

Da sich Smiths Preis- und Verteilungstheorie auf den Begriff der produktiven Arbeit stützt, bleiben die Leistungen des freien Geisteslebens preis- und verteilungstheoretisch unberücksichtigt.

Zusammenfassung

Wie die Klassiker, vertritt auch Rudolf Steiner eine Arbeitswertlehre. Anders als die Klassiker entwickelt Steiner aber eine Wertauffassung, die die Rolle der Natur und des menschlichen Geistes bei der Wertbildung berücksichtigt, ohne daß diese selber Werte (Tauschwerte) darstellen. «Sie finden keine anderen Arten, wie volkswirtschaftliche Werte erzeugt werden: entweder wird die Natur durch die Arbeit modifiziert, oder es wird die Arbeit durch den Geist modofiziert.»[3] Steiner spricht hier von zwei «Polen» des volkswirtschaftlichen Prozesses.[4] Die Wertbildung zwischen den «polarischen Gegensätzen» von Natur und Geist darf sich nicht auf den Bereich des produzierenden Kapitals beschränken; denn das Natürliche und das Geistige wirken wertbildend in die Arbeit hinein, so daß auch das «Vorher» (Natur) und das «Nachher» (Kultur) in der Werttheorie zu berücksichtigen sind.[5] Durch die Integration des Geistigen in die Werttheorie legt

1   Vgl. R. Steiner a.a.O., S. 17.
2   R. Steiner 1979 a), S. 86.
3   R. Steiner a.a.O., S.33.
4   Ebenda.
5   R. Steiner a.a.O., S. 130; vgl. ferner S. 17f.

Steiner das werttheoretische Fundament für seine Theorie der Schenkung.

Das Wesen der Arbeitsteilung ist dem Eigennutz entgegengesetzt

Mit Bezug auf Smith meint Steiner: «Bei Adam Smith können Sie überall sehen, wie er ... aus Privatwirtschaften denkt und seine Schlüsse zieht.»[1] Dieses privatwirtschaftliche Denken von Smith steht an keiner Stelle in einem schärferen Gegensatz zu Steiners eigenem Denken als bei der Beurteilung der Arbeitsteilung. Smith beurteilt die Arbeitsteilung nach der Seite ihrer Entstehung hin pragmatisch und bezeichnet den Eigennutz als ihren eigentlichen Koordinator. Steiner dagegen beurteilt die Arbeitsteilung als die reale Struktur einer künftigen altruistischen Gesellschaft. Diese Unterschiede weisen zugleich auf unterschiedliche Menschenbilder hin. Für Smith ist der Eigennutz bzw. der Egoismus eine Art anthropologisches Axiom, das in der arbeitsteiligen Gesellschaft automatisch das Gemeinwohl befördert. Nach Steiner formt sich der Mensch graduell entlang einer moralischen Evolution, die ihn nach der Überwindung des Eigennutzes streben läßt.

Egoismus versus Altruismus

In der Zeit vor der Aufklärung war die Untersuchung der wesentlichen Eigenschaften des Menschen Gegenstand der religiösen Metaphysik. Da Smith, wie viele andere Aufklärer auch, ein gebrochenes Verhältnis zur Religion besaß, hatte er auch ein gebrochenes Verhältnis zu all jenen menschlichen Eigenschaften, deren Pflege traditionell in die Domäne der Kirche fiel. Smith bezweifelte die soziale Funktionstüchtigkeit der menschlichen Nächstenliebe und suchte nach einem exoterischen Steuerungsinstrument, das anstelle der Liebe dennoch eine gemeinnützige gesellschaftliche Fortentwicklung zuließ. Dieses Steuerungsinstrument war für ihn der Wettbewerb des Mark-

---

1   R. Steiner 1979 a), S. 158.

tes, der die aus Eigennutz gesteuerten Leistungen des Einzelnen belohnt (und die unterlassene Leistung bestraft) und über die produktiven Segnungen der Arbeitsteilung gemeinnützig im Sinne der Wohlstandsmaximierung wirkt. Smith ersetzte das metaphysische Instrumentarium der sozialen Disziplinierung (jenseitige Konzeption von Hoffnung und Verdammnis) durch ein diesseitiges Instrumentarium (Reichtum und Armut).[1] Auf der Grundlage dieser Weltanschauung vermutet Smith die Ursache der Arbeitsteilung nicht in (metaphysischer) Weisheit, sondern er führt sie auf die menschliche Neigung zurück, «to truck, barter and exchange one thing for another».[2] Denn «it is not from the benevolence of the butcher, the brewer, or the baker that we expect our dinner, but from their regard to their own interest. We address ourselves, not to their humanity but to their self-love, and never talk to them of our own necessities but of their advantages».[3]

Rudolf Steiner teilt mit Adam Smith die Auffassung, daß das metaphysische Weltbild im 18. Jahrhundert so degeneriert war, daß von ihm keine neuen sozialen Impulse mehr zu erwarten waren. Während sich aber Adam Smith zugleich mit der Abkehr von der Metaphysik auch von einer geistigen Fundierung der menschlichen Natur abwendet, sieht Steiner im Niedergang der Metaphysik nur einen Akt der Befreiung des Menschen von erstorbenen Gedanken- und Sozialstrukturen. Dieser Niedergang wird durch eine neue Entwicklung, einen neuen Aufbruch abgelöst und führt in eine moralisch-geistige Verdichtung der menschlichen Gesellschaft hinein: Die geistigen Wesensglieder des Menschen werden als materielle Strukturen der Gesellschaft exoterisch sichtbar. Den allerersten Anfang dieser Entwicklung erblickt Steiner u.a. in der Arbeitsteilung. Die Aufklärung bedeutet somit für Steiner nicht die Ablösung der Metaphysik, sondern den Aufbruch zur individuellen Selbstverantwortung durch die erfahrbare Wirklichkeit einer göttlich-geistigen Welt.

---

1 Vgl. zu den weltanschaulichen Grundlagen von Smiths Wirtschaftstheorie H.P. Studer 1987. Eine moderne Variante der Smith'schen Säkularisation stellt F.A. von Hayeks Adaption der Evolutionstheorie für die Wirtschaftswissenschaft dar. Hayek schreibt: «Wir wissen, daß alle dauerhaften Strukturen über die Ebene der einfachsten Atome bis zum Gehirn und zur Gesellschaft das Ergebnis selektiver Evolutionsprozesse sind und nur so erklärt werden können.» Eine Deutung der Sozialordnung als Abbild einer geistigen Wirklichkeit wird hier a priori ausgeschlossen. A.A. von Hayek 1979, S. 30. Vgl. ferner 1983, S. 32.
2 A. Smith 1926, S. 25.
3 A. Smith a.a.O., S. 13.

Solange der Egoismus in eine religiös-sittliche Ordnung engebunden ist, die als solche durch den Glauben noch funktionstüchtig ist, kann er, so Steiner, keinen größeren sozialen Schaden anrichten. Die theokratisch-weltliche Ordnung durchzieht sozusagen auch das soziale Alltagsleben mit dem Licht der Jenseitigkeit und bannt dadurch Individualismus und Egoismus. Erst mit der Emanzipation des Individuums und der Degeneration der theokratisch-weltlichen Ordnung, in der Zeit ab etwa dem fünfzehnten Jahrhundert, als sich auch die Rechtssprechung und die Arbeitsverhältnisse- und beziehungen allmählich aus der religiösen Lebensordnung herauslösen, wird der Egoismus zu einem sozialgeschichtlichen Problem, das solche Ausmaße annimmt, daß es Adam Smith und mit ihm die gesamte Klassik für unüberwindbar hält.

Die neue Zeit ist mit Schmerzen und Rückschlägen verbunden, und es ist verständlich, daß der Glaube an den «besseren» Menschen schwach ist; nach Steiner enthält sie dennoch den Keim einer neuen fortschrittlichen Phase. Aus diesem Grunde interpretiert Steiner die Auflösung der alten Ordnung als Menschheitsfortschritt, denn jetzt fange der «Menschheitsgeist», wenn auch noch unbewußt, an, danach zu streben «fertigzuwerden mit dem menschlichen Egoismus, der sich nun regt».[1] Diese Bestrebung gewinnt in Form der Arbeitsteilung eine volkswirtschaftliche Bedeutung; denn die Arbeitsteilung «führt zuletzt dazu, wenn wir sie zunächst einfach abstrakt zu Ende denken, ... daß niemand dasjenige, was er erzeugt, für sich selbst verwendet».[2] Je weiter die Arbeitsteilung voranschreitet, desto mehr arbeitet der Einzelne für die «unbestimmte Sozietät», niemals für sich: «Das heißt aber mit anderen Worten: Indem die moderne Arbeitsteilung heraufgekommen ist, ist die Volkswirtschaft in bezug auf das Wirtschaften darauf angewiesen, den Egoismus mit Stumpf und Stiel auszurotten. Bitte verstehen Sie das nicht ethisch, sondern rein wirtschaftlich! Wirtschaftlich ist der Egoismus unmöglich. Man kann nichts für sich mehr tun, je mehr die Arbeitsteilung vorschreitet, sondern man muß alles für die anderen tun».[3]

Der im faktischen Sinne altruistischen Struktur der Arbeitsteilung — man kann hier in Abgrenzung zur Gesinnungsethik von einem

---

1 R. Steiner 1969 a), S. 43.
2 R. Steiner a.a.O., S. 44.
3 R. Steiner a.a.O., S. 46.

«strukturellen Altruismus» sprechen[1] — steht unter dem Paradigma des Eigennutzes das Unvermögen gegenüber, den sozialen Anforderungen der Arbeitsteilung gerecht zu werden. Der Altruismus sei als soziale Anforderung auf wirtschaftlichem Gebiet bereits zu einem Zeitpunkt aufgetreten, als die rein «ethische Betrachtung» noch lange nicht das Phänomen des Altruismus erfaßt habe. Genau dies habe er in seinem kleinen Büchlein «Geisteswissenschaft und soziale Frage» dazumal (1905) verdeutlichen wollen, «daß unsere Volkswirtschaft mehr fordert von uns, als wir in der neuesten Zeit ethisch-religiös leisten können».[2]

Daraus folgt, daß die volle Bedeutung der Arbeitsteilung erst erkannt wird, wenn «Geisteswissenschaft» und «soziale Frage» miteinander verbunden werden. Der strukturelle Altruismus der Arbeitsteilung bedarf aber nicht nur einer anthropologischen Stütze, sondern er muß vor allem auch eine praktische Verwirklichung erfahren. Im gewöhnlichen Kaufakt könne der Mensch unter den bestehenden Marktverhältnissen gar nicht anders, als sich egoistisch zu verhalten. Ein dem Wesen der Arbeitsteilung entsprechender «objektiver Gemeinsinn» kann sich nach Steiner erst in der assoziativen Wirtschaft herausbilden, wenn die Einzelinteressen so miteinander vernetzt sind, daß das «unmittelbar persönliche Interesse» mit dem «Interesse des anderen» zu einem «volkswirtschaftlichen Urteil» zusammenwächst.[3] Erst wenn sich die Interessen auf assoziative Weise ausgleichen, kommt es zu einer gesamtwirtschaftlichen «Überschau».[4] Es ist für Steiner bezeichnend, daß er den Egoismus nicht brandmarkt oder geißelt (um darauf aufbauend etwa eine neue Utopie von einer neuen Jenseitsverheißung zu entwickeln), sondern daß er auf den Menschen baut, der den Egoismus überwinden kann, wenn das «Interesse des anderen» eine neue und umfassende Qualität der Transparenz gewinnt. Ohne diese Transparenz können sich die altruistischen Kräfte des menschlichen Wesens nicht durchsetzen.

---

1 Diesen Begriff verwendet D. Suhr in seinem Buch «Alterndes Geld — Das Konzept Rudolf Steiners aus geldtheoretischer Sicht», wobei Suhrs Interpretation von Steiners Altruismusbegriff vom Verfasser nicht geteilt wird. Vgl. D. Suhr 1988, S. 17ff.

2 R. Steiner 1969 a), S. 47. Im Zusammenhang mit der Arbeitsteilung läßt sich von Steiners «sozialem Hauptgesetz» auch als geistigem Pendant zur Arbeitsteilung bzw. als der «Uridee» der Arbeitsteilung sprechen.

3 R. Steiner a.a.O., S. 152.

4 Ebenda.

Die werttheoretische Bedeutung des Eigennutzes

Das Kernproblem der arbeitsteiligen Wirtschaft besteht nach Steiner darin, daß die Wirtschaftssubjekte immer noch so handeln, als lebten sie in einer durch Selbstversorgung (im Sinne der Maximierung des Individualnutzens) geprägten Naturalwirtschaft.[1] Diese Haltung schlägt sich auch in der wirtschaftlichen Begriffsbildung nieder. Zum Beispiel herrsche die irrige Meinung vor, daß man die Arbeitsleistung selbst «zahlen» könne. Der Preis für die Arbeit entsteht aber nur auf der Basis eines «fingierten Kaufes».[2] «Das ist kein Kauf, der in der Tat stattfindet (...) Wert in der Volkswirtschaft kann ja nur entstehen ... im Austausch der Waren oder überhaupt volkswirtschaftlicher Erzeugnisse.»[3] Was tatsächlich bezahlt wird, sind getauschte Wertprodukte und nicht die Arbeit selbst.

Es ließe sich einwenden, es sei unnütze Haarspalterei, ob man nun vom Lohn der Arbeit spricht oder, wie Steiner, von Anteilen aus dem Ertrag eines von Arbeitern, Angestellten und Unternehmern gemeinschaftlich produzierten Produktes. Steiner ist allerdings der Auffassung, daß sich in falschen Begriffen Werthaltungen und Interessen spiegeln, die zum Instrument bestimmer Denkgewohnheiten und Denkrichtungen werden. Aus dem Lohnbegriff der Klassik leitet sich eine Reihe von «sekundären» Begriffen ab, die die Selbstversorgermentalität und das Denken in den Kategorien des Eigennutzes konservieren.[4] Laut Rudolf Steiner besteht zwischen Arbeitnehmer und Arbeitgeber ein Tauschverhältnis. In Wahrheit kaufe der Arbeitgeber dem Arbeitnehmer nicht die Arbeit, sondern das Arbeitsprodukt ab.[5] Das, was der Arbeitgeber dem Arbeitnehmer als Lohn gibt (eigentlich ist es ja der Preis für das Arbeitsprodukt) kann nicht einfach als Kosten im gewöhnlich verstandenen Sinne betrachtet werden. Volkswirtschaftlich betrachtet sind die Lohnkosten zugleich Einnahmen aus dem Produkteverkauf; denn diese Löhne werden als nachfragewirksame Einkommen auf den Gütermärkten wirksam. Wenn man also von den Einkommen einseitig betriebswirtschaftlich als von Kosten spricht, verdeckt man die Interdependenz der Aus-

---

1 Vgl. R. Steiner a.a.O., S. 47.
2 R. Steiner 1969 a), S. 97.
3 Ebenda.
4 Vgl. R. Steiner a.a.O., S. 120.
5 Vgl. R. Steiner a.a.O., S. 119.

gaben- und Einnahmenströme in der arbeitsteiligen Volkswirtschaft; denn Kosten werden einseitig nur als Ausgaben aufgefaßt und fördern das Bestreben, diese Ausgaben zu minimieren. Dies löst bei den Lohnempfängern wiederum die Gegenreaktion aus: sie wollen ihre Einkommen maximieren. Jeder, so sagt Steiner, wolle nur noch für sich selbst sorgen, obwohl beide Teilnehmer an den Wirtschaftprozessen voneinander abhängig seien. Diese Mechanismen des Eigennutzes stehen nach Steiner im Widerspruch zu den Interdependenzen, die für die moderne arbeitsteilige Wirtschaft grundlegend und kennzeichnend sind.[1] «Im Grunde genommen ist jeder Lohnempfänger ... heute noch Selbstversorger. Er ist derjenige, der so viel hingibt, als er erwerben will (...) Denn Selbstversorgen heißt, für den Erwerb arbeiten.» Einer der wichtigsten volkswirtschaftlichen Fragestellungen ist es, wie man aus dem «volkswirtschaftlichen Prozeß» die Erwerbsarbeit «herausbringt».[2] Denn die Selbstversorgermentalität verzerrt die gesamte Preis- und Einkommensstruktur. Man bekommt niemals «wahre Preise», wenn die Arbeit auf persönlichen Erwerb und Nutzen nicht überwunden wird.[3] Steiner bestreitet die Effizienz der auf den Eigennutz gebauten Allokationsfunktion des Marktes und fordert in Übereinstimmung mit der altruistischen Struktur der Arbeitsteilung ein Arbeiten aus der «sozialen Notwendigkeit» heraus.[4]

Steiner wendet sich dabei nicht nur gegen den liberalen Arbeitsmarkt, sondern auch gegen sozialistische Theorien. Karl Marx hebt den Lohnbegriff der Klassik nicht auf, sondern er steigert ihn mit der Ausbeutungstheorie in sein äußerstes Extrem, um seine soziologischen und politischen Theorien werttheoretisch zu untermauern. Für Steiner ist Marx deshalb weniger ein Wirtschaftstheoretiker, sondern eher ein politischer Denker, der bei aller intellektuellen Brillanz von einem Denken in «Ressentiments» geprägt ist.[5] Der Mehrwert entsteht nach Steiner nicht in der Arbeit, weil die Arbeit selbst keinen wirtschaftlichen Wert hat. «Der Gewinn wird ... nicht, volkswirtschaftlich betrachtet, als Mehrwert aus der Arbeit geholt.»[6] Der Unternehmer kann erst durch die «Konjunktur» demjenigen, was er

---

1 Vgl. R. Steiner a.a.O., S. 48 u. S. 112ff.
2 R. Steiner 1969 a), S. 48 u. S. 112ff.
3 Ebenda.
4 Ebenda.
5 Vgl. R. Steiner a.a.O., S. 93.
6 R. Steiner a.a.O., S. 119.

dem Arbeiter abgekauft hat, einen höheren Wert verleihen.[1] Strikt
werttheoretisch betrachtet, läßt sich deshalb auch nicht von einer
Ausbeutung der Arbeitskraft sprechen, sondern von einer «Zwangsschenkung», die dann eintritt, wenn der Unternehmer dem Arbeiter
nicht genug für seine erzeugten Werte bezahlt und sich selbst einen
erhöhten Anteil am gemeinsam erwirtschafteten Produkt sichert.[2]
Für Marx war der Begriff der Ausbeutung der theoretische Hebel,
um die Expropriation der Exploiteure zu fordern. Interessant ist die
Tatsache, daß es im Zuge der Weiterentwicklung Marxschen Gedan-
kengutes durch Lenin letztlich nicht um die Überwindung ökonomischer Herrschaftsformen ging, sondern um deren Vollendung in einem ökonomischen Staatswesen. Steiner dagegen geht es um die
Überwindung der Selbstversorgermentalität und des Eigennutzes —
die als die Quellen des ökonomischen Machtstrebens anzusehen sind
— durch ein neues Verständnis der Arbeitsteilung.

Zusammenfassung

Die These Adam Smiths, daß der Eigennutz dem Gemeinwohl diene,
wird von Rudolf Steiner bestritten. Nach Steiner ist der Eigennutz
das typische Produkt einer Selbstversorgerwirtschaft. In der arbeitsteiligen Wirtschaft dagegen herrschen gegenseitige Abhängigkeitsver-
hältnisse, so daß nicht der Eigennutz, sondern der Altruismus die
sachliche Grundlage der Tauschbeziehungen sein muß. Das Fortbestehen der «Selbstversorgermentalität» in der arbeitsteiligen Wirtschaft ist der Grund dafür, daß es zu sozialen Auseinandersetzungen
kommt, die mit Machtmitteln zwischen Kapital und Arbeit ausgetra-
gen werden. Steiner zeigt insbesondere auf, daß der Begriff des Ar-
beitslohnes auf einem falschen werttheoretischen Verständnis beruht
und sowohl durch dessen Interpretation als Kosten zu jener verkürz-
ten Sichtweise wirtschaftlicher Gesamtzusammenhänge führt, die für
die «Selbstversorgermentalität» typisch ist, als auch zu verhäng-
nisvollen theoretischen Folgeirrtümern führt wie jenem von Karl
Marx, der die Mehrwertentstehung im Faktor Arbeit selbst verankert.

---

1   R. Steiner a.a.O., S. 119.
2   Ebenda.

Das Kapital als Sonderproblem der Werttheorie

Das werttheoretische Sonderproblem des Kapitals ergibt sich aus zwei verschiedenen Fragestellungen. Die erste Fragestellung betrifft den werttheoretischen Status des Kapitals gegenüber der Arbeit. Ist Kapital ein selbständiges Element der Wertbildung, oder ist es ein bloßer durch Arbeit geschaffener Produktionsfaktor? Von der Beantwortung dieser Frage hängt es ab, ob Kapitaleinkünfte bloße Renten darstellen, die letztlich vom Faktor Arbeit erwirtschaftet werden, oder ob sie auf einem eigenen Leistungsbeitrag beruhen. Im Hinblick auf die soziale Frage muß geklärt werden, welche Stellung Eigentums- und Verfügungsrechte in einer werttheoretisch fundierten Kapitaltheorie einnehmen. Nach Steiner hat eine werttheoretisch fundierte Kapitaltheorie nicht nur die Frage zu beantworten, was Kapital *ist,* sondern auch, wem das Kapital in einem gesellschaftlichen Kontext dient und dienen soll. Die zweite Fragestellung betrifft das Verhältnis der Kapitalwirtschaft zur Natur und Kultur. Wenn das Kapital dem individuellen Erwerbsinteresse seines Besitzers überlassen bleibt: entwickeln sich dann negative oder positive externe Effekte auf Natur und Kultur? Welche Wirkung hat die moderne Kapitalwirtschaft auf die Struktur der Gesamtgesellschaft?

Sind Kapitaleinkünfte Leistungseinkommen oder Renten?
Das Wertproblem des Kapitals aus verteilungstheoretischer Perspektive

Das Kernproblem der Kapitaltheorien der klassischen politischen Ökonomie ist der Umstand, daß bei keinem der kapitaltheoretischen Ansätze erkennbar ist, was über die physischen Arbeitsleistungen den produktiven Beitrag des Kapitals zur Wertbildung ausmachen könnte. Die Klassik vermag dem Kapital keine eigene, vom physischen Arbeitsbegriff klar unterschiedene Wertbasis zu geben. Dies bedeutet aus verteilungstheoretischer Sicht, daß die Klassik Kapitaleinkünfte letztlich aus dem Faktor Arbeit ableiten muß. Leistet aber das Kapital keinen eigenen, von der Arbeit zu unterscheidenden Wertbeitrag, dann sind, der Klassik folgend, Kapitaleinkünfte reine Renten, deren Herkunft letztlich in außerwirtschaftlichen Faktoren begründet liegen muß (Verfügungsrecht über das Produktionskapital) und die nicht auf dem Austausch (gegenseitig) erbrachter Leistungen beruhen. Die Frage nach der werttheoretischen Verankerung des Kapitals ist der neuralgische Punkt, um welchen sich die verteilungstheoretisch motivierten Ansätze der klassischen Kapitaltheorie drehen. Sämtliche wesentlichen kapitaltheoretischen Ansätze des 19. Jahrhunderts bis einschließlich John Bates Clark und Eugen Böhm v. Bawerk ringen mit dem Problem der werttheoretischen Fundierung des Kapitals.

Der ungeklärte werttheoretische Status des Kapitals ist als einer der wesentlichen Faktoren dafür anzusehen, warum es zu einer zweifachen Spaltung der politischen Ökonomie kam. Die erste Spaltung betrifft die Herauslösung einer marxistisch-sozialistischen Wirtschaftstheorie aus der liberalen klassischen politischen Ökonomie. Die zweite Spaltung betrifft die Ablösung der Arbeitswertlehre der Klassik durch die subjektive Wertlehre der Neoklassik.

Marx interpretierte den Profit als Mehrwert der Arbeit (Mehrwert = zusätzliches Wertprodukt, das der Arbeiter über den Reproduktionsaufwand seiner Arbeitskraft hinaus produziert) und begründete auf diese Weise seine Ausbeutungstheorie.

Joan Robinsons Erklärung von der Entstehung der Neoklassik zufolge lag erst mit der Marxschen Interpretation der Arbeitswertlehre im Zusammenhang mit dem werttheoretischen Problem des Kapitals das entscheidende Motiv für eine Abwendung der ökonomischen Theorie von der Arbeitswertlehre vor. Sie interpretierte die subjektive Wertlehre als Antwort auf die marxistische Bedrohung der bürgerlichen Gesellschaft.[1]

---

1 Robinsons These vom neoklassischen «Ausweichmanöver» vor den sozial explosiven Konsequenzen der Arbeitswertlehre (1977, S. 345ff.) kann mit Sicherheit gegenüber J.B. Clark vertreten werden (vgl. dazu J.F. Henry 1983, S. 375ff.), ist aber auch gegenüber Carl Menger und Eugen Böhm v. Bawerk vertretbar (vgl. dazu C. Menger 1934, S. 147 und E. Böhm v. Bawerk 1926, S. 518). Wenn man zusätzlich bedenkt, daß die subjektive Seite der Wertbildung bereits durch Galiani und Condillac in z.T. sehr verfeinerter Form behandelt wurde (vgl. dazu H. Sewall 1978, S. 112 und 121, E. Kauder 1953, S. 649, ferner L. Birken 1988, S. 255), dann erscheint die subjektive Wertlehre der Neoklassik keineswegs als *die* wissenschaftliche Revolution, als die sie gewöhnlich dargestellt wird. Der konventionellen dogmenhistorischen Auffassung (vgl. M. Blaug 1968), daß es sich bei der Neoklassik gegenüber der Klassik um einen Paradigmenwechsel handelt, kann man den Vorwurf der Oberflächlichkeit nicht ersparen, weil sie nicht, wie Robinson, die entscheidenden *Motive* für die Verlagerung von der Arbeit (Klassik) auf das Bedürfnis (Neoklassik) untersucht. Der Paradigmenwechsel hat weniger einen wissenschaftlichen als vielmehr einen weltanschaulich-politischen Ursprung.

Die Kapitaltheorien der Klassik

Die Klassiker, von Adam Smith bis einschließlich Karl Marx, entwickeln keine eigentliche Kapitaltheorie, sondern eine Kapitalwerttheorie der Arbeit, in der die Erträge aus der produktiven Arbeit im Mittelpunkt stehen. Schumpeter schreibt darüber: «Ein Merkmal ... wurde während unserer Periode (der Klassik) ganz allein akzeptiert, von Marx nicht weniger als von Say, nämlich die in ihm enthaltene physiokratische Vorstellung, daß der grundsätzliche Strom von Gütern (und Geld), der den Wirtschaftskreislauf ausmacht, aus einem Zustrom und einem (erhöhten) Rückfluß von ‹Vorschüssen› besteht. Im Gegensatz zu den Physiokraten aber machten die ‹Klassiker› die Kapitalisten zur alleinigen Quelle dieser Vorschüsse, und der Wert der vorgeschossenen Güter wuchs bei ihnen im industriellen Prozeß, anstatt allein in der Landwirtschaft.»[1] Fixes und zirkulierendes Kapital (Produktionskapital bzw. Lohnfonds zum Unterhalt der Arbeit) stellen also ihrem Wesen nach den Ersatz der Natur als wertbildendes Element (Physiokraten) durch die Arbeit dar. Das, was bei den Physiokraten der Ursprung des «surplus» ist, der Fonds der Natur, welcher vom Handwerker bis zum Edelmann alle Klassen der Gesellschaft erhält, wird bei den Klassikern das fixe und zirkulierende Kapital. In diesem Sinne ist das Kapital nichts weiter als ein Arbeitsspeicher, der Produzenten und Kapitaleigentümer gleichermaßen erhält. Das Wertproblem des Kapitals besteht nun darin, daß aus dem kapitaltheoretischen Ansatz der Klassik nicht ersichtlich ist, ob Kapitaleinkommen auf Leistungen beruhen oder bloße Renten darstellen. Eine zusätzliche Komplikation entsteht dadurch, daß die Klassiker entweder, wie Smith, nicht zwischen Unternehmereinkommen und Kapitaleinkommen unterschieden und/oder über keine spezielle, *werttheoretisch* fundierte Zinstheorie verfügten.

Das Unternehmereinkommen. Eine werttheoretische Fundierung der Kapitaleinkünfte läßt sich aus Adam Smiths Kapitalauffassung nicht ableiten. Profite — Smith unterschied noch nicht das Unternehmereinkommen vom Kapitaleinkommen — sind bei Smith in gewissem Sinne ein Residual nach Abzug von Löhnen und Bodenrente. Smith beschränkt sich auf die Feststellung, daß der Profit mindestens

---

1   J. Schumpeter 1965, S. 689. Auch R.H. Campbell und A.S. Skinner (in A. Smith 1976,S. 28f.) betonen den physiokratischen Ursprung der klassischen Kapitaltheorie.

so groß sein müsse, daß das Risiko und die Mühen der Investition gedeckt sind.[1] Von größerem Gewicht ist Smiths Feststellung, daß «In that orginal state of things which preceed both the appropriation of land and the accumulation of stock, the whole produce of the labour belongs to the labourer. He has neither landlord nor master to share with him».[2] Hier werden Renten und Kapitaleinkünfte nicht werttheoretisch abgeleitet, sondern erscheinen als Folge von Eigentums- und Besitzverhältnissen.

Jean Baptiste Say ist der einzige der klassischen Ökonomen, der eine Theorie der Unternehmerarbeit entwirft, aus der er ein werttheoretisch fundiertes Unternehmereinkommen ableiten kann. Die unternehmerische Arbeit «requires a combination of moral qualities that are not often found together. Judgement, perseverance, and a knowledge of the world as well as of business. ‹The entrepreneur› ist called upon to estimate with tolerable accuracy the importance of the specific product, the probable amount of the demand, and the means of its production: at one time he must employ a great number of hands; at another, buy or order the raw material, collect labourers, find consumers, and give at all times a rigid attention to order and economy; in a word, he must possess the art of superintendance and administration».[3] Say spricht im pragmatischen Sinne von der «Seltenheit» unternehmerischer Qualitäten und hebt vor allem die Risikobereitschaft, die der Unternehmer haben müsse, hervor.

Die von Say beschriebenen Unternehmerqualitäten faßt Steiner unter dem Begriff des «halbfreien» Geisteslebens, das im Unternehmertum wirke, zusammen.[4] Steiner geht über diese pragmatische

---

1 Vgl. A. Kruse 1979, S. 55.
2 A. Smith 1926, S. 57.
3 J.B. Say in H.W. Spiegel a.a.O., S. 260.
4 R. Steiner 1979 a), S. 93f. Steiner am nächsten dürfte Friedrich List mit seiner Theorie der produktiven Kräfte kommen. List zählte zu den produktiven Kräften die geistigen Fähigkeiten der Menschen, deren Ausbildung zwar keinen kurzfristigen Gewinn versprächen, aber langfristig umso lohnender seien. Vgl. W.A. Jöhr 1971, S. 56. Auch Marshall und J.B. Clark — der gleiche J.B. Clark, der einer der Begründer der Neoklassik ist — haben das Defizit der klassischen Wertlehre im Sinne Steiners durchaus erkannt. So schreibt Marshall (1898, S. 214): «Knowledge is our most powerful engine of production.» Er fügt aber nicht hinzu, daß die Klassik die Kultur- und Geistesleistungen im Rahmen des Modells von Angebot und Nachfrage vernachlässigt haben. Clark (1967, S. 16) bemerkt: «No utility of a higher order is conceivable than that which the writer imparts to ink and paper, and the speaker to vibrating air, namely the capacity for conveying intelligence».

Deutung hinaus, und es geht ihm um das Geistige, das sich im unternehmerischen Handeln im Sinne spezieller Fähigkeiten darlebt; dieses Geistige, das im unternehmerischen Handeln wirkt, wird vom freien Geistesleben befruchtet und geht aus ihm hervor. Steiner spricht deshalb auch nicht wie Say von den Produktionsfaktoren als von Boden, Arbeit und Kapital, sondern als von Boden, Arbeit und Geist. Die Integration des Geistigen in die Wert- und Kapitaltheorie ermöglicht es, die Bedeutung von Kultur und kulturellem Schaffen für das Wirtschaftsleben deutlich zu machen und zu einer ganzheitlichen Sicht im Sinne der Interdependenz menschlicher Tätigkeitsbereiche zu gelangen. Kapital, so Steiners Botschaft, verkörpert nicht nur unternehmerische Fähigkeit und Technik, sondern auch gesellschaftliche Zweckrichtung und «Kultur des Lebens» im weitesten Sinne. Damit hebt Steiner die Trennung zwischen pragmatisch-technischer «Rationalität» auf der einen Seite und Kultur auf der anderen Seite, die seit der Klassik bestanden hatte, wieder auf. Eine Selbstzwecksetzung der Wirtschaft und des Kapitals kann es nach Steiner grundsätzlich nicht geben.

Auch der späteren Neoklassik gelingt keine eigentlich werttheoretische Fundierung von Kapitaleinkünften. Die neoklassischen Produktivitätstheorien des Kapitals fallen in gewisser Weise hinter Say zurück. Clark beispielsweise gründet seine Grenzproduktivitätstheorie des Kapitals auf keiner Werttheorie der unternehmerischen Leistungen, sondern auf dem Grenzertrag des Faktors Kapital bei konstantem Einsatz des Produktionsfaktors Arbeit auf der Basis des Gesetzes vom abnehmenden Ertragszuwachs. Clarks Kapitaleinkommen ergibt sich aus der Zurechnung des Faktors Kapital (Input) zu den Ertragsquanten, die sich aufgrund des Gesetzes vom abnehmenden Ertragszuwachs ergeben (Output). Clark konzentriert sich also auf eine quantitative Zurechnung auf der Grundlage eines mathematisch verfeinerten Apparates (Extremalberechnungen); er versucht nicht, das Wertproblem des Kapitals, sondern das Zurechnungsproblem der Kapitaleinkünfte unter der *Voraussetzung* der Kapitalproduktivität zu lösen.[1]

Das Zinseinkommen. «Für den Nachweis der Berechtigung des Zinses und die Erklärung der Bestimmungsfaktoren der Zinshöhe

---

1 Vgl. dazu A. Kruse 1979, S. 201f.; ferner A.E. Ott, H. Winkel 1985, S. 262 u. E. Böhm v. Bawerk 1926, S. 460ff.

leistete die klassische Lehre verhältnismäßig wenig», schreibt Kruse über die Zinstheorien der Klassiker.[1] Böhm v. Bawerk teilt die Zinstheorien der Klassik in zwei Schulen ein. Zum einen wird der Zins als Verzichtsprämie gedeutet, zum anderen als Anteil am Einkommen (Profit) des Realkapitals.[2] Die Verzichtsprämientheorie ist vor allem von William Nassau Senior, die «naive» bzw. «motivierte» Produktivitätstheorie des Kapitalzinses ist von Robert Malthus, Lauderdale und Say vertreten worden.[3]

Die Verzichtsprämientheorie Seniors geht von der Voraussetzung aus, daß die eigentlichen Produktionskosten aus dem Opfer der Arbeit und dem Konsumverzicht des Kapitalbesitzers (abstinence) zu erklären sind. Kruse bemerkt aber zurecht, daß es sich bei Seniors Verzichtsprämientheorie nicht um im werttheoretischen Sinne der Klassiker begründete Zinseinkünfte aus erbrachten Leistungen handle, sondern eher um einen moralischen Ansatz zur Rechtfertigung des Zinses. Steiner teilt mit Senior die Auffassung, daß der Profit und der Zins zwei verschiedene Einkommensarten darstellen. Im Unterschied zu Senior deutet Steiner den Zins aber nicht als Verzichtsprämie, sondern als Entgelt für die Überlassung von Kapital, also als Zahlung für eine Serviceleistung.

Die «naive» bzw. «motivierte» Produktivitätstheorie des Zinses geht zwar von der richtigen Feststellung aus, daß der Einsatz von Produktionsmitteln und die durch diesen Einsatz forcierte Arbeitsteilung die Produktivität der Produktionsprozesse erhöhe und somit einen Zins ermögliche; doch der eigentliche werttheoretische Kern der Eigenständigkeit des Produktionsfaktors Kapital gegenüber dem Produktionsfaktor Arbeit, die Wirksamkeit geistiger Leistungen im

---

1 A. Kruse a.a.O., S. 93.
2 E. Böhm v. Bawerk 1926, S. 27.
3 Kruse stellt mit Recht fest, daß E. Böhm v. Bawerk, der sich gegen beide Theorieansätze ausspricht, im Grunde genommen selbst beide Theorieansätze vertritt. Vgl. A. Kruse a.a.O., S. 192f. Zum einen Teil handelt es sich bei Böhm v. Bawerks kapital- bzw. zinstheoretischem Ansatz um eine psychologisch angereicherte Verzichtsprämientheorie (Theorie der Gegenwartspräferenz von ökonomischen Gütern), gegen die sich die gleichen Einwände anführen lassen, wie gegen Seniors zinstheoretischen Ansatz (s.o.). Böhm v. Bawerks Theorie der Produktionsumwege läuft nach Kruse auf eine Produktivitätstheorie des Kapitals hinaus, die die Produktivität des Kapitals — wie Böhm v. Bawerk selbst zugesteht — nicht erklärt, sondern voraussetzt. Vgl. E. Böhm v. Bawerk 1926, S. 34f.; fernern J. Schumpeter a.a.O., S. 780 und S. 805.

Produktionsprozeß, bleibt undeutlich und wird allenfalls, wie bei Adam Smith, nur pragmatisch verstanden.

Unternehmereinkommen und Zins bei Rudolf Steiner. Kapital kann nur dann Werte produzieren, wenn es mit unternehmerischen Fähigkeiten kombiniert wird. Es mache einen Unterschied, so sagt Steiner, ob ein «gescheiter Mensch» mit Kapital arbeite oder ein Unfähiger. Geistige Fähigkeiten — man hat sich darunter die Anwendung von Intelligenz bei der Produktinnovation, der Logistik bzw. Fertigungstechnik, der Verwaltung und Vermarktung etc. vorzustellen — stellen laut Steiner produktive Leistungen dar und führen zu Kapitaleinkünften, die auf der wirtschaftlichen Fruchtbarkeit dieser Leistungen beruhen. Es handelt sich also um werttheoretisch fundierte Einkünfte.[1] Rudolf Steiner leitet die Unternehmereinkünfte aus dem Produktionsfaktor «Geist» ab und wahrt somit die Konsistenz zwischen seiner Wert- und Verteilungstheorie.

Die Feststellung der werttheoretischen Fundierung von Unternehmereinkommen steht bei Steiner im Kontext einer Auseinandersetzung mit der Ausbeutungstheorie von Karl Marx.

Der Grundfehler von Marx sei es gewesen, daß er «die ganze Sache nur von der körperlichen Seite angeschaut» und das Kapital als «kristallisierte Arbeit» gewertet habe.[2] Im Kapital aber wirkt der menschliche Geist. «Das Geistige läßt sich nicht ohne weiteres vergleichen mit dem Natürlichen.»[3] Es ist deshalb als ein im werttheoretischen Sinne eigenständiges Element der Wertbildung aufzufassen. Der Unternehmer, so sagt Steiner, schöpft den Profit nicht aus dem vermeintlichen Mehrwert der Arbeit, sondern er kauft dem Arbeiter, werttheoretisch gesprochen, ein Arbeitsprodukt ab und verleiht diesem Arbeitsprodukt durch seinen «Unternehmungsgeist» einen höheren Wert.[4] Der Mehrwert entsteht also nicht in der Arbeit selbst, sondern durch die intelligenten Wertschöpfungsbeiträge bei der Fertigung und der Vermarktung. In dieser Beziehung vertritt Steiner also eine ähnliche Position wie Jean Baptiste Say.[5]

Auch Zinseinkünfte sind laut Steiner werttheoretisch fundierbar.

---

1 Vgl. R. Steiner 1979 a), S. 176.
2 R. Steiner a.a.O., S. 191.
3 Ebenda.
4 R. Steiner 1979 a), S. 98.
5 Vgl. R. Steiner a.a.O., S. 119.

Zur Erläuterung soll im folgenden Rudolf Steiners Zinstheorie vorgestellt werden.

Steiners Zinstheorie baut sich auf einer Hierarchie der Tauscharten auf, die sich in impliziter Weise aus seiner Darstellung des Zinsphänomens ergibt. Die Tauschprozesse lassen sich in vier Stufen einteilen:

(a) *Der Naturaltausch.* Beim Naturaltausch wird Ware gegen Ware getauscht. Der Preis einer Ware wird durch die Ware ausgedrückt, gegen die sie getauscht wird. Die Gegenseitigkeit, die sich im Tausch ausdrückt, bleibt an konkrete Güter gebunden.

(b) *Der Tausch Ware gegen Geld.* Beim Tausch Ware gegen Geld tritt das Geld zwischen die Waren, und der Preis einer Ware wird in Geldeinheiten ausgedrückt. Die Tauschbeziehungen werden sowohl durch das Geld auf eine abstrakte Stufe gehoben als auch von den Restriktionen und Schwierigkeiten des Naturaltausches befreit.

(c) *Der Tausch Geld gegen eine Ware höherer Ordnung.* Dieser Tauschvorgang betrifft das Wesen des Geldleihens. Der Gläubiger tauscht mit dem Schuldner Geld gegen eine Ware besonderer Art oder höherer Ordnung. Diese Ware, die der Schuldner dem Gläubiger «liefert», besteht in der Zusage, dem Gläubiger bei Bedarf zu einem späteren Zeitpunkt seinerseits Geld zu leihen (Gegenleihe). Das Leihen, so sagt Steiner, entwickelte sich ursprünglich nicht aus dem Zinsvorteil, der den Leihvorgang heute kennzeichnet. Statt eines Zinses habe der Schuldner zurückgeliehen, «wenn es nötig ist».[1] Die Ware höherer Ordnung ist die «menschliche Gegenseitigkeit», die gerade beim Leihvorgang in «ganz eklatanter Weise» in den volkswirtschaftlichen Prozeß hineinspielt.[2]

(d) *Geld gegen Geld höherer Ordnung.* Dieser Tauschvorgang betrifft das Wesen des Zinses. Hier findet ein ähnlicher Abstraktionsprozeß statt wie beim Übergang der Tauschbeziehungen von (a) zu (b). Die Gegenseitigkeit wird durch einen Geldpreis — den Zins — abgelöst, wodurch sich die Leihprozesse ähnlich vereinfachen wie die Tauschprozesse beim Übergang der Naturalwirtschaft zur Tauschwirtschaft. Der Zins ist der in das Geld «metamorphosierte» Preis für das Leihen. In ihm wirken die «Kräfte der Gegenseitigkeit», sie sind nur — ähnlich wie bei der Umwandlung der Beziehung Ware

---

1 R. Steiner a.a.O., S. 147.
2 Ebenda.

gegen Ware in Ware gegen Geld — in die «abstrakte Form des Geldes« verwandelt.[1] So, wie die konkrete Ware durch das Geld beim Tausch Ware gegen Geld ersetzt wird und durch diesen Vorgang die Tauschbeziehungen verobjektiviert werden, wird auch die Tauschbeziehung im Bereich des Leihens verobjektiviert. «Der Zins ist die Ablösung geradezu für etwas, was zwischen Mensch und Mensch spielt, ist die Vergeltung für dasjenige, was im volkswirtschaftlichen Prozeß als menschliche Gegenseitigkeit spielt.»[2] Der Zins ist deshalb die «realisierte Gegenseitigkeit».[3]

Gerade weil es sich beim Zins ursprünglich um eine Tauschbeziehung handelt, wie jede Ware-Ware- oder Ware-Geld-Beziehung auch, begründet er allerdings, wie Steiner betont, keine Daueransprüche. Steiner wendet sich damit gegen den «Bankzins» und die Zinseszinsbildung, die dieser ermöglicht. Die «realisierte Gegenseitigkeit», die nach Steiner im Zins ursprünglich gewirkt habe, kann auch nicht bedeuten, daß der Zinsanspruch unbegrenzt hoch und durch Einflüsse, die nichts mit der ursprünglichen Tauschbeziehung zwischen Geldnehmer und Geldgeber zu tun haben, wie z.B. übermächtige Bankinstitute, Notenbanken und spekulativer Geldhandel, unbegrenzt schwankend sein darf.[4] Als Fazit halten wir fest, daß ein Teil des Profites und des Zinses gemäß Steiner werttheoretisch zu begründen ist, daß aber ein anderer Teil Renteneinkommen darstellt.

Rentenbildung und Renteneinkommen

Renteneinkommen können sich laut Rudolf Steiner in drei Bereichen bilden: Grund- und Bodenbesitz, Besitz von Produktionskapital und Besitz von Geldkapital.

1. *Grund und Boden.* Grundlage jeder Rentenbildung sind laut Steiner ökonomische Machtverhältnisse, die sich ihrerseits aus dem Be-

---

1 R. Steiner 1979 a), S. 148.
2 Ebenda.
3 Ebenda.
4 In einem Vortrag aus dem Jahre 1919 heißt es: «Es gibt heute etwas höchst Unnatürliches in der sozialen Ordnung, das besteht darin, daß das Geld sich vermehrt, wenn man es bloß hat. Man legt es auf eine Bank und bekommt Zinsen (…) Das ist ein völliger Unsinn». R. Steiner 1979 b), S. 50f.

sitz oder der Verfügbarkeit von ökonomischen Ressourcen ergeben und die durch die Rechtsordnung, insbesondere die Eigentumsordnung, konkretisiert werden.

Da die Produzenten auf die Produktionsgrundlage Grund und Boden angewiesen sind, sind sie bereit, dem Eigentümer des Bodens einen Preis für die Bodennutzung zu bezahlen. Erst dadurch bekommt das Verfügungsrecht seinen eigentlichen Warencharakter. Das «Recht als Ware» ist den eigentlichen Waren aus drei Gründen überlegen.

(a) Das Einkommen ermöglicht dem Eigentümer, Warenwerte zu beziehen, ohne selbst welche erbringen zu müssen.

(b) Der Eigentümer ist durch die Abhängigkeit einer mehr oder minder großen Anzahl von Produzenten in der Lage, ein Einkommen zu erzielen, das höher liegt als jenes, das er beziehen würde, wenn er selbst nur Produzent wäre.

(c) Grund und Boden ist nicht beliebig vermehrbar und stellt ein knappes Gut dar.

Aufgrund der eben genannten Faktoren wird der Grund und Boden zum begehrten Gut, wodurch seine Knappheit noch erhöht wird.

2. *Produktionskapital.* Wenn das Produktionskapital nicht eingesetzt wird, um die Wirksamkeit unternehmerischen Handelns zu ermöglichen, sondern nur dem Zweck dient, Einkommen zu erwerben, ohne einen produktiven Beitrag zur Wertschöpfung zu leisten, handelt es sich um bloße Renteneinkommen.

Deshalb unterscheidet Steiner zwischen dem «Unternehmerkapital» und dem «Rentenkapital». Beim «Unternehmerkapital» werden auf der Basis von Produktionsmitteln physische und geistige Leistungen erbracht, und es findet eine Werterzeugung statt. Beim «Rentenkapital» wird ein bloßes Recht zu einem Anspruch auf Einkommen gemacht, und es findet kein Wertbeitrag statt.[1] Diese wichtige Unterscheidung zwischen Unternehmer- und Rentenkapital hat die Klassik nicht getroffen. Say unterscheidet zwar, anders als Smith, zwischen Unternehmereinkommen und Kapitaleinkommen, aber er versäumt es, das Unternehmereinkommen daraufhin zu untersuchen, ob es Rentenbestandteile hat und unter welchen Umständen diese auftre-

---

1 Vgl. R. Steiner 1986, S. 26; ferner 1979 a), S. 106.

ten.[1] Senior unterscheidet zwischen gewöhnlichen Produktionsfaktoren und «angeeigneten Produktionsfaktoren». Unter letzteren versteht er Produktionsfaktoren, die nicht beliebig reproduzierbar sind (Grund und Boden, spezielle körperliche und geistige Befähigungen, Patente etc.) und daher einen in Renten überführbaren Produktionsvorteil darstellen. Senior unterläßt es aber, das Produktionskapital daraufhin zu untersuchen, ob es den «angeeigneten Produktionsfaktoren» zuzurechnen ist oder nicht.[2]

Auf den ersten Blick sieht es so aus, als ob Steiners Rententheorie ihn in die Nähe von Marxens Theorie der Ausbeutung bringt. Aber die Ausbeutungstheorie von Karl Marx ist mit der Rententheorie Steiners nicht zu verwechseln. Die Ausbeutungstheorie beruht auf einer falschen Werttheorie. Die Rente, so sagt Steiner, entstehe nicht durch die Ausbeutung des Faktors Arbeit, sondern aufgrund der Tatsache, daß sich der Unternehmer aus dem gemeinsam erwirtschafteten Wertprodukt u.U. mehr aneignen kann als der Arbeiter. Es kann deshalb nicht von Ausbeutung im Sinne eines arbeitswerttheoretischen Mehrwertes gesprochen werden. Steiner verwendet daher in diesem Zusammenhang den Begriff der Zwangsschenkung, die die Arbeitenden dem Kapitaleigentümer zu leisten hätten.[3]

3. *Geldkapital.* Geldkapital kann sich auf folgende Weise bilden. Einmal aus disponiblem Einkommen, das erspart wird; diese Einkommen stehen, grob gesprochen, in Zusammenhang mit dem Produktivitätsfortschritt des Produktionskapitals,[4] zum anderen aus Rentenkapitalien im Bereich Grund und Boden und Produktionskapital (s.o.). Die Vergrößerung bzw. das Wachstum des Geldkapitals ist durch die gleichen Faktoren, die bei Grund und Boden und dem Produktionskapital zu Renteneinkommen führen (s.o.) bedingt sowie ferner grundlegend dadurch, daß Geldkapital weder Unterhalts- noch Abschreibungskosten verursacht.[5]

Durch den Investitionsmittelbedarf kommt der Produzent in eine ähnliche Abhängigkeit zum Geldkapitalbesitzer wie der Bauer zum Landbesitzer und der Arbeiter zum Produktionskapitalbesitzer, was

1 Vgl. A. Kruse 1979, S. 64f.
2 Vgl. A. Kruse a.a.O., S. 94.
3 R. Steiner 1979 a), S. 98.
4 Vgl. R. Steiner a.a.O., S. 130ff.
5 Vgl. R. Steiner a.a.O., S. 164ff.

zur Folge hat, daß der Preis für das Leihen (der Zins) einen Rentenanteil enthält.[1]

Steiners Differenzierung zwischen dem, was man zunächst grob gesprochen im Sinne einer Tauschtheorie des Zinses einerseits als den Preis für das Leihen bezeichnen könnte (s.o.) und andererseits als den Rentenanteil des Zinseinkommens, ist den Klassikern noch ferner als die Differenzierung zwischen Unternehmereinkommen und Unternehmerrente.

Adam Smith sah den Zins noch vornehmlich als Preis für eine konkrete Leihsumme an. Zahlungsmittel der Bank (Noten) werden gegen einen Wechsel unter Entrichtung eines Diskontes auf die Wechselsumme gekauft.[2] Unter dem Einfluß von Wechselgeschäften bleiben die Zinsansprüche durch den Diskont des Wechsels begrenzt. Erst bei Henry Thornton[3] und David Ricardo wandelt sich der Zins von einem Diskont zu einem «Bankzins», d.h. einer permanenten Einkommensquelle bzw. Rente. Diese Permanenz ist dadurch gegeben, daß im Bereich des Aktivgeschäftes der Banken Zins und Tilgung entkoppelbar sind und im Passivgeschäft eine Dauerverzinsung von Einlagen stattfindet.[4] Der Zins läßt sich jeweils zum verzinsten Kapital schlagen, und das Wachstum des Geldkapitals nährt sich kumuliert vom Geldbestand (Zinseszins). Bei einem solchen quasi automatischen Geld- bzw. Vermögenswachstum handelt es sich um Renteneinkommen, weil — in Äquivalenz zur Boden- und

---

1 Vgl. R. Steiner 1979 a), S. 174.

2 Vgl. A. Smith 1926, S. 316 und S. 263.

3 Henry Thornton (1760 - 1815) ist einer der Begründer der Quantitätstheorie des Geldes.

4 Bei langfristigen Kredit- bzw. Zinsengagements kommt es vor allem auf eine stabile Entwicklung der Gesamtwirtschaft an, damit die Zinskontrakte in ihrem Realwert nicht sinken. Vincent Bladen vertritt die These, daß die Quantitätstheoretiker Thornton und Ricardo weniger um die *allgemeine* Inflation besorgt waren als um das Sinken des Realzinses. Im Rahmen der Kontroverse um den hohen Goldpreis um das Jahr 1809 (die Kontroverse drehte sich darum, ob die Konvertibilität aufgehoben werden sollte oder nicht) beklagt Ricardo in einem Brief vom 28.8.1809 an den Morning Chronicle, daß das Übel des «over-issue» von Banknoten nicht nur zu allgemeinen Preissteigerungen führen würde, sondern auch das Vermögen «of every monied man's property» bedrohen würde. Bladen (1974, S. 168) kommentiert: «equity ... was concerned with metalic equivalence not with equivalent purchasing power. A twenty per cent premium on gold defrauded the creditor of one-fifth of his due; a hundered percent rise in prices, halving the burden of debt, was scarcely discussed.»

Unternehmerrente (s.o.) — Einkommen ohne Leistungen entstehen.

Renteneinkommen (aus den Bereichen Grund und Boden, Produktionskapital und Geldkapital) werden nach Steiner als «soziale Unrichtigkeit» empfunden.[1] Besonders im Bereich der abstrakten Geld- und Zinsgeschäfte muß laut Steiner eine Umkehr stattfinden, so daß wieder «die Gegenseitigkeit von Mensch zu Mensch» deutlich wird, die das eigentliche Grundphänomen der ökonomischen Tauschprozesse ausmacht.[2]

Annex: *Die Rententheorie von Keynes*

Die Rententheorie von Keynes weist mit Rudolf Steiners rententheoretischem Ansatz sowohl Übereinstimmungen als auch Divergenzen auf.

Keynes Rententheorie ist auf einer eigenen Güterwertlehre aufgebaut, die durch folgende Merkmale gekennzeichnet ist. Grundsätzlich betrachtet Keynes die ökonomischen Güter aus der Perspektive des Ertrages. Aus diesem Grunde spricht er nicht von «goods», sondern von «assets». Diese Ertragswerte werden dann unter vier verschiedenen Aspekten behandelt und miteinander verglichen. 1. Der Wert aus dem Gebrauchsnutzen. 2. Der Wert aufgrund verschiedener Abnutzungs- bzw. Abschreibungskosten. 3. Der Wert aufgrund unterschiedlicher Liquidität. 4. Der Wert aufgrund unterschiedlicher Verfügbarkeit bzw. Knappheit. Der Gebrauchwert eines Gutes wird durch Angebot und Nachfrage ermittelt.[3] Abnutzungskosten, von Keynes als «carrying costs» bezeichnet, sind der ökonomische Ausdruck für die Tatsache, daß ökonomische Güter durch ihren unterschiedlichen Grad an Abnutzung bzw. Verderblichkeit Wertminderungen erfahren, die Keynes als Kostenfaktor bezeichnet.[4] Die Liquidität eines Gutes besteht in der «power of disposal» eines ökonomischen Gutes im Verhältnis zu anderen ökonomischen Gütern. Das Maß der Disponibilität eines Gutes besteht in seiner «convenience

1   R. Steiner 1979 a), S. 165.
2   Vgl. R. Steiner 1979 a), S. 147ff und S. 152ff.
3   Vgl. J.M. Keynes 1936, S. 225.
4   Vgl. J.M. Keynes a.a.O., S. 226.

and security», worunter seine Fähigkeit zu verstehen ist, sich nach Geschwindigkeit (Zeit), Ort und Umfang mit anderen Gütern austauschen zu können.[1] Schließlich ist unter der Knappheit eines Gutes nach Keynes zum einen eine natürliche Seltenheit zu verstehen, zum anderen aber auch eine Art künstliche Knappheit, die Keynes mit «pure rent factors» bezeichnet. «Pure rent factors» gehen einerseits auf Macht- und Besitzverhältnisse zurück und/oder auf angebotsinelastische Güter, die sich entweder gar nicht oder nur unter hohem Kosten- und Risikoaufwand vermehren lassen. Keynes erwähnt hier insbesondere Grund und Boden,[2] aber auch Kapital im Zusammenhang mit monopolistischen bzw. oligopolistischen Marktstrukturen.[3]

Besonders was diesen vierten Punkt der Keynesschen «asset»-Analyse angeht, bestehen zwischen Steiner und Keynes einige bemerkenswerte Übereinstimmungen. Wie bei Keynes werden auch bei Steiner ökonomische Knappheitsfaktoren nicht ausschließlich aus natürlichen (und daher sozial unverfänglichen) Faktoren abgeleitet, sondern sind zum Teil das Resultat von Macht- und Besitzverhältnissen. Auch was die «carrying costs» anbelangt (Punkt zwei) und was die Liquidität angeht (Punkt drei), gibt es Übereinstimmungen zwischen Steiner und Keynes.[4] Denn auch Steiner sieht beispielsweise in der Dauerhaftigkeit des Geldes gegenüber den Waren und in seiner Liquidität eine Überlegenheit des Geldes gegenüber Gütern des Gebrauchs- und Verbrauches. Aber während Steiner die Auswirkungen dieser Überlegenheit des Geldes gegenüber den Waren in der Steigerung der Güter- und Warenströme sieht (Entwicklung zur Weltwirtschaft) — das Wirtschaftswachstum wird in eine enge Beziehung zum Wachstum des Bank- und Leihwesens gebracht[5] — entwickelt Keynes eine Zinstheorie, die er aus den Eigenschaften des Geldes

---

1   Vgl. J.M. Keynes a.a.O., S. 226.
2   Vgl. J.M. Keynes 1936, S. 242.
3   Vgl. J.M. Keynes a.a.O., S. 229.
4   Vgl. R. Steiner 1979 a), S. 165. Zur Liquidität des Geldes heißt es bei Steiner (a.a.O., S. 171f.): «Da wird zum Beispiel gesagt: Das Geld soll einen kleinen Umfang haben können und dann doch, weil es sehr selten ist, bei kleinem Umfang einen hohen Wert haben können. Nun ist das das beste Mittel — das hat schon Lykurg eingesehen, der etwas umfangreicheres Geld eingeführt hat als Mittel gegen die Unrechtmäßige Bereicherung — nun ist diese Eigenschaft des Geldes ganz besonders dazu geeignet, daß man es leicht aufbewahren kann und daß es schon aus diesem Grunde einen verhältnismäßigen Anreiz zur Bereicherung bildet.»
5   Vgl. R. Steiner a.a.O., S. 130ff.

selbst ableitet. Die Essenz von Keynes' zinstheoretischem Ansatz, den er aus seiner Liquiditätstheorie entwickelt, läßt sich dahingehend interpretieren, daß für Keynes der Zins eigentlich der Mehrwert ist, den das Geld im Vergleich zu anderen Gütern erwirtschaftet.[1] Mit dieser Zinsauffassung begeht Keynes allerdings den gleichen Fehler, den schon Marx bei seiner Mehrwerttheorie der Arbeit machte, und es lassen sich aus Steiners Sicht ähnliche Einwände gegen diese «Mehrwerttheorie» des Zinses anbringen wie gegen die Mehrwerttheorie der Arbeit (s.o.). Die Rente des Geldes entsteht nicht aufgrund einer *Eigenschaft* des Geldes, der Liquidität per se (bei der Mehrwerttheorie der Arbeit: die Eigenschaft der Arbeit, über ihren Reproduktionsaufwand hinaus ein Mehrprodukt zu erzeugen), sondern dadurch, daß «das Geld» im Rahmen der bestehenden *Wirtschaftsordnung* durch das moderne Finanzsystem seinen Rentenanspruch in Form von Zinsen und Dividenden maximieren kann. Folglich kann es auch bei der Verhinderung von Renteneinkommen nicht nur darum gehen, die Eigenschaften des Geldes zu verändern — etwa dadurch, daß dem Geld künstliche Abnutzungskosten aufgebürdet werden, um ihm sein «liquidity premium» zu nehmen (wie dies Silvio Gesell vorschlug, den Keynes zustimmend erwähnt), oder dadurch, daß eine gelockerte Geldmengenpolitik zum Zweck einer Reduzierung der Angebots-Inelastizität des Produktionsfaktors Geldkapital betrieben wird (so wie es Keynes vorschlug) — sondern die Geldordnung muß, so postuliert Steiner, im Zusammenhang mit einer grundlegenden Erneuerung der Wirtschaftsordnung verändert werden. Insofern geht Steiner über den liquiditätstheoretischen Ansatz von

---

1   Hier ist von Bedeutung, daß Keynes seine Zinstheorie aus dem naturalwirtschaftlichen Güterbilanzverfahren Ricardos und Piero Sraffas entwickelt. Ricardo entwickelte in seinem «corn model» (Keynes nimmt allerdings nicht ausdrücklich Bezug darauf), wie Keynes es interpretiert, eine Eigenzinsrate der menschlichen Arbeitskraft. Diese entsteht dadurch, daß Input und Output in der gleichen Werteeinheit (Weizen) bilanziert werden, so daß der Profit als Wertüberschuß der Arbeit (Weizenüberschuß) über dem Reproduktionsaufwand erscheint. Keynes überträgt diese Bilanzierung auf das Geld und ermittelt den Wertüberschuß des Geldes dadurch, daß Geld zum einen keinen Reproduktionsaufwand besitzt (die Abnutzungskosten sind praktisch null) und zum anderen zwar keinen realwirtschaftlichen Gebrauchswert hat, aber dafür einen hohen Verfügbarkeitswert, der — und dies ist der rein monetäre Kern der Liquiditätstheorie — einen vom realwirtschaftlichen Gebrauchswert eines Gutes getrennten, eigenen Ertragswert darstellt. Die Eigenzinsrate des Geldes ist deshalb höher als die Eigenzinsrate anderer ökonomischer Güter. Vlg. J.M. Keynes a.a.O., S. 226 und S. 235.

Keynes mit seinen geldpolitischen Implikationen hinaus. (Vgl. Kap. über Reform des Geldwesens).

Die werttheoretische Bedeutung des Kapitals liegt in der Arbeitsersparnis

Mit der Auffassung, daß die geistigen Fähigkeiten den entscheidenden werttheoretischen Gehalt des Kapitals ausmachen, sagt Steiner lediglich, *daß* das Geistige wertbildend wirkt. Über den Wertschöpfungsbeitrag des Unternehmers hinaus bleibt zu klären, *wie* das Geistige seinem *Wesen* nach im Kapital auf die Wertbildung einwirkt. Zur Klärung dieser Frage entwickelt Steiner eine Art Stufenmodell der Kapitalentwicklung.

Das Verhältnis von Natur und Geist

Bei der Arbeit an der Natur und dem Schaffen des freien Geisteslebens handelt es sich um wesensmäßig entgegengesetzte Wertbildungsprozesse. Die Natur braucht die menschliche Arbeit, sie «zieht die Arbeit an».[1] Um ein Naturprodukt in einen Wert umzuwandeln, muß es durch Arbeit veredelt werden. Geistige Leistungen dagegen erhalten ihren Wert nicht durch körperliche Arbeit, sie tragen von vorneherein einen Wert in sich; «der Wert ist ursprünglich da».[2] Die Erfindung der Differentialrechnung z.B. hängt nicht vom Maß der körperlichen Arbeit ab; auch läßt sich die Differentialrechnung nicht so oder anders erfinden. Sie ist richtig oder falsch, und wenn sie richtig gefunden ist, dann stellt sie einen Wert aus sich heraus dar.

Dem Erfinder muß die Arbeit an der Natur erspart werden; denn wenn er für seine Ernährung arbeiten müßte, könnte er keine geistigen Leistungen erbringen. Deshalb sagt Steiner, daß das geistige Produkt körperliche Arbeit «ausstrahlt», es «bewirkt die Arbeit».[3] «Wenn wir sagen können das eine Mal: der Wert ist gleich ‹Natur mal Arbeit› ..., so müssen wir im anderen Falle sagen: ‹Geist minus

---

1   R. Steiner 1979 a), S. 191.
2   Ebenda.
3   Ebenda.

Arbeit › (...). Es ist genau entgegengesetzt gerichtet. Körperliche Arbeit hat nur einen Sinn, wenn derjenige, der sie in die Volkswirtschaft einfügen will ... (positiv) aufwendet. Was im Geistigen mit der Leistung in Beziehung tritt, ist ... das, was im negativen Sinn in den volkswirtschaftlichen Prozeß hineingefügt werden muß.»[1] Die Polarität zwischen Natur und Geist, in deren Mitte die menschliche Arbeit steht, besteht darin, daß gegen den Naturpol hin physische Arbeit aufgewendet werden muß (Plussphäre der Wertbildung) und gegen den Geistpol hin physische Arbeit erspart wird (Minussphäre der Wirtschaft).

Das sei der Fehler der Klassiker gewesen, «daß sie die ganze Sache nur von der körperlichen Seite her analysiert haben und davon geredet haben, daß man im Kapital zu sehen habe kristallisierte Arbeit».[2] Es sei ein Unsinn zu glauben, «der Geist sei umgesetzte innerliche menschliche Arbeit».[3] Steiner spielt hier auf Karl Marx an, der geistige Leistungen mittels eines Multiplikators mit einem durchschnittlichen physischen Arbeitswert multiplizierte, um so eine Vergleichbarkeit zwischen physischer und geistiger Arbeit zu erhalten. Aber: «Das Geistige läßt sich nicht ohne weiteres vergleichen mit dem Natürlichen».[4] Die ganze klassische Wertlehre gilt nur für den naturnahen Bereich, wo körperliche Arbeit zur Wertbildung aufgewendet werden muß.

Im Bereich des Kapitals, so sagt Steiner, fließen beide Wertpole zusammen (Plus- und Minussphäre der Wertbildung). Es wird körperliche Arbeit geleistet, aber das Geistige wirkt zugleich arbeitersparend ein.

Dort, wo das Geistige in die materiellen Wertschöpfungsprozesse eingreift, wirkt es arbeitersparend. Dies hätten auch, «andere» volkswirtschaftliche Schulen erfaßt, «daß etwas zum Kapital wird, zum Wertausgangspunkt dadurch, daß es Arbeit erspart».[5] Im Kapital treten die beiden Wertbildungspole: — einmal die von der Natur bestimmte Wertbildung und ein andermal die vom Geist bestimmte

---

1 R. Steiner a.a.O., S. 191. Steiner verwendet in diesem Zusammenhang zwei Formeln, die als eine Art qualitativer Formelausdruck seiner Werttheorie aufzufassen sind: $w = n \cdot a$ und $w = g \cdot a$; mit w = Wert, n = Natur, a = Arbeit, g = Geist.
2 Ebenda.
3 Ebenda.
4 R. Steiner a.a.O., S. 191.
5 R. Steiner 1979 a), S. 192.

Wertbildung — in ein lebendiges Wechselspiel. Man könne die Dinge, die «in der Wirklichkeit spielen» nicht einseitig (nach ihrer physischen oder geistigen Seite hin) erfassen, sondern immer nur in ihrer realen Verflechtung.[1]

Im Kapitalbereich findet ein komplexes Zusammenwirken zwischen Plus- und Minusspäre der Wirtschaft statt: «Wie in irgendeiner Maschine eine Steuerung ... hin- und hergeht, so geht hin und her im Betriebe: körperliche Arbeit hin und geistige Arbeit zurück. Und dann wird es sich eben darum handeln, daß wir in dem gegenseitigen realen Sich-Entgegenarbeiten von beiden Seiten dasjenige haben, was nun als Drittes zwischen diesen beiden im volkswirtschaftlichen Prozeß drinnen spielt».[2] Je weiter die Wirtschaft kapitalisiert wird, desto mehr wird dieses «Dritte», bei welchem beide Pole zusammenfließen, vom Geist beeinflußt. Die Arbeitsprozesse werden immer weiter rationalisiert, und die Arbeitsersparnis wirkt immer weiter in die materielle Produktionssphäre hinein.

Die «anderen» volkswirtschaftlichen Schulen, auf die Steiner anspielt (s.o.), gehen auf Lord Lauderdale zurück, der in seinem Buch «Inquiry into the nature and Origin of Public Wealth and into the Means and Causes of its Increase» aus dem Jahre 1804 die Auffassung vertrat, daß das Kapital eine Arbeit ersparende Produktionskraft ist und aus diesem Grund als ein dem Wesen nach eigenständiger Produktionsfaktor zu betrachten sei.[3]

Dieser Ansatz Lauderdales ist nie auf seine werttheoretische Substanz hin untersucht worden. Die Kritiker und Bewunderer Lauderdales beurteilten die arbeitsersparende Kraft des Kapitals nur nach dem herrschenden Marktverständnis, in dessen Mittelpunkt die Ertragsoptimierung bzw. Kostenminimierung steht.

Bezüglich der Erträge stellt Steiner fest, daß Kapitalerzeugnisse vom menschlichen «Willen» und vom menschlichen Geist abhängen. Produktinnovationen bzw. -variationen stellen Umsatzpotentiale dar, die sich kumulieren, weil — dies hat Steiner nur angedeutet — der Fixkostenanteil pro Produkteinheit mit steigendem Umsatz fällt (Senkung der Durchschnittskosten, Economy of Scale). Von der Kostenseite her ist nicht zu vergessen, daß durch die Nutzung von Ener-

---

1 R. Steiner a.a.O., S. 193.
2 Ebenda.
3 Vgl. A. Kruse 1979, S. 63.

108

gie durch den Faktor Geist (maschinelle Produktionsmittel) die Natur im Grunde genommen für den Menschen eine Art Arbeit verrichtet. Die Kosten dieser künstlichen Arbeit bestehen aus Förder- und Gewinnungskosten, Renten und Abschreibungskosten (die heute in der Regel nicht bezahlt werden). Ferner — und dies ist entscheidend — ist ein Schenkungsanteil in Rechnung zu stellen, da die Natur dem Menschen Energieressourcen grundsätzlich frei zur Verfügung stellt. Die technischen Produktionsmittel sind gemäß Steiner der Natur ganz «gleichgeartet», sie stellen eine Art künstliche Natur dar.[1]

Die Stufenentwicklung des Kapitals

Steiner führt die arbeits- und kostenersparenden Wirkungen des Geistes auf die nun folgenden Faktoren zurück, wobei sich eine Gliederung in allgemeine und spezielle Faktoren anbietet.

1. Allgemeine Faktoren. Diese sind:

a) *Qualität versus Quantität.* Bei geistigen Leistungen kommt es nicht auf Arbeitsmengen an, wie bei der physischen Arbeit, sondern auf die Qualität der Fähigkeiten. Ein guter Einfall kann eine ganze Produktionstechnik schlagartig effizienter machen.

b) *Dauerwert versus Verbrauchswert.* Geistige Erzeugnisse nutzen sich im Gegensatz zu physischen Erzeugnissen, die mit Naturprodukten gewonnen werden, nicht ab. Eine verbesserte Produktionstechnik beruht auf dokumentierbaren Erkenntnissen und stellt die Basis für weitere Verbesserungen dar. Die von Steiner im Zusammenhang mit Leibniz angeführte Differentialrechnung[2] ist wie ein immaterieller Kapitalfonds aufzufassen, aus welchem — metaphorisch gesprochen — der Tunnelbau auch heute noch finanziert wird. Dieser Kapitalfonds unterliegt keinen Abschreibungen wie physischen Arbeitsaufwendungen und verursacht daher auch keine Abschreibungsaufwendungen.

2. Spezielle Faktoren. In diesen Bereich fallen die arbeitsersparenden Wirkungen des Geistigen bei einzelnen Kapitalformen.

---

1 Vgl. dazu R. Steiner 1986 a), S. 74; ferner 1979 a), S. 106.
2 Vgl. dazu a.a.O., S. 65f.

a) *Arbeitsersparnis durch Arbeitsteilung.* «Die erste Phase des Kapitals besteht eigentlich immer darinnen, daß vom Geist heraus, während früher immer von der Natur heraus, jetzt vom Geist heraus, die Arbeit organisiert, gegliedert und so weiter wird.»[1] Steiner schildert als ein ganz einfaches Beispiel Bergarbeiter, die zu Fuß bis zu ihrer Arbeitsstätte gehen, bis einer von ihnen auf die Idee kommt, eine Transportmöglichkeit anzubieten. Der frischgebackene Fuhrunternehmer erspart seinen ehemaligen Kollegen Zeit und Kraft.[2] Schreitet die Arbeitsteilung fort, kommt es zu bedeutenden, produktivitätssteigernden Spezialisierungen. Der Geist entwickelt seine volle arbeitsersparende Effizienz, wenn er sich auf die Optimierung der Teilprozesse konzentrieren kann. Die Folge davon sind Kostendegressionen in der Fertigung.

b) *Arbeitsersparnis durch Geld und Geldkapital.* Wenn Metallgeld durch Papiergeld ersetzt wird, senken sich die Herstellungskosten für die Zahlungsmittelproduktion. Als Wertaufbewahrungsmittel hat Geld im Zusammenhang mit Leihkapital eine wichtige arbeitsersparende Funktion. Steiner entwickelt sein Beispiel mit dem Fuhrunternehmer weiter: Der Fuhrunternehmer verdient so viel, daß er zu sparen beginnt. Es findet sich ein Kunstschmied, der etwas von seiner Sache versteht, aber kein Geld hat. Der Fuhrunternehmer wird zum Gläubiger, der Schmied zum Schuldner. Durch das Leihverhältnis wird dem Schuldner die Arbeit erspart, die er aufzuwenden hätte, wenn er sich das Kapital selbst ersparen müßte. Der fähige Kunstschmied kann also mit seinen Fähigkeiten *direkt* in die Wertbildung eingreifen.[3] Weil dem Kunstschmied die physische Arbeit erspart wird, kann man hier von einer bedeutenden gesamtwirtschaftlichen Verbilligung sprechen, die durch das Leihwesen bewirkt wird. Das Leihwesen kann sich seinerseits nur entfalten, weil es ein Werteübertragungsmedium gibt: das Geld. Damit sich die geistige Wirksamkeit in der Wertbildung entfalten kann — und dies geschieht immer nur, wenn auf irgendeine Weise physische Arbeit erspart wird — muß der Geist laut Steiner ein Übertragungsmedium schaffen, das die materialisierte Spiegelung seines eigenen Wesensmerkmales, die Wertbeständigkeit, ist. Indem der Geist dieses Wesensmerkmal auf ein Naturprodukt überträgt (Warengeld) oder auf ein abstraktes nominelles

---

1 R. Steiner 1979 a), S. 55.
2 Vgl. R. Steiner a.a.O., S. 54f.
3 Vgl. R. Steiner a.a.O., S. 57.

Rechtsdokument, schafft er das Geld als Geldkapital; das Geld wird «der Ausdruck, die Handhabe, das Mittel für den Geist, um einzugreifen in den volkswirtschaftlichen Organismus, der in der Arbeitsteilung steht».[1] Geld ist in diesem Sinne «realisierter Geist».[2] Denn der Geist würde wirtschaftlich in «primitiven Zuständen» bleiben, wenn er sich kein materielles Spiegelbild schaffen würde, das ihm hilft, die Arbeit an der Natur zu ersparen, um höhere Formen der Wertbildung (höhere «Synthesen») hervorzubringen.[3]

c) *Arbeitsersparnis durch Produktionskapital.* Eine neue Stufe der Arbeitsersparnis wird dadurch erreicht, daß die Natur so gründlich «durchgeistigt» wird, daß eine neue Produktionsgrundlage entsteht. Das Produktionskapital wandelt sich vom bloßen Arbeitsmittel (Wagen des Fuhrunternehmers) zu einer Art künstlicher Natur (maschinelle Produktion). Grundsätzlich bemerkt Steiner: «Das Produktionskapital (…) ist ein Naturprodukt, das der Geist haben muß. Von der Schreibfeder an, die ich als mein Produktionsmittel habe, bis zu den kompliziertesten Maschinen in der Fabrik sind die Produktionsmittel gewissermaßen vom Geist erfaßte Natur.»[4] Mit Hilfe der Dampfmaschine, schreibt Haverbeck in Zusammenhang mit Steiners Produktionskapitaltheorie, «erreichte Großbritannien bereits im Jahre 1870 eine Potenz von etwa vier Milliarden Menschen».[5] Diese massive Arbeitsersparnis, die durch die Mechanisierung und die Verfügbarkeit neuer Energiequellen auch zu bedeutenden Kostendegressionen in der Fertigung führte, ermöglichte Großbritannien z.B. eine Steigerung seiner Eisenproduktion in den Jahren 1810-1875 von 400 000 Tonnen auf 6 400 000 Tonnen.[6]

Die Arbeitsersparnis auf der Stufe des Produktionskapitals kann sich aber auch anders auswirken: Als Freisetzung von Arbeitskräften. Bei der Rationalisierung der Fertigungsprozesse tritt das Kapital in eine Konkurrenz mit der menschlichen Arbeitskraft.

d) *Die dem freien Geistesleben ersparte Arbeit.* Die vierte und letzte Stufe der Arbeitsersparnis betrifft das freie Geistesleben.

---

1   R. Steiner 1979 a), S. 58.
2   R. Steiner a.a.O., S. 59.
3   R. Steiner a.a.O., S. 58.
4   R. Steiner a.a.O., S. 107.
5   W.G. Haverbeck 1978, S. 223.
6   Ebenda.

Ersparte Arbeit an der Natur oder im Zusammenhang mit Produktionsmitteln ermöglicht die Beschäftigung mit Gegenständen der Kultur. Diese Bedeutung der Arbeitsersparnis wird insbesondere dann deutlich, wenn die freie kulturelle Entfaltung betrachtet wird. Damit ein Lehrer seinen Unterricht geben kann, ein Maler ein Bild malen und ein Forscher in seinem Labor experimentieren kann, muß allen die Arbeit an der materiellen Güterproduktion erspart werden. Diejenigen, die, wie Steiner sagt, «Ernährungswerte» schaffen bzw. die Artikel des Bedarfes, müssen für das freie Geistesleben mitarbeiten; sie ersparen den freien Geistesarbeitern also die materielle Güterproduktion. Wie können sie das? Indem das Geistige durch die drei ersten Stufen der Arbeitsersparnis im materiellen Produktionsbereich selbst arbeitsersparend wirkt. Die drei Stufen der Arbeitsersparnis im Kapitalbereich der Wirtschaft sind mit der vierten Stufe im Schnittbereich Wirtschaft und Kultur funktional verbunden: «Je weiter die Kultur fortschreitet ..., um so mehr wird Arbeit erspart, um so mehr wirkt ein Negatives entgegen dem Positiven».[1] In dieser funktionalen Verbundenheit liegt u.a. auch die Zweckbestimmung des Kapitals. Kapital, so sagt Steiner, dient nicht einseitig der Vervollkommnung des Produktionsapparates. Es dient der kulturellen Weiterentwicklung der Gesellschaft.

Das Verhältnis des Kapitals zu Natur und Kultur

Bodenproduktion (Landwirtschaft) und Kapitalproduktion (Industrie)

Jede Volkswirtschaft besteht aus einzelnen Teilökonomien, die verschiedene wirtschaftliche Entwicklungsstufen darstellen, so daß «im Fortgeschrittensten das Primitive drinnen ist».[2] Durch diese verschiedenen Teilökonomien werden volkswirtschaftliche «Spannungsverhältnisse» geschaffen, die in den Tauschprozessen beachtet werden müssen und die nach einem «Ausgleich» verlangen.[3] Von großer Bedeutung ist nach Steiner in diesem Zusammenhang das Verhältnis

---

1 R. Steiner 1979 a), S. 194.
2 R. Steiner a.a.O., S. 198.
3 Vgl. R. Steiner a.a.O., S. 103.

zwischen industrieller und landwirtschaftlicher Produktion. Zunächst kommt es darauf an, wie das volkswirtschaftlich «positive» (Arbeitsaufwand) auf das volkswirtschaftlich «negative» (Arbeitsersparnis) wirkt und umgekehrt. Man müsse darauf achten, wie «Positives und Negatives ineinanderwirken», so daß ein «mittlerer Zustand» herauskommt.[1] Dieser mittlere Zustand kann dadurch gefährdet werden, daß «zu viele geistig Tätige vorhanden sind», wodurch das «Negative» das «Positive» überwiegt und eine volkswirtschaftliche «Ungesundheit» entsteht.[2]

Ein volkswirtschaftliches «Spannungsverhältnis» zwischen Industrie und «Bodenproduktion im weitesten Sinne» entsteht dadurch, daß die Arbeitsproduktivität im Bereich der Industrie wesentlich höher ist als im Bereich der landwirtschaftlichen Produktion. Die Landwirtschaft ist an die Natur gebunden, während die Industrie allein vom menschlichen «Willen» abhängt: die Arbeitsteilung kann im Bereich der Landwirtschaft nie den gleichen kostenreduzierenden Grad erreichen wie in der Industrie, das gleiche gilt für die Mechanisierung. Außerdem bleiben Produktinnovation und -vielfalt hinter der Industrie zurück. Dazu kommt ferner, daß im Bereich der Industrie stark investiert werden und Fremdkapital aufgenommen werden muß und dadurch ein Druck auf die Preise nach unten entsteht;[3] denn der nötige Ertrag wächst mit dem Umsatz, und der Umsatz wächst nur mit kompetitiven Preisen. Dieser Druck auf die Preise wirkt in der arbeitsteiligen Wirtschaft wie eine «Druckwelle», weil der Preisdruck alle Lieferanten einzelner Produzenten und deren Lieferanten etc. erfaßt.[4] Der durch Investitionen und Wettbewerb induzierte und aufgrund der fortgeschrittenen Arbeitsteilung universalisierte Preisdruck führt zur weiteren Arbeitsersparnis durch weitere Mechanisierung der Fertigung.

Arbeitsproduktivität und Wachstum von Gütern und Dienstleistungen sorgen so andererseits für ein rasches Wachstum der realen Einkommen, hinter welchem die Einkommensbildung der Landwirtschaft immer weiter zurückfällt. Und hier führt das volkswirtschaftliche «Spannungsverhältnis» zum Zustand der volkswirtschaftlichen «Ungesundheit». Denn jede Rationalisierungwelle setzt Arbeitskräf-

---

1   R. Steiner 1979 a), S. 194.
2   R. Steiner a.a.O., S. 196.
3   Vgl. R. Steiner a.a.O., S. 102.
4   Vgl. R. Steiner a.a.O., S. 103.

te frei, die entweder nur durch eine Kapazitätserweiterung aufgefangen werden und/oder nur durch neue Industrien und Dienstleistungen absorbiert werden können. In jedem Falle aber entsteht ein dynamischer Wachstumsprozeß mit wachsendem Verbrauch natürlicher Ressourcen unter gleichzeitigem Absinken der Einkommen derjenigen, die «Ernährungswerte» schaffen und die Natur pflegen. «Ungesundheit» entsteht aber auch dadurch, daß sich die landwirtschaftliche Produktionsweise auf der Suche nach einer Auflösung des «Spannungsverhältnisses» zwischen Industrie und Landwirtschaft der Industrie immer mehr angleicht. Die kapitalisierte und mechanisierte landwirtschaftliche Produktion führt einerseits zur ökologischen Belastung der Natur — auf diesen Aspekt ging Steiner im «Kurs» nicht weiter ein, obwohl er die Problematik kannte.[1]

Weil andererseits die Wertschöpfung im Bereich der Bodenproduktion naturgemäß dennoch immer hinter derjenigen der Industrieproduktion zurückbleibt, kommt es zwangsläufig zu einer neuen Art der Rentenbildung, wenn soziale Spannungen verhindert werden sollen.[2] Diese Renten stellen heute staatliche Mindestpreise, direkte Beitragszahlungen an die bäuerliche Landwirtschaft, Flächenstillegungsprämien etc. dar, die wiederum zu einer Art «erweiterten» Rentenbildung führen, weil die Außerkraftsetzung der Produzenten/Konsumenten-Beziehungen einen Bürokratieapparat erfordert, den der Steuerzahler finanzieren muß, was er nur kann und will — der circulus vitiosus wird geschlossen — wenn er über ein genügend großes Realeinkommen (über weiteres Wirtschaftswachstum) verfügt.

Im Dienste des unbegrenzten Wachstums wird die arbeitsersparende Kraft des Kapitals zu einem Instrument der Willkür, das ein sozial und ökologisch gesundes Verhältnis zwischen Industrie und Landwirtschaft verhindert und die Preise verzerrt. Steiner beendet seine Analyse mit der Bemerkung, daß sich die «Spannungsverhältnisse» zwischen Landwirtschaft und Industrie aufgrund der Wesensmerkmale der Produktionsweisen (hier Arbeit an der Natur, dort Gestaltung der Arbeitsprozesse durch den Geist) nicht vermeiden lassen:

---

1   «Die Menschheit hat keine andere Wahl» bemerkt Steiner 1924 in Koberwitz (Vorträge zur Erneuerung der Landwirtschaft) «als entweder auf den verschiedensten Gebieten aus dem ganzen Naturzusammenhang, aus dem Weltzusammenhang heraus wieder etwas zu lernen oder die Natur ebenso wie das Menschenleben absterben, degenerieren zu lassen». R. Steiner, in P. Brügge 1984, S. 129.
2   Vgl. R. Steiner 1979 a), S. 101f.

«es muß die Tendenz da sein, auf der einen Seite die Preise zu verfälschen durch die Bildung der Rente, auf der anderen Seite muß die Tendenz da sein, die Preise zu erniedrigen gegen das Unternehmerkapital hin».[1] Jeder lebendige Prozeß sei durch Gegensätze und Ungleichgewichte gekennzeichnet. Dies bedeutet aber andererseits nicht, daß sich die industrielle Entwicklung auf Kosten der Landwirtschaft vollziehen darf. Wünscht die Gesellschaft eine ausreichende Produktion gesunder Nahrungsmittel und den Erhalt ihrer Kulturlandschaft, so müssen für Ernährungswerte letztlich kostendeckende Preise bezahlt werden. Um einen Ausgleich zu erreichen, ist es notwendig, «den volkswirtschaftlichen Prozeß durch unmittelbare menschliche Erfahrung gewissermaßen im status nascendi zu erfassen (...) Das kann niemals der einzelne, das kann auch niemals eine über eine gewisse Größe hinausgehende Gesellschaft, zum Beispiel der Staat; das können nur Assoziationen, die aus dem wirtschaftlichen Leben selbst herauswachsen und deshalb aus dem unmittelbaren lebendigen wirtschaftlichen Leben auch wirken können. Gerade wenn wir stark technisch betrachten den volkswirtschaftlichen Prozeß, werden wir dazu geführt, anzuerkennen, daß aus dem Wirtschaftsprozeß selbst heraus sich die Institutionen bilden müssen, welche die Menschen so zusammenfassen, daß sie assoziativ drinnenstehen im unmittelbaren lebendigen Prozeß und nun beobachten können, wie die Tendenzen vorhanden sind und wie man den Tendenzen entgegenwirken kann».[2] Weder der herkömmliche Markt noch der Staat, so Steiner, können den Ausgleich zwischen Industrie und Landwirtschaft leisten. Dazu bedarf es der Assoziationen, die aus Vertretern von Konsumenten und Produzenten branchenübergreifend auf die Preisbildung einwirken und für einen Ausgleich zwischen landwirtschaftlicher und industrieller Produktion sorgen.

Kapitalwirtschaft und Kulturentfaltung

Bis zur klassischen politischen Ökonomie waren die Wirtschaftswissenschaften Teil der praktischen Philosophie bzw. der Staatswissenschaften (Kameralistik). Erst mit der Klassik löst sich die Wirt-

---

1 R. Steiner 1979 a), S. 109.
2 R. Steiner 1979 a), S. 109.

schaftswissenschaft von ihrem geistes- bzw. gesellschaftswissenschaftlichen Ursprung. Adam Smith vollzieht die Trennung zwischen Geistes- und Wirtschaftsleben auf eine Weise, die die Umkehrung der bis zur Klassik geltenden Ordnung darstellt. Dem Wirtschaftsleben wird ganz generell eine Präferenz über das Geistesleben gegeben, die nicht nur theoretisch, sondern auch praktisch die ganze Gesellschaftsstruktur verändert. Diese Präferenz verdeutlicht, daß es Smith in seinem «Wealth of Nations» um mehr ging als nur darum, eine neue Wert-Preis- und Geldtheorie zu begründen sowie eine wirtschaftspolitische Kehrtwende vom Merkantilismus zu einem liberalen Freihandelssystem zu vollziehen. Die kommerzielle Leistungsgesellschaft wird das Leitbild der liberalen Weltanschauung. Die Dynamik der gesellschaftlichen Entwicklung konzentriert sich im Rahmen dieses Weltbildes auf die materielle Güterproduktion. Fortschritt wird mit Wohlstand gleichgesetzt.

Die unproduktiven Leistungen. Laut Adam Smith tragen nur diejenigen zum Reichtum einer Nation bei, «who reproduce with a profit the value of their annual consumption».[1] Nur produktive Arbeiter vergrößern nach Adam Smith den gesamtwirtschaftlichen Kapitalbestand, der nötig ist, um die im Prinzip grenzenlosen menschlichen Bedürfnisse nach mehr materiellem Komfort zu befriedigen. Von dieser produktiven Arbeit ist eine andere Form der Tätigkeit zu unterscheiden, deren Wirksamkeit «perishes in the very instant of its production».[2] Zu den hier angesprochenen unproduktiven Tätigkeiten zählt Smith auch die Vertreter des freien Geisteslebens.[3] Für Smith sind deren Erzeugnisse eine Art luxuriöser Konsum, der keinen Einfluß auf die materielle Produktion hat.[4] Diese Art von Luxusgütern, auf die Smith seine Geringschätzung für die feudalen Lebensverhältnisse überträgt, schaden dem Wirtschaftswachstum und müssen daher nach Möglichkeit gering gehalten werden.[5]

Die Monetisierung von Kulturgütern. Allerdings gibt es nach Adam Smith auch Kulturgüter, die Kapitalwerte darstellen. Dazu

---

1 A. Smith 1926, S. 302.
2 Vgl. A. Smith 1926, S. 296.
3 Vgl. dazu S. 80ff.
4 Vgl. A. Smith a.a.O., S. 305. Die Begriffe «productive» bzw. «unproductive consumption» werden von Malthus in Anlehnung an Smith formuliert. Vgl. dazu J.A. Kregel 1973, S. 25.
4 Vgl. A. Smith a.a.O., S. 303.

zählt Smith langlebige Gebrauchsgüter des Kunsthandwerks, ästhetisch ansprechende Gebäudearchitektur sowie alle Kunst, die sich am Markt veräußern läßt.[1] Die Leistungen des freien Geisteslebens werden berücksichtigt, sofern — und nur sofern — sie aufgrund ihrer Seltenheit begehrt werden und auf diese Weise einen Vermögenswert erhalten.[2]

Die Vergesellschaftung des Bildungswesens. Das private Bildungswesen, so sagt Smith im «Wealth of Nations», konserviere die Faulheit und lethargische Selbstbeschäftigung der Lehrer und Hochschullehrer. Die Bildung dürfe auch nicht der «superstition, folly and delusion» gewisser Religionsvertreter überlassen werden.[3] Smith spricht sich deshalb für ein öffentliches Bildungswesen aus, in dessen Rahmen die rationalen und nützlichen Wissenschaften gepflegt werden müßten. Stillschweigend geht Smith bereits davon aus, daß sich die Staatsinteressen mit den Interessen der privaten Wirtschaft decken bzw. die liberalen Ideen universelle Gültigkeit erlangen.[4]

Dem Modell Smiths von der Rolle der Kultur in Wirtschaft und Gesellschaft setzt Steiner eine Auffassung von Kultur entgegen, die weder die Kultur werttheoretisch ausgrenzt (unproduktive Arbeit bzw. unproduktiver Konsum) noch andererseits kapitalisiert (Knappheit) und bürokratisiert (Verstaatlichung des Bildungswesens).

Wertbildung und Wertverbrauch des freien Geisteslebens. Das Wesentliche der Wertlehre Adam Smiths sowie auch der Klassik insgesamt besteht darin, daß alle Leistungen und aller Konsum als ein Kapitalwert angesehen werden, der dem Wachstum des Kapitalstockes der Einzelwirtschaft dienen soll. Dieser werttheoretischen Zentrierung um das Kapital setzt Steiner die Auffassung entgegen, daß es einen «entkapitalisierten» Konsum in der Wirtschaft geben muß. Dieser Konsum korrespondiert mit den Existenzgrundlagen all jener Menschen, die entweder noch nicht bzw. nicht mehr Warenwerte erzeugen oder die Warenwerte erzeugen, die keinem Einzelkapital zurechenbar sind und deren Einwirkung auf den materiellen Wertbildungsprozeß erst in einer unbestimmten Zukunft wirksam wird. Der

---

1 Vgl. A. Smith a.a.O., S. 310ff.
2 Auch Ricardo zählt Kunstwerke zu den knappen Gütern im Kapitalwert. «No labour can increase the quantity of such goods, and therefore their value cannot be lowered by an increased supply.» D. Ricardo 1926, S. 7.
3 Vgl. A. Smith, in V. Bladen 1974, S. 96ff.
4 Ebenda.

entkapitalisierte Konsum betrifft sowohl Kinder bzw. Rentner als auch das freie Geistesleben. «Ohne daß im volkswirtschaftlichen Prozeß reine Konsumenten da sind, die keine ‹materiellen› Produzenten sind, geht es gar nicht vorwärts, denn wenn alle produzieren würden, könnte nicht alles, was produziert wird, auch konsumiert werden, wenn der volkswirtschaftliche Prozeß überhaupt weitergehen soll.»[1] Es ist notwendig, «daß man in der Volkswirtschaft nicht bloß auf die Wertbildung, sondern auch auf die Entwertung Rücksicht nimmt; daß man also auch von wirklicher Vernichtung ... spricht».[2] «Devolutionen im Gegensatz zu Evolutionen»[3]

Weil für die Klassiker auch der Konsum produktiv sein sollte (im Sinne der Reproduktion der Arbeitskraft im Bereich des Kapitals), werden die Leistungen der im Sozial- und Erziehungsbereich tätigen Menschen nicht in dem Maße honoriert, wie dies nach Steiner der Fall sein müßte.[4] Die Kultur wird zum fünften Rad am Wagen der materiellen Produktionsgesellschaft. Diese Diskriminierung wird werttheoretisch dadurch gestützt, daß Smith die Leistungen des freien Geisteslebens als Konsumgüter betrachtete, ohne die Tatsache zu würdigen, daß die Kultur der Boden einer leistungsfähigen Wirtschaft ist. Zwar verdankt sich die Entstehung von Kultur auch der wirtschaftlichen Leistungsfähigkeit,[5] doch je weiter die wirtschaftliche Entwicklung und die Kultur, die sich auf ihrer Grundlage entfalten kann, fortschreitet, desto mehr gilt, daß ohne den freien Geist keine produktive Wertbildung stattfinden kann, weil sich nur durch

---

1   R. Steiner 1979 a), S. 89.
2   R. Steiner 1986, S. 31.
3   R. Steiner a.a.O., S. 30.
4   Vgl. R. Steiner 1986, S. 77. Robert Malthus ist der einzige der klassischen Ökonomen, der den Werteverbrauch in seiner ökonomischen Bedeutung würdigt. In seinen «Principles» leitet er seine Analyse der Nachfrage mit dem Satz ein: «Without reference to demand, it is not probable that they (die Produktionsfaktoren) should either separately or conjointly afford an adequate stimulus to the continued increase of wealth». R. Malthus, in: w. Eltis 1984, S. 158. Während der Absatzkrise um 1815 (nach den napoleonischen Kriegen) plädierte Malthus für den unproduktiven Konsum. W. Eltis schreibt darüber (a.a.O., S. 155): «If the expenditure of the landlords, in addition to the expenditure of the preceeding classes (Unternehmer und Arbeiter) be found insufficient to keep up and increase the value of that which is produced, where are we to look for the consumption required but among the unproductive labourers of Adam Smith?»
5   Das freie Geistesleben entsteht «mit einer gewissen Notwendigkeit ... aus dem Eintritt des Geistes überhaupt in das Wirtschaftsleben». R. Steiner 1979 a), S. 93.

einen frei sich entwickelnden Geist individuelle Begabungen und Fähigkeiten «voll entwickeln» können.[1] Auf den höheren Stufen der wirtschaftlichen Entwicklung ist die Ausdehnung der Arbeitsersparnis der vierten Stufe (s.o.) zugleich die höchste Stufe der Arbeitsteilung der Gesellschaft.

Kulturgüter sind keine Kapitalwerte. Adam Smith verlieh im «Wealth of Nations» lediglich materiellen Kulturgütern einen Kapitalwert im Sinne von Wertanlage. Dies bedeutet andererseits nicht, daß dem geistigen Reichtum, sofern er sich in materiellen Reichtum verwandeln läßt, nicht sogar eine besondere Rolle zukommt.

Die Kapitalisierung von Kulturgütern, die Auffassung, daß Kulturgüter Ertragswerte darstellen, ist heute so weit fortgeschritten, daß nicht nur die Kommerzialisierung von Kunst zu einem ausgedehnten Industriezweig geworden ist, sondern der Faktor «Geist» zunehmend als die entscheidende Wachstums- und Wettbewerbsressource der Zukunft betrachtet wird. Die Bedeutung der Natur als Rohstoff und Ressource nimmt ab, die Bedeutung des Geistes nimmt zu. Denn zum einen sind die natürlichen Ressourcen beschränkt und zum anderen liegen die Ertragspotentiale immer mehr im Anteil an geistigen Leistungen pro Produkteinheit (Produktinnovation, Produktveredelung etc.). Hinzu kommt, daß neue Ressourcen (Tiefseeboden, Weltraum) nur unter massivstem Einsatz technischer Intelligenz erschlossen werden können. Ferner ist in Betracht zu ziehen, daß in der entkolonialisierten, fortgeschrittenen Weltwirtschaft, in der die klassische politische Macht an Bedeutung verliert, Machtpolitik nur noch mit wirtschaftlichen Wettbewerbsvorteilen betrieben werden kann, die sich aufgrund der materiellen Allverfügbarkeit gewöhnlicher Waren und Dienstleistungen nur aus einer Überlegenheit im Bereich «intelligenter» Produkte ergeben kann. Schließlich ist noch von Bedeutung, daß die fortgeschrittensten westlichen Wirtschaftssysteme einen Grad der Produktivität erreicht haben, der längerfristige Investitionen in Haumankapital in großem Umfang finanzierbar macht. Dies zeigt sich darin, daß in ausgesuchen Bereichen der Ausbildung und Forschung der Einfluß und die Einflußnahme der Wirtschaft auf Bildung und Ausbildung ständig zunimmt.[2]

Die Verbindung von Natur und Geist stellt ein unendlich großes

---

1 R. Steiner 1979 a), S. 93.
2 Vgl. dazu S. 53ff.

wirtschaftliches Ressourcengebiet dar, das eine ebenfalls unendlich große Menge an Wertschöpfungspotentialen verkörpert. Wird dieses «Ressourcenlager» den privatwirtschaftlichen Gesetzen der Ertragsoptimierung im wettbewerblichen Kampf um Märkte und Marktanteile unterstellt, dann verwandelt sich das menschliche Leben für ganze Generationen zu einem Überlebenskampf, der — im Gegensatz zu früheren Epochen — nicht von der Natur gesteuert wird, sondern von der menschlichen Intelligenz veranstaltet wird, wobei sich die menschlichen Geistesprodukte zum Machtinstrument privater wirtschaftlicher Interessen entwickeln. Die Kapitalisierung des menschlichen Geistes kann gesellschaftszerstörende Effekte heute noch ungeahnten Ausmaßes nach sich ziehen.

Wie wir wissen, stellt die Produktivität des menschlichen Geistes das gegenüber der Klassik herausragende Element der Werttheorie Rudolf Steiners dar.[1] Diese Produktivität stellt zwar einen wirtschaftlichen Tatbestand dar, sie ist aber andererseits kein wirtschaftlicher Selbstzweck. Die Arbeitsersparnis im Kapitalbereich steht in einer funktionalen Verbindung mit dem freien Geistesleben (s.o.). Zwischen Kultur und Wirtschaft besteht ein gegenseitiges Geben und Nehmen. Das Geistesleben kann nur frei sein, wenn seine Leistungen nicht als offene oder versteckte Kapitalinvestitionen behandelt werden. Denn dann folgt Erziehung und Ausbildung allein denjenigen Anforderungen, die sich aus der Wirtschaft und dem Marktwettbewerb ergeben.

Die Freiheit des Geisteslebens ist von entscheidender Bedeutung und kann sogar werttheoretisch begründet werden.

Ähnlich der Natur, sind die geistigen Fähigkeiten kein Bestandteil des Wirtschaftslebens. Die Nutzung des menschlichen Geistes berührt primär die Frage, in welchem Verhältnis der einzelne Mensch als moralisch-sittliches Wesen zu seinen Mitmenschen und zur Natur stehen soll und steht daher zunächst außerhalb der auf den individuellen Gebrauch und Verbrauch fixierten materiellen Warenbeziehungen. Ferner gibt es zwischen den natürlichen Werten auf den verschiedenen materiellen Produktionsstufen und den Produkten des freien Geisteslebens keinen direkten Vergleichsmaßstab. Die Bedeutung geistiger Leistungen für die materiellen Wertschöpfungsprozesse läßt sich weder in zeitlicher Hinsicht (geistige Leistungen haben,

---

1 Vgl. dazu S. 65ff.

was ihre materielle Wirksamkeit angeht, erst in der Zukunft eine Bedeutung) noch in materieller Hinsicht eindeutig bestimmen. Deshalb sagt Steiner, daß der Wert geistiger Leistungen nur indirekt ermittelt werden kann, und zwar durch die Konsumwerte, die die geistig Leistenden zu ihrem Lebensunterhalt benötigen. Keine wirtschaftlich-kommerziellen Gegenwerte, sondern Konsumwerte drücken den Wert geistiger Leistungen aus.

Die Konsumtion des freien Geisteslebens korrespondiert nach Steiner mit der Selbstlosigkeit, die erforderlich ist, um die Freiheit des Geisteslebens preis- und verteilungsmäßig zu ermöglichen. Denn diese nicht reproduzierten Konsumwerte stellen nach Steiner Schenkungen dar, und zur Schenkung gehört die soziale Selbstlosigkeit. Daraus muß gefolgert werden, daß die Freiheit des Geisteslebens nur gewährleistet werden kann, wenn ein Schenkungswesen entsteht, das außerhalb der Kapitalsphäre der Wirtschaft steht. Dies bedeutet andererseits allerdings nicht, daß es zwischen Gütern und Kulturprodukten nicht zu einem direkten Austausch kommen sollte.

Die Ökonomie kultureller Produkte. Der Markt von Gütern und Dienstleistungen ist u.a. dadurch gekennzeichnet, daß zwischen Produzenten und Konsumenten direkte Beziehungen hergestellt werden, so daß die Bedürfnisse und deren Befriedigung in effizienter Weise erfolgen kann. Diese Allokationsfunktion des Marktes wird durch die Vergesellschaftung der Produktionsmittel zugunsten politischer und bürokratischer Interessen aufgehoben. Der Befürwortung der Verstaatlichung des Bildungswesens durch Adam Smith mit dem Staat als Bildungsmonopolisten — eine Haltung, die merkwürdigerweise unter die Rubrik «liberal» fällt[1] — setzt Steiner eine staatsfreie Bildungskonzeption entgegen, die nicht dem «Nebel» des Fiskus unterworfen ist, sondern die direkte Beziehung zwischen Kulturschaffenden und Kulturkonsumenten anstrebt.[2] Steiner denkt hier an assoziative Formen der Zusammenarbeit zwischen Wirtschaft und Kultur. Auf diese Weise soll eine Unterwerfung von Bildung und Ausbildung unter parteipolitische Interessen, die ihrerseits Spiegel weltanschaulicher, bürokratischer und wirtschaftlicher Interessen sind, verhindert werden.[3]

---

1 Zu diesem Thema heißt es im «Kurs»: «Denn die große Unfreiheit des Geisteslebens haben wir ja in der neueren Zivilisation erst heraufziehen sehen unter dem Einfluß des Liberalismus.» R. Steiner 1979 a), S. 157.
2 Vgl. R. Steiner a.a.O., S. 181; ferner S. 189ff.
3 Vgl. dazu R. Steiner 1986, S. 22.

Steiners Plädoyer für eine freie Kultur basiert aus wirtschaftlicher Sicht auf drei Elementen.

1. Stärkere Gewichtung von grundlegenden Erziehungs- und Ausbildungsaufgaben durch Anerkennung ihrer essentiellen Bedeutung für Wirtschaft und Gesellschaft.

2. Entkapitalisierung von geistigen Leistungen im Bereich von Bildung und Forschung durch den Aufbau eines Schenkungswesens.

Es findet ein Tausch von Werten statt, ohne daß das Leistungsäquivalent zu den Schenkungen — die geistigen Leistungen — einen Tauschwert im klassischen Sinne des Wortes hätte, wobei sich Schenkungen nur auf jene geistigen Leistungen beziehen, die nicht direkt in den Produktionsprozeß als Leistungen einfließen.

3. Wiederherstellung von direkten Leistungs- und Konsumbeziehungen im Bereich der Erziehung und Ausbildung.

Das Geistesleben ist nach Steiner nur dann frei, wenn Kulturgüter weder einen Kapitalwert erhalten noch «Staatsgüter» darstellen. Geistig-kulturelle Leistungen müssen, wie Steiner betont, nicht zuletzt wegen eines gesunden Wirtschaftslebens als «selbstlose» Warenwerte in der Gesellschaft der Produzenten und Konsumenten zirkulieren.[1] Für eine gesunde, gesellschaftliche Entwicklung ist die Freiheit der Kultur eine unabdingbare Voraussetzung.

Zusammenfassung

Das Kapital ist ein Produkt des menschlichen Geistes. Dies begründet seine werttheoretische Eigenständigkeit als Produktionsfaktor. Die klassischen Kapitaltheorien sind einseitig und unvollständig, weil sie die Wirkungsweise des menschlichen Geistes im Kapital nicht untersucht haben. Die wirtschaftliche Zwecksetzung im Zusammenhang mit dem Kapital kann ferner nach Steiner nicht nur eine pragmatische sein. Kapital erspart menschliche Arbeitskraft, und der Zweck dieser Arbeitsersparnis dient nicht allein der Wirtschaft, sondern vor allem auch der kulturellen Entfaltung, die sich nur dann in fruchtbarer Weise ergibt, wenn der Kultur eine echte Autonomie gewährt

---

1 Vgl. R. Steiner 1979 a), S. 153.

wird. In diesem Zusammenhang kritisiert Steiner die Klassiker, die durch die Diskriminierung geistiger Leistungen, aber auch durch deren Kapitalisierung sowie durch die Verstaatlichung des Bildungswesens dem Kulturleben seine Selbständigkeit beschnitten haben. Der ökonomisch-werttheoretische Beitrag zur Autonomisierung des Kulturlebens liegt in der gesellschaftlichen Verwirklichung eines ausgedehnten Schenkungswesens. Mit dem Begriff der Schenkung greift Steiner einen ökonomischen Begriff auf, der bis heute von der ökonomischen Theorie vernachlässigt wird.

Die Preisbildung als Hauptproblem der Wirtschaftswissenschaften

Adam Smiths Absicht war es, den wirtschaftlichen Wohlstand zu erklären. David Ricardo wollte die Gesetze auffinden, die die Verteilung bestimmen. Rudolf Steiners zentrales Anliegen ist die Preisbestimmung. Deshalb müssen Rudolf Steiners wert- und geldtheoretische Ausführungen immer im Zusammenhang mit der Preisbildung gesehen werden. Die vierzehn Vorträge zur Nationalökonomie sind als Bausteine zu einer Erneuerung der Preis- und Einkommenstheorie aufzufassen. Für Steiner ist die Frage nach der Bildung der Preise die «allerwichtigste» Fragestellung der Nationalökonomie, die wirtschaftliche «Kardinalfrage» schlechthin.[1] Denn das, «worauf es dem Menschen ankommt, das ist der Preis irgendeiner Ware, irgendeines Gutes. Die Preisfrage ist überhaupt zuletzt diejenige Frage, auf die die wichtigsten volkswirtschaftlichen Auseinandersetzungen hinauslaufen müssen; denn im Preis gipfelt alles, was in der Volkswirtschaft eigentlich an Impulsen, an Kräften tätig ist».[2] Es ist nicht Steiners Absicht, eine in sich geschlossene Preistheorie zu entwickeln, sondern den Weg aufzuzeigen, der zu einem besseren Verständnis der Preisbildungsprozesse führt und damit eine Grundlage zu schaffen für eine nicht nur theoretische, sondern auch praktische Nationalökonomie.

---

1 R. Steiner 1979 a), S. 23; ferner S. 49.
2 R. Steiner a.a.O., S. 23.

Der Ausgangspunkt: Das Schwanken der Preise

Das «Preisproblem» ist kein «außerordentlich einfaches».[1] Betrachtet man die Realität der Preisbildung, so kann man zunächst nicht mehr sagen, als daß «der Preis schwankt mit dem Ort, mit der Zeit.»[2] Der Preis läßt sich erfassen, wenn man «das Spiel der Werte» ins Auge faßt. «Wert gegen Wert gibt den Preis.»[3] Aber «wenn schon der Wert etwas Fluktuierendes ist, das man nicht definieren kann, dann ist ja, wenn Sie Wert gegen Wert austauschen, gewissermaßen dasjenige, was im Austausch entsteht als Preis, das ist etwas Fluktuierendes im Quadrat».[4] Wie sich ein Preis im Detail bildet, welche mannigfaltigen Einflüsse sich darin spiegeln, wenn man z.B. im Bergbau die geologischen, in der Landwirtschaft die biologischen Bedingungen berücksichtigt, wenn man weiß, wie z.B. auf einem Wochenmarkt die Preise unter dem Einfluß von Konsumentenpräferenzen, ja zuweilen den persönlichen Beziehungen zwischen Produzenten und Konsumenten zustande kommen usw. — all dies ist zunächst Gegenstand einer notwendigen Empirie des alltäglichen ökonomischen Geschehens, für welche man nach Steiner zunächst keine wissenschaftliche Systematik, sondern eine «empfundene Erfahrung» braucht, die man in lebendigen bildhaften Vorstellungen aktivieren kann. Die Preisbildungsprozesse sollen so aufgenommen werden, daß sie einem gewissermaßen in ihrer farbigen Konkretheit vor Augen stehen.[5] Das ist zunächst der Ausgangspunkt.

Die Preisbildung zeigt in besonderem Maße die phänomenologische Natur der ökonomischen Prozesse. Die Variabilität der Preise ist Ausdruck des Lebendigen der sozialen Prozesse überhaupt. In ihr wirkt die «Dynamik» der qualitativen Metamorphosen der Wertbildung zwischen den «Polen» Natur und Geist, zwischen dem «Spannungsverhältnis» aus Produktion und Konsumtion;[6] denn alles Lebendige geht aus «Gegensätzen» hervor, die in einer Wechselwirkung miteinander stehen.[7] Die phänomenologische Natur der ökonomi-

---

1 R. Steiner a.a.O., S. 23.
2 R. Steiner a.a.O., S. 24.
3 R. Steiner a.a.O., S. 34.
4 Ebenda.
5 Vgl. dazu R. Steiner 1979 a), S. 24, 35 u. 150.
6 Vgl. R. Steiner a.a.O., S. 149 u. 70.
7 Vgl. R. Steiner a.a.O., S. 14.

schen Prozesse, die in der Preisbildung zum Ausdruck kommt, benötigt zu ihrer Erfassung eine ihr angemessene Methodik, wie Steiner mit großem Nachdruck hervorhebt. Diese «charakterisierende» Methode ist dadurch gekennzeichnet, daß Begriffsbilder statt Axiome entwickelt, Prozesse statt Zustände zugrundegelegt werden.[1] Volkswirtschaftliche «Detailprozesse» lassen sich nicht durch allgemeine Begriffe, sondern nur «bildhaft» erfassen, denn das «Dynamische» kann nur in bildhaften Vorstellungen zum Ausdruck kommen. «Begriffe gestatten ihnen gar nicht, den volkswirtschaftlichen Prozeß zu erfassen.»[2] Begriffe müssen so modifikabel sein wie die Prozesse des sozialen Lebens selbst. Begriffe müssen sich im «Prozeß umformen», der Ökonom muß dazu bereit sein, «seine Begriffe fortwährend zu modifizieren».[3] «Die Ideen der Volkswirtschaft müssen ganz beweglich sein.»[4] Die «charakterisierende» Methode ist höchst «unbequem»,[5] weil sie erfordert, daß der Wissenschaftler von der bloßen «Abstraktheit der Begriffe»[6] in die «Bildhaftigkeit» konkreter Vorstellungen der Realität hineinkommt. «Sie müssen auf volkswirtschaftliche Imaginationen hinausarbeiten!»[7]

Mit der «charakterisierenden» Methode stellt Rudolf Steiner die Methodik der klassischen politischen Ökonomie in Frage, die mit Ricardo begründet wurde und die bis in die Lehrbücher der heutigen Zeit die maßgebliche Methodik geblieben ist. Ricardo stellt Axiome auf und gelangt via Deduktion zu einer allgemeinen Definition. Beispielhaft dafür ist Ricardos Preisdefinition. Ricardo behauptet axiomatisch, daß sich der Preis eines Gutes aus der in ihm enthaltenen Arbeitsmenge ableitet. Der Preis ist bei Ricardo Ergebnis der Produktionszeit und kann aus Zeiteinheiten deduziert werden. Dagegen behauptet Steiner, daß eine «allgemeine Definition», wie sich der Preis bildet, «eigentlich unmöglich» ist.[8] Denn Definitionen bauen sich auf Axiomen auf und diese auf Zuständen statt Prozessen.

Invariable Phänomene (Zustandsphänomene) lassen sich quantifi-

1   Vgl. R. Steiner 1986, S. 12ff.
2   R. Steiner 1979 a), S. 149.
3   R. Steiner 1986, S. 14.
4   R. Steiner 1979 a), S. 20.
5   R. Steiner 1986, S. 12.
6   R. Steiner 1979 a), S. 149.
7   R. Steiner 1986, S. 12.
8   R. Steiner 1979 a), S. 24.

zieren und durch die einhergehende Abstraktion generalisieren. Darin liegt der große intellektuelle Reiz der deduktiven Vereinfachung. Die bloße «Gelehrtheit», so sagt Steiner über die wissenschaftliche Entwicklung seit Ricardo, ist diesem Reiz erlegen.[1] Aus diesem Grund haftet Ricardos Preistheorie auch etwas Dogmatisches an. Denn trotz aller Widersprüche hält Ricardo an seiner quantitativen Axiomatik fest und versucht das Unmögliche: Die Komplexität der Preisbildungs- und Preisveränderungsprozesse trachtet er dadurch zu vereinfachen, daß er die Bewegungsprozesse erst in abstrakte statische Zustände überführt, um dann wieder eine Art von Bewegung aus der Addition von Zuständen zu konstruieren (Preisveränderungen = unterschiedliche Produktionszeiteinheiten). Ricardo löst den «Prozeß» in lauter Zustände auf. Die eigentliche Preisbildung auf den Märkten steht außerhalb des abstrakten werttheoretischen Gebäudes von Ricardo.[2]

Neben den kritischen Einwänden Steiners zur Methodik Ricardos ist es vor allem das Leistungsprinzip, mit welchem Steiner sich auf preistheoretischem Gebiet kritisch mit der Klassik auseinandersetzt. Werte, Preise und Einkommen, so Steiners These, werden zwar durch individuelle Leistungen hervorgebracht, die Höhe dieser Leistungen im Sinne einer Zurechnung von individueller Leistung und Einkommen via Preis aber ist unmöglich. Im Mittelpunkt dieses Bruches mit der Klassik — und, wie sich zeigen wird, auch der Neoklassik — steht Rudolf Steiners Preisformel, die Gegenstand des folgenden Kapitels ist.

Rudolf Steiners Preisformel und ihre werttheoretische Begründung

Die Preisformel Rudolf Steiners findet sich bereits in den «Kernpunkten». Was dort allerdings in Form einer Fußnote eine Art Ergänzung zum Text darstellt, erlangt im «Kurs» eine überragende Bedeutung und Stellung. Die ersten sieben Vorträge Steiners stehen ganz im Zeichen einer werttheoretischen Begründung dieser Preisformel. Steiners Preisformel lautet: «Ein richtiger Preis ist dann vorhan-

---

1 R. Steiner a.a.O., S. 149 u. 1986, S. 10.
2 Darüber bemerkt Schumpeter (1965, S. 723): «... als ob die Determination des Preises durch Angebot und Nachfrage von der Determination des Preises durch die verkörperte Arbeitsmenge völlig verschieden und mit ihr völlig unvereinbar wäre.»

den, wenn jemand für ein Erzeugnis, das er verfertigt hat, so viel als Gegenwert bekommt, daß er seine Bedürfnisse, die Summe seiner Bedürfnisse, worin natürlich eingeschlossen sind die Bedürfnisse derjenigen, die zu ihm gehören, befriedigen kann so lange, bis er wiederum ein gleiches Produkt verfertigt haben wird.»[1] Und Steiner fügt hinzu: «Diese Formel ist, so abstrakt sie ist, dennoch erschöpfend. Es handelt sich ja beim Aufstellen von Formeln eben darum, daß sie wirklich alle konkreten Einzelheiten enthalten. Und ich meine, für das Volkswirtschaftliche ist diese Formel wirklich so erschöpfend wie, sagen wir, der Pythagoräische Lehrsatz erschöpfend ist für alle rechtwinkligen Dreiecke.»[2]

Im «Kurs» konzentriert sich Steiner bei der werttheoretischen Begründung der Preisformel (Trennung zwischen Leistung und Einkommen) auf zwei Bereiche. Zum einen geht es um das Verhältnis zwischen den Werten im Spannungsfeld der Natur und Geist und zum anderen um das Wesen der Tauschprozesse in der arbeitsteiligen Wirtschaft. Steiner will aufzeigen, daß sich Preise und Einkommen in der modernen arbeitsteiligen Wirtschaft nicht nach mikroökonomisch-isolierten erwerbswirtschaftlichen Kriterien bilden können, sondern daß die «Selbstlosigkeit» objektiv in der volskwirtschaftlichen «Zirkulation» darin sein muß.[3] Diese Forderung wollte Steiner nicht moralisch verstanden wissen, sondern sie ergebe sich aus dem volkswirtschaftlichen Prozeß von selbst.[4]

Die Wertgrundlage der Preisbildung. Dasjenige, was von objektiver Seite her die Bewegung und Veränderung in die volkswirtschaftlichen Prozesse hineinbringt, geht vom Geistigen aus. Der Geist «kompliziert» die volkswirtschaftlichen Prozesse durch seine eigenen Wesenseigenschaften. In Anlehnung an Steiner läßt sich hier von einem durch den Geist induzierten Raumzeitproblem auf der einen Seite und einem Problem der Gegensätze (Natur vs. Geist) auf der anderen Seite sprechen.

a) *Das Raumzeitproblem.* Der Geist zersplittert die volkswirtschaftlichen Prozesse der Wertbildung (analytische Separation, Arbeitsteilung) und führt sie wieder zusammen (synthetische Kompensation, Tauschprozesse). Auf der allerersten Stufe der geistigen

---

1 R. Steiner 1986, S. 82.
2 Ebenda.
3 R. Steiner 1986, S. 153.
4 Ebenda.

Wirksamkeit in der Wirtschaft wird die Arbeit geteilt, analytisch zersplittert. Darauf findet eine erste Synthese dadurch statt, daß sich Kapital bildet. Steiner führt hier das Beispiel des Fuhrunternehmers an, der Bergleute zu ihrer Arbeitsstätte fährt und der selbst nicht mehr in einem Arbeitsverhältnis mit der Natur steht (wie die Bergleute), sondern sich in seiner Arbeitsweise von der Natur «emanzipiert»; «denn diesem Menschen, ... der da Kapital schafft in seinem Wagen, dem ist es ja im Grunde genommen gleichgültig, zu welchem Zweck, zu welchem Ziel er seine Leute von einem Ort zum andern führt».[1] Wir haben da einen realen Abstraktionsprozeß. Es ist ganz dasselbe, was man sonst im logischen Denken in der Abstraktion innerlich vollzieht. Das vollzieht man da äußerlich.»[2]

Schließlich wird eine noch «höhere Synthese» erreicht, wenn Leihprozesse stattfinden. Eine analytische Umkehr werde wiederum dadurch erreicht, daß Leihkapitalien in konkrete Wertschöpfungsprozesse umgesetzt würden (Investitionen).[3] Schließlich wird die «sozialorganische Betätigung» des Kapitals wieder dadurch synthetisiert, daß ein kulturelles Leben entsteht, wo freie Geistesarbeit durch Erziehung und Ausbildung die umfassenden Grundlagen für eine produktive volkswirtschaftliche Wertbildung und Weiterentwicklung schaffen.[4] Diese analytisch/synthetische «Raumverlängerung» erfordert eine komplexe gesellschaftliche Gestaltung bzw. Koordination der Natur- und Geistesproduktion, die unvergleichlich viel komplizierter ist als die Koordinationsmechanismen einer einfachen Naturalwirtschaft.

Ein besonderes Problem besteht darin, daß sich die Zeithorizonte der Tausch- und Zahlungsprozesse mit dem Eintritt des Geistigen in die Wirtschaft erheblich verlängern. Steiner kommt in diesem Zusammenhang auf das Beispiel des wirtschaftlich produktiven Arztes zurück, der einen Schuhmacher durch seine ärztliche Kunst schneller heilt als ein anderer Arzt oder gar die Natur durch ihre eigenen Regenerationskräfte.[5] Man könne zwar «marktmäßig» ausrechnen, wieviel die Schuhe ausmachen, die nach Steiners Auffassung eigentlich der Arzt in der Zeit «produziert», die der Schuhmacher infolge seiner

---

1 R. Steiner a.a.O., S. 55.
2 R. Steiner a.a.O., S. 57.
3 R. Steiner a.a.O., S. 59.
4 R. Steiner 1986, S. 129f.
5 Vgl. S. 65ff.

rascheren Genesung zur Produktion zur Verfügung hat. Doch bezahlt bekommt der Arzt die Schuhe nicht. Denn zwar müsse man in einer richtigen volkswirtschaftlichen Bilanzierung eigentlich die Ausbildungskosten für die Arztausbildung mit den Einkünften durch die Schuhproduktion bilanzieren, aber die Zeitdifferenz zwischen Ausgaben und Einnahmen lassen sich nicht als Zahlungsvorgang im gewöhnlichen Sinne interpretieren. Der volkswirtschaftliche Prozeß wird da «ein sehr komplizierter» und «man muß manchmal weit gehen, um herauszubringen, von woher irgendetwas bezahlt wird».[1] Durch die Einwirkung des Geistigen wird die Zeitspanne zwischen Vergangenheit und Zukunft erheblich vergrößert. Ausbildungsausgaben, die in der Gegenwart getätigt werden, sind keine Zahlungen im gewöhnlichen Sinne, denn sie führen zu keinen zeitlich überschaubaren Einnahmen. Sie entstehen als einseitige Transfers und werden von Steiner als Schenkungen bezeichnet. «Da haben Sie Schenkungen. Und Sie können also jetzt auf der einen Seite Ihrer großen, aber die wirkliche Volkswirtschaft umfassenden Buchführung erst sehen, daß in dem, was nun der Arzt fabriziert an Schuhen vielleicht ein Posten steht, den Sie auf der anderen Seite unter der Rubrik der Schenkungen suchen müssen, wenn er etwa ein Stipendium gehabt hat, an einer Stiftung teilgenommen hat.[2]

Aus dem Raumzeitproblem ergibt sich, daß sich die Preise nicht nur in Anlehnung an individuelle Leistungen bilden können. Würde man auf einer exakten Zurechenbarkeit zwischen Leistung bzw. Preis und Einkommen für Leistungen bestehen, so müßte z.B. auch Leibniz (Erfinder der Differentialrechnung), der auch heute noch an allen «Tunnels mitbaut», ein imaginäres Konto haben, auf welches man Royalties für die Erfindung der Differentialrechnung einbezahlen müßte.[3]

b) *Das Problem der Wertgegensätze.* Wie bereits dargelegt, charakterisiert Steiner Werte, die auf der einen Seite mehr von der Natur beeinflußt sind und Werte, die auf der anderen Seite des Wertespektrums mehr von der Wirkungsweise des Geistigen beeinflußt sind, als ihrem Wesen nach «polar» gegensätzlich.[4] Die Arbeit an der Natur ist von deren geologischen, klimatischen etc. Bedingungen abhängig

---

1 R. Steiner a.a.O., S. 128.
2 R. Steiner 1986, S. 128f.
3 Vgl. R. Steiner a.a.O., S. 87.
4 Vgl. S. 51ff. und 60ff.; ferner R. Steiner a.a.O., S. 49, 99ff. und 191ff.

und begrenzt allgemein die Wertschöpfung, die Industrieproduktion und die freie geistige Betätigung ist vom menschlichen «Willen» abhängig und vervielfältigt die Produktivität der Wertschöpfung.[1] Damit keine zu großen Einkommensunterschiede zwischen Industrie und Landwirtschaft auftreten, muß der Landwirt in dem Moment, wo sich seine Erzeugnisse gegen Industrieprodukte tauschen, eine Art künstliche «Bodenrente» verlangen.[2] Denn die Industrieproduktion unterliegt (der die Arbeitsproduktivität fördernden) Kraft der Arbeitsteilung und des Produktionskapitals, die beide via massiver Ausweitung der Produktion (mit einhergehender Verbilligung) ein Wertschöpfungs- und Einkommenspotential schaffen, demgegenüber, gesamtwirtschaftlich betrachtet, die Einkommensentwicklung in der Agrarproduktion beträchtlich zurückbleibt.[3] Durch die Verbilligung der Industrieproduktion verschieben sich die Einkommensverhältnisse so, daß die Landwirte ihre Erzeugnisse teurer abgeben müssen.

Es hat sich aber im Laufe der industriellen Entwicklung gezeigt, daß die landwirtschaftlichen Produkte wegen massiver Produktionsverbesserungen bzw. steigender Produktivität nicht teurer, sondern billiger geworden sind und daß Industrieprodukte, die viel technische «Intelligenz» enthalten, nicht billig, sondern teuer sind. Aus der Sicht Steiners entspricht dies zum Teil einer Fehlentwicklung. Zum einen zeigt sich, daß die Erzeugung gesunder Nahrungsmittel und die Naturpflege arbeits- und kostenaufwendig ist, so daß bei einem Vollkostenansatz (inklusive Naturschutz) der Verbilligung landwirtschaftlicher Produkte Grenzen gesetzt sind und Grenzen gesetzt werden müssen. Zum anderen beansprucht die Bezahlung teurer Industrieprodukte so viel Ressourcen, daß für eine sachgemäße Bezahlung der «Ernährungswerte» zu wenig Mittel zur Verfügung stehen. Intelligenz soll laut Steiner eben nicht zur Bildung von Knappheitspreisen durch immer aufwendigere Technik führen, sondern möglichst zur Verbilligung der industriellen Produktionsprozesse.

---

1 Vgl. R. Steiner a.a.O., S. 102.
2 Ebenda.
3 Vgl. R. Steiner 1986, S. 102f. Vgl. ferner S. 72f. Steiners Ausführungen bleiben hier sowohl im dritten Vortrag, wo er über die Arbeitsteilung in ihrer sozialen und weniger in ihrer die Produktivität erhöhenden Bedeutung spricht, als auch im siebten Vortrag, wo er das Verhältnis zwischen Industrie und Landwirtschaft direkt anspricht, sehr knapp. Es wird aber deutlich, daß er Adam Smiths Auffassung der Produktivitätsentwicklung im Zusammenhang mit der Arbeitsteilung, so wie letzterer sie in seinem Beispiel der Stecknadelfabrik gegeben hat, teilte.

Aus dem Vergleich zwischen Naturproduktion und Industrieproduktion, deren Charakteristika in den Gegensätzen zwischen der Natur auf der einen Seite und dem Geist auf der anderen Seite liegt, ist ersichtlich, daß eine Preistheorie, die auf einer mikroökonomischen Bewertung individueller Leistungen basiert (wie die der Klassik), oder auf den «Kräften des Marktes», zu kurz greift. Die Preistheorie muß aus den Charakteristika der Werte abgeleitet werden, und die praktische Preisgestaltung muß auf der Basis dieser Charakteristika erfolgen: «Und daher ist die allerwichtigste Frage in bezug auf die Preisbildung: Wie gelangen wir dahin, die Spannung auszugleichen, die besteht in der Preiserzeugung zwischen der Bewertung der aus freiem menschlichem Willen entstehenden Güter gegenüber denjenigen Gütern, zu denen die Natur mitwirkt?»[1] Die Frage Steiners weist bereits auf die Aufgaben einer nicht nur theoretischen, sondern auch praktischen Wirtschaftswissenschaft sowie die Bedeutung der wirtschaftlichen Assoziationen bei der Preisgestaltung hin.

Das Wesen der Tauschprozesse. Auch bei Steiners Analyse der Tauschprozesse ist die Preisformel als preistheoretische Schlußfolgerung seiner werttheoretischen Untersuchungen aufzufassen.

Die Trennung von Leistung und Einkommen, so wie sie in der Preisformel ausgedrückt wird, bedeutet nicht, daß der Träge relativ reich und der Fleißige relativ arm werden soll. Die Preisformel zielt darauf ab, die Arbeit auf «Erwerb», die Selbstversorgermentalität der Lohnarbeit, zu überwinden. Dies bedeutet ebenfalls nicht, daß die Preisformel im heute gebräuchlichen Sinne des Wortes einen normativen Charakter, etwa im Sinne einer mittelalterlichen Gebotsethik (iustum pretium), trägt. Die Preisformel ist «dispositiv», d.h. sie geht einerseits aus dem Wesen der Arbeitsteilung hervor, bedarf andererseits aber der Verwirklichung durch menschliches Handeln. Dieses Handeln ist auf die freie Einsicht des Menschen gegründet und nicht auf eine traditionelle Gebotsnorm. Deshalb legt Steiner Wert darauf, die Preisformel auch im Zusammenhang mit der Arbeitsteilung ganz aus der Sache heraus, ohne «Moralinsäure», wie er sich ausdrückt, zu entwickeln.[2]

Wer sein Einkommen unter dem Eindruck bezieht, es sei ein persönlicher Leistungsbeitrag, der einem das Einkommen verschafft, ist

---

1 R. Steiner 1986, S. 103.
2 Vgl. R. Steiner a.a.O., S. 152.

«im gewöhnlichen Sinn heute noch ein Selbstversorger. Er ist derjenige, der so viel hingibt, als er erwerben will (...) Denn Selbstversorgen heißt für den Erwerb arbeiten».[1] Die Arbeit auf Erwerb, so Steiner, ist dem Wesen der Arbeitsteilung entgegengesetzt, weil der Einzelne von den Leistungen der Gemeinschaft erhalten wird und nicht durch seine eigene Leistung. Der Einzelne erhält sein Einkommen nicht *über* die Gemeinschaft, sondern *durch* die Gemeinschaft. Die Trennung zwischen Leistung und Einkommen zielt also darauf ab, die Erwerbsarbeit, die dem Wesen der Arbeitsteilung fremd ist, zu überwinden. Die theoretische Grundlage dazu ist eine Untersuchung über die Wirkungen der «Selbstversorgermentalität» in der arbeitsteiligen Wirtschaft. Wenn die Selbstversorgermentalität in die moderne Areitsteilung hineingetragen wird, richtet sie nach Steiner mit Notwendigkeit sozialen Schaden an. Dies zeigt eine kreislaufökonomische Betrachtung der Einkommensverteilung.

Mit der arbeitsteiligen Wirtschaft entsteht das «Angewiesensein» jedes einzelnen auf die Gemeinschaft. Keiner produziert mehr für sich, sondern für die Befriedigung der Bedürfnisse anderer. Dies aber bedeutet, daß die Einkommen jedes einzelnen in einer abhängigen Verbindung zu den Einkommen anderer stehen und umgekehrt; denn die Gemeinschaft, für die der einzelne produziert, kann die Erzeugnisse nur kaufen, wenn sie über genügend Mittel verfügt, genauso wie jeder einzelne von der Gemeinschaft genügend Mittel erhalten muß, um die Erzeugnisse dieser Gemeinschaft zu erwerben. Diese Reziprozität bedingt einen Interessenausgleich, der seinem Wesen nach keine individuelle Ertragsoptimierung zuläßt, sondern einer wechselseitigen Kompensation entspricht: Im jeweils vorhandenen Einzelinteresse muß sich das Interesse der Gemeinschaft spiegeln und umgekehrt. Deshalb kommt es nach Steiner bei einer kreislaufökonomischen Betrachtung der Einkommensströme darauf an, den Konsumenten zugleich als Produzenten zu betrachten (et vice versa).

Der Konsument ist laut Steiner nicht nur ein Nachfrager nach Waren, sondern auch ein Anbieter an Geld. Um ein genügendes Geldangebot zu entwickeln — die Voraussetzung für die Verwirklichung der Güternachfrage — muß der Konsument als Produzent durch Verkauf einer Ware seine Nachfrage nach Geld befriedigt bekommen

---

1   R. Steiner a.a.O., S. 49.

haben.[1] Nimmt man nun an, alle Konsumenten/Produzenten haben ihre Waren nicht direkt an andere Konsumenten/Produzenten verkauft, sondern an Unternehmer und Unternehmen (wie dies heute der Fall ist), und diese Unternehmer bzw. Unternehmen verfolgen die Strategie, billig zu kaufen und teuer zu verkaufen (d.h. sie verhalten sich gewinnmaximierend, oder, wie Steiner sagt, als «Händler»[2]), dann können die Konsumenten/Produzenten gegenüber den Unternehmern bzw. Unternehmen nur ein ungenügendes Geldangebot entfalten und daher auch eine ungenügende Warennachfrage, was bei einer tatsächlichen Durchsetzung dieser Strategie (beispielsweise bei fehlender Gewerkschaftsmacht) zur Folge hätte, daß schließlich auch die Unternehmer bzw. Unternehmen keine Gewinne mehr erzielen könnten. Dies führt zu dem anscheinend paradoxen Schluß, daß eine reine Strategie der Gewinnmaximierung schließlich zu einem Verlust an Gewinnen führt. Der gleiche Mechanismus gilt für die Einkommensmaximierung, wenn die Unternehmer die Waren nicht den Produzenten/Konsumenten direkt abkaufen, sondern de facto den Gewerkschaften. Werden die Arbeitsprodukte an die Unternehmer bzw. Unternehmen zu teuer verkauft, dann stehen zu geringe Mittel für Investitionen zur Verfügung, was im Extremfall dazu führen kann, daß keine Einkommen mehr bezahlt werden können, weil einige oder gar alle Produzenten/Konsumenten entlassen werden müssen. Worauf es also bei der Preisbildung ankommt, ist der kreislaufökonomische Zusammenhang zwichen Einkommen und Gewinnen, die kompensatorischen Ausgleichsmechanismen, und nicht die isolierte Verfolgung irgendeiner Maximierungsstrategie. Nun ließe sich einwenden, daß es lediglich darauf ankomme, einen kompensatorischen Strategieausgleich zu entwickeln (gewinnmaximierende Unternehmen und einkommensmaximierende Gewerkschaften), um eine makroökonomische Stabilisierung zu erreichen. Aber diese Form der Gegenseitigkeit auf der Basis mutueller Negation ist langfristig nicht stabil und bringt eine Reihe schwerwiegender Nachteile mit sich, die über die Preis- und Einkommensbildung weit hinausgehen.

Machtpolitische Kalküle (die Penetration der «Politik» in die Ökonomie) produzieren eine Reihe negativer externer Effekte. Wechselseitiger Druck aufgrund des Interessenegoismus sorgt einerseits für

---

1 Vgl. R. Steiner 1986, S. 112.
2 Vgl. R. Steiner a.a.O., S. 50.

eine soziale Entfremdung und begründet andererseits die Notwendigkeit eines außenstehenden Schiedsrichters (Staat), der die ungelösten sozialen Probleme, die die Betroffenen selbst nicht lösen wollen, an sich zieht und bürokratische Lösungsangebote in Form einer komplizierten Rechtssetzung abgibt; andererseits sorgt der wechselseitige Druck für eine Zementierung der Strategien: Auf höhere Gewinne müssen höhere Einkommen folgen usw.; dazu müssen immer neue Produkte erfunden und geschaffen, immer mehr Ressourcen verbraucht werden. Neue Reglementierungen entstehen, um die Natur vor dem Menschen, den Konsumenten vor dem Produzenten usw. zu schützen, was wiederum finanzielle Ressourcen beansprucht (steuerliche Abgaben), die nur über ein weiteres Wachstum, weiteren Druck auf den Menschen und die Natur, bereitgestellt werden können ... All dies hat mit dem gegenseitigen «Angewiesensein» aufeinander in der arbeitsteiligen Wirtschaft nichts zu tun.

Steiners Anliegen ist es dagegen, aufzuzeigen, daß es darauf ankommt, «ob der Nachfragende ein Anbieter in Geld werden kann (...) Es handelt sich nämlich nicht bloß darum im volkswirtschaftlichen Prozeß, daß eine gewisse Anzahl von Waren als Angebot vorhanden ist, sondern daß auch eine Anzahl von Leuten da ist, die das Angebot Geld gerade für diese Waren entwickeln können».[1] Die Gegenseitigkeit und nicht Gegensätzlichkeit ist das Wesenselement der arbeitsteiligen Tauschprozesse. Dies gilt selbst für den Gewinn. Wenn nur der Produzent gewinnen würde, meint Steiner, dann «würde ja der Käufer immer der Benachteiligte sein müssen (...) Das werden Sie aber von vornherein zugeben, daß das nicht sein kann (...) Wir haben also die merkwürdige Erscheinung, daß zwei austauschen, und jeder muß — wenigstens im normalen Kaufen und Verkaufen — eigentlich gewinnen».[2] Der Verkäufer begehrt das Geld mehr als die Ware und der Käufer die Ware mehr als das Geld. Die Gewährleistung dieser individuellen Präferenzen liegt aber nicht auf der Ebene dieser individuellen Wünsche, sondern wird von der den einzelnen Tauschakten vorausgehenden und übergeordneten kreislaufökonomisch-interdependenten Struktur der arbeitsteiligen Wirtschaft und einer entsprechenden Einkommensverteilung garantiert.

Das Raumzeitproblem der ökonomischen Werte und Steiners Auf-

---

1   R. Steiner 1986, S. 112.
2   R. Steiner 1986, S. 141.

fassung von den Auswirkungen der Arbeitsteilung auf die Preisbildung stellen die Voraussetzung und den Hintergrund für die Kritik am klassischen Modell von Angebot und Nachfrage dar.

Die Kritik am klassischen Modell von Angebot und Nachfrage

Das klassische Modell von Angebot und Nachfrage geht 1. vom Postulat der Zurechenbarkeit von Leistung und Einkommen aus, reduziert 2. das Angebot auf die sogenannte produktive Arbeit, enthält 3. als Teil des Marktpreises Renteneinkommen und basiert 4. statt auf einer Theorie der Werte auf den Gewinn- bzw. Einkommensmaximierungsstrategien der Marktteilnehmer. In allen genannten Bereichen trifft Steiner im «Kurs» Aussagen, die ihn als Kritiker des klassischen Modelles von Angebot und Nachfrage ausweisen.

Das Postulat der Zurechenbarkeit von Leistung und Einkommen. Rudolf Steiner geht auf Adam Smiths berühmtes Biber/Hirsch-Beispiel ein, das Ricardo später in seinen «Principles» als Basis für seine Preis- und Einkommenstheorie verwendet hat und entsprechend als die «foundation of the exchangeable value of all things» bezeichnete.[1] Smith schreibt: «If among a nation of hunters, for example, it usually costs twice the labour to kill a beaver which it does to kill a deer, one beaver should naturally exchange for or be worth two deer. It ist natural that what is usually the produce of two days or two hours labour should be worth double of what is usually the produce of one day's or one hour's».[2] Der Wert eines Produktes, schreibt Smith, ergibt sich aus der in ihm enthaltenen Arbeitsmenge bzw. aus der für die Produktion erforderlichen Arbeitszeit, die zugleich das Maß für die individuelle Arbeitsleistung und die Preisbestimmung darstellt. Diese Zurechnung von Leistung und Einkommen geht von der Voraussetzung aus, daß für die Preis- und Einkommensbildung die *vergangene* Zeit, die im Produkt verkörperte Zeit, maßgebend ist. Dies ist aber laut Steiner durchaus nicht der Fall. «Wenn jemand ein paar Stiefel verkauft», meint Steiner, «so ist die Zeit, in der er sie verfertigt hat, volkswirtschaftlich durchaus nicht maßgebend, sondern maßgebend ist die Zeit, in der er das nächste

---

1 D. Ricardo 1926, S. 7; vgl. ferner R. Steiner a.a.O., S. 128.
2 A. Smith 1926, S. 41f.

paar Stiefel verfertigen wird».[1] Nicht die Arbeitszeit (und die an sie gekoppelte Leistung), sondern die fortlaufende Lebenszeit (und die an diese gekoppelten Bedürfnisse) ist für die Preisbildung entscheidend. Geht man von einer Woche aus, so beträgt die Lebenszeit in diesem Zeitraum 168 Stunden und die Arbeitszeit als Teil dieser Lebenszeit beispielsweise 42 Stunden. Die Bedürfnisse, die durch den Erwerb von Gütern befriedigt werden, beziehen sich grundsätzlich immer auf die Lebenszeit, nicht auf die Arbeitszeit, so daß sich der Wert und Preis der Produkte nicht aus der im Produkt enthaltenen Arbeitszeit ermitteln läßt. Wenn ein Produkt verfertigt wurde, so erhält der Produzent also keinen Gegenwert für die im Produkt gespeicherte *vergangene* Arbeitsmenge, sondern für seinen Lebensunterhalt bis zu dem *zukünftigen* Zeitpunkt einer erneuten Fertigstellung eines Produktes. Es ist nach Steiner ein grundsätzlicher Irrtum anzunehmen, daß man eine Leistung bezahlen könne; was man in Wirklichkeit bezahlt, ist für die Befriedigung der Bedürfnisse bestimmt. Daher lassen sich Preise und Einkommen nicht aus Leistungen, sondern nur aus den Bedürfnissen ermitteln. Mit dieser Argumentationsweise untermauert Steiner seine Preisformel, indem er ihr eine entscheidende werttheoretische Basis verleiht.

Die Beschränkung auf die produktive Arbeit. Wie bereits dargestellt, stellt die klassische Definition der produktiven Arbeit für Steiner einen zentralen Kritikpunkt in Verbindung mit seiner Auseinandersetzung mit der klassischen politischen Ökonomie dar.[2] Dabei übt Steiner zugleich eine Kritik an der Methodik der Klassiker. Steiner beanstandet insbesondere, daß die Klassik die Schenkungen in Verbindung mit dem freien Geistesleben preistheoretisch ausklammert, ja das zentrale Raumzeitproblem der Wert- und Einkommensbildung ganz außer acht läßt.[3] Diese Ausklammerung steht mit der Tatsache in Verbindung, daß die Klassik in ihrer Wert- und Preistheorie — also damit indirekt auch im Modell von Angebot und Nachfrage — nur mit dem Stofflich-Materiellen rechnet, mit dem «Ponderablen», wie sich Steiner ausdrückt. Die Integration der geistigen Leistungen in die Preistheorie und das Modell von Angebot und Nachfrage scheitere also bereits an den methodischen Voraussetzungen der klassischen

---

1   R. Steiner 1986, S. 83.
2   Vgl. dazu S. 65ff.
3   Vgl. R. Steiner a.a.O., S. 90ff.

Denker. Bezeichnend hierfür ist eine Kontroverse zwischen Robert Malthus und John McCulloch, wobei Malthus ganz im Sinne der Methodik Ricardos argumentiert.

Malthus setzte sich in einer kleinen Schrift, die der Methodik der politischen ökonomischen Wissenschaft gewidmet ist,[1] kritisch mit John McCulloch auseinander, der behauptet hatte, daß geistige Leistungen im wirtschaftlichen Sinne produktiv seien. Geistiges Kapital, meint McCulloch, der sonst in allem Ricardo folgte, sei häufig bei weitem das produktivste Kapital, auch wenn es nicht unmittelbar zu verwertbaren Fertigungsprozessen führe: «The stock for example, that Arkwright and Watt employed in their own consumption ... contributed infinitely ... to increase their own wealth, as well as that of the country.»[2] Malthus weist McCullochs Ansicht mit dem Argument zurück, daß Ausgaben und Einnahmen im Sinne der produktiven Arbeit einem Einzelkapital zurechenbar sein müßten; andernfalls «there would be an end, at once, of all classifications, and of all those appropriate designations which so essentially assist us, in explaining what is going forward in society».[3] Es ist also die auf Ricardo zurückgehende quantitative Klassifikationsmethodik, die den unvoreingenommenen Blick auf eine durch die Wirksamkeit des Geistes qualitativ bestimmte ökonomische Raumzeit verhindert.[4]

Die Einwände gegen den klassischen Marktpreis. Die Preisformel

---

1 Die Schrift Malthus' trägt den Titel: ‹Definitions in Political Economy› und stammt aus dem Jahre 1821.

2 J. McCulloch, in R. Malthus 1954, S. 83.

3 R. Malthus a.a.O., S. 84.

4 Erst in seinem letzten Lebensjahr relativierte Ricardo seinen methodischen Ansatz und rückte spezifisch soziale Phänomene im Zusammenhang mit der Preisbildung in den Vordergrund. In einem Briefentwurf an McCulloch vom 15. August 1823, wenige Wochen vor seinem Tod, heißt es: «It must then be confessed that there is no such thing ... as a perfect ‹quantitative› measure of value». Das, was den Wert und den Preis einer Ware letzlich bestimme, ist keine quantitative Größe, sondern «the rate of distribution between employer and employed». D. Ricardo, in P. Sraffa S. XLi u. XLVii. Bei Adam Smith hieß es bereits in starker Relativierung des Biber/Hirsch-Beispiels: «But though labour be the real measure of the exchangeable value of all commodities it is not that by which their value is commonly estimated (...) There may be more labour in an hour's hard work than in two hours' easy business; or in an hour's application to a trade which it cost ten years to learn, than in a month's industry at an ordinary and obvious employment. But it is not easy to find any accurate measure of either hardship or ingenuity». A. Smith a.a.O., S. 48. Diese relativierende und pragmatische Sichtweise Smiths ging durch Ricardo verloren.

Rudolf Steiners basiert auf dem gegenseitigen Austausch von Werten, hinter denen eine produktive Tätigkeit steht. Dem klassischen Marktpreis dagegen liegen auch solche Einkommensbestandteile zugrunde, die keine Leistungsgrundlage haben. Im Marktpreis sind Tauschprozesse widergespiegelt, die auf Macht- und Besitzverhältnissen beruhen und die Steiner als Rentenbildung auf der Basis von «Scheinwertbildungen» identifizierte.[1] In diesem Zusammenhang sei kurz auf die Dichotomie zwischen der Erklärung der Preise aus der Arbeitswerttheorie und dem Marktpreis bei den Klassikern eingegangen.

Interessanterweise war sich Adam Smith der Dichotomie zwischen seiner Werttheorie auf der einen Seite und seiner Preis- bzw. Einkommenstheorie auf der anderen Seite bewußt. Die Preisbildung aus der Arbeitsleistung heraus gilt nur für den «original state of things». Mit dem Erscheinen von Landbesitzern und Kapitalisten müsse der Arbeiter — es scheint fast so, als nehme Smith hier Karl Marx vorweg — sein Produkt mit Landbesitzern und Kapitalisten teilen. Bestandteile des Marktpreises sind somit nicht nur Löhne, sondern auch Renten und Profite. Daher leitet Smith den Marktpreis nicht produktionsseitig her — was einer werttheoretischen Ableitung entspräche —, sondern er behandelt ihn von der Verteilung aus (Verteilungstriade aus Löhnen, Renten und Profiten).[2] Dieser Bruch zwischen Werttheorie und Preis- bzw. Verteilungstheorie im klassischen System stellt eine folgenreiche Schwäche des klassischen Systems dar, die zum Ausgangspunkt der sozialistischen Wirtschaftstheorien auf der Basis der Arbeitswerttheorie wurde.

In der Preisformel Steiners dagegen ist die Konsistenz zwischen Werttheorie und Preis- bzw. Verteilungstheorie dadurch gewährleistet, daß Steiner zwar nicht die *Höhe* der Einkommen aus den Leistungen ableitet — wie etwa Ricardo durch seine quantitative Wert-Preis- und Einkommenszurechnung —, daß aber nur auf Leistungen zurückgehende Preisbestandteile auftreten. Dies gilt letztlich auch für jene Bestandteile, die zwar keine Tauschwerte darstellen (Pflegeanteil der Natur und Schenkungen), die aber als Grundlage für die Wirtschaft unerläßlich sind.

Einwände gegen die ökonomische Knappheit. Die ökonomische Bedeutung der Rentenfaktoren Grund und Boden und Kapital ergibt

---

1 Vgl. R. Steiner 1986, S. 111; vgl. ferner S. 69ff. und S. 109ff.
2 Vgl. A. Smith 1926, S. 41ff.

sich bei den Klassikern auch und vor allem aus der Verbindung mit der relativen Knappheit.[1] Grundlage der ökonomischen Knappheit ist das Verhältnis, in welchem sich das Angebot und die Nachfrage auf den Arbeits- und Gütermärkten gegenüberstehen. Verringert sich jeweils Angebot oder Nachfrage, so werden dadurch die Güter knapp und erhalten einen höheren Preis.

Knappheitskalküle dieser Art finden sich bereits in der Reproduktionskostentheorie, vor allem aber in der Lohnfondstheorie der Klassik.

Dafür, daß keine wechselseitige Übervorteilung bei der Bildung von Knappheiten stattfindet, soll ein «Naturgesetz» sorgen. In diesem Sinne beruht das Gleichgewicht auf dem Arbeitsmarkt auf der Ökonomisierung der menschlichen Reproduktion. Die Nachfrage nach Arbeitern, sagt Adam Smith, «like that of any other commodity, necessarily regulates the production of men; quickens it when it goes on too slowly, and stops it when it advances too fast».[2] Die Idee der Ökonomisierung der menschlichen Reproduktion findet sich bereits bei Cantillon[3] und Turgot.[4] Die Klassiker integrieren die «natürliche» Ökonomie der Reproduktion in ihre Arbeitsmarkttheorie und damit auch in die Güterpreistheorie (via Produktionskosten und nachfragewirksame Einkommen). Dagegen verläuft aus der Sicht von Steiners Wertlehre die menschliche Reproduktion nicht im Sinne der klassischen Naturgesetzlichkeit «natürlich», und die Preisbildung auf den Arbeits- und Gütermärkten ist das Ergebnis bestimmter sozialer Ideen und Verhaltensweisen, in welchen nicht eine natürliche Gegebenheit, sondern das Ertragsprinzip und die Maximierung von Einkommen und Renten von zentraler Bedeutung ist.

Die Bedeutung der ökonomischen Knappheit tritt bei der Lohnfondstheorie nicht nur indirekt, wie bei der Existenzminimumtheorie, sondern in direkter Weise hervor. Sind beispielsweise die Produktionsmittel knapp, muß weniger Lohn bezahlt werden, weil der

---

1 Vgl. D. Ricardo 1926, S. 5.
2 A. Smith, in W. Eltis 1984, S. 86.
3 H. Spiegel (1983, S. 181) zitiert Cantillon mit den Worten: «In line with the later thought of the classics, Cantillon considers income and population positively and causally correlated. ‹Men multiply like mice in a barn if they have unlimited means of subsistence›. Thus ‹if all land were devoted to the simple sustenance of man, the race would increase up to the number that the land would support›.»
4 Vgl. A.J.R. Turgot 1914, S. 630ff.

Wettbewerb der Arbeitnehmer im Zusammenhang mit der aufgrund ihrer Knappheit gestiegenen Marktmacht des Faktors Kapital einen niedrigeren «Knappheitspreis» für die Arbeit ermöglicht. Sinken die Löhne, so die Klassiker, vermindert sich auch die Bevölkerung, und die Knappheit der Ressource Kapital verschwindet zusammen mit den niedrigen Löhnen. Auf den Gütermärkten herrschen die gleichen Knappheitskalküle, und die Preise steigen oder fallen, je nach der «greatness of deficiency» oder dem «wealth or wanton luxury of the competitors».[1] Bei all dem ist interessant, daß die Klassik von der Apriorität dieses als Mechanik gedachten Ablaufes völlig überzeugt ist, als ob die Frage nach Armut und Reichtum mit den feineren Empfindungen und Gesinnungen des Menschen zu tun hätten!

Die Verwendung mechanischer Naturgesetze zur Darstellung grundlegender sozialwirtschaftlicher Verhaltensweisen wird durch die Neoklassik formal perfektioniert und die eigentlichen sozialen Fragestellungen gehen in der Logik der mathematischen Modellwelten völlig unter. Die Neoklassik spricht a priori von der Knappheit der Ressourcen, und alle Preise sind grundsätzlich Knappheitspreise.[2]

Aus der Sichtweise Steiners verhindern die klassische Wettbewerbsauffassung und das Knappheitsprinzip ein wirkliches Verständnis der Tauschprozesse der arbeitsteiligen Wirtschaft. Die Preisfor-

---

1 Vgl. A. Smith, in Schefold 1986, S. 218.
2 In allen hier behandelten Aspekten der klassischen Preistheorie folgt die Neoklassik der Klassik. Auch die Neoklassik vermag den Marktpreis nicht aus ihrem werttheoretischen (Nutzen)rahmen abzuleiten, wie Mirowski (1984 a), S. 368) bemerkt, so daß sich seine Bildung letztlich aus den gleichen Gesetzen (s.o.) wie bei den Klassikern vollzieht. Linstromberg (1980, S. 247) betont die Universalität des ökonomischen Knappheitsgedankens in der Neoklassik und seine unreflektierte Apriorität als quasi Naturgesetz. Birken (1988) weist auf die weltanschauliche Untermauerung (Freudsche Psychologie) des Knappheitsgedankens in der Neoklassik hin, wobei zwischen der Psychologie des Begehrens und der subjektiven Wertlehre dahingehend eine Übereinstimmung herrsche, daß beide «the idiosyncratic character of ‹taste› and the scarce nature of the universe in which it functioned» betonen und einen ähnlichen Bedürfnisbegriff («desire») verwenden. Als eine philosophische Hypostase des Gewinnprinzips sind schließlich aus heutiger Sicht Carl Mengers Worte aufzufassen (1934, S. 81), wonach eine tiefergehende Untersuchung der «seelischen Vorgänge» zeige, daß alle Bedeutung, die wir den Dingen der Außenwelt generell beimessen «in letzter Reihe nur ein Ausfluß jener Bedeutung (sind), welche ... unser Leben und unsere Wohlfahrt für uns (als Individuum!) haben». Alles ökonomische Geschehen reduziert sich so auf einen Zustand «unserer eigenen Person».

mel Steiners beinhaltet das gerade Gegenteil von der Preisbildung durch Knappheiten. Denn sie bedeuten keine Ertragsoptimierung nach Geldwerten, sondern basieren auf der Vorstellung der individuellen Bedürfnisbefriedigung nach dem Prinzip der Gegenseitigkeit und des sozialen Ausgleichs. Auf den Ausgleich der Interessen in der arbeitsteiligen Wirtschaft, auf die Lebensbedürfnisse des einzelnen Produzenten und Konsumenten nach dem Prinzip der Gegenseitigkeit nimmt das ökonomische Prinzip der Knappheit keine Rücksicht.

Wissenschaftstheoretische Grundlagen der assoziativen Preisgestaltung

Man muß, «insofern der volkswirtschaftliche Prozeß eigentlich nur in der Bewegung besteht und durch die Bewegung ... alles eigentlich bewirkt werden soll ... überall in diesen volkswirtschaftlichen Prozeß den Menschen einfügen».[1] Der Mensch ist das Subjekt der Ökonomie, er bringt sie praktisch hervor. Die Preisformel Steiners fällt in das Aufgabengebiet einer gestaltenden, praktischen Nationalökonomie. Man müsse, so Steiner, den «ganzen volkswirtschaftlichen Prozeß» erst noch nach dieser Formel gestalten.[2] Die Preisformel Steiners beschreibt somit keinen existierenden Zustand, sondern sie beschreibt einen künftigen Zustand, der auf der Basis theoretischer Einsicht erst noch erreicht werden muß. Die Kernelemente dieser theoretischen Basis sind die Eigenart der Werte zwischen den beiden «Polen» Natur und Geist sowie die altruistische Struktur der arbeitsteiligen Tauschprozesse. Diese beiden Elemente haben einen dynamischen und keinen statischen Charakter: «Wir müssen uns abgewöhnen, solche Begriffe zu konstruieren, die man definieren kann. Es muß uns klar sein, daß wir es mit einem lebendigen Prozeß zu tun haben, und daß wir die Begriffe im lebendigen Prozeß umformen müssen.»[3] Und wir «können nicht mit den Begriffen, die wir gewohnt ... sind, zum Beispiel die Frage: Was ist Wert, was ist Preis? beantworten; denn wir müssen das, was Wert hat, fortwährend in Zirkulation

1 R. Steiner 1986, S. 146.
2 Vgl. R. Steiner a.a.O., S. 82.
3 R. Steiner 1986, S. 20.

betrachten».[1] «Nun sehen Sie in Volkswirtschaftslehren von heute, daß man mit Definitionen von Wert und Preis beginnt. Das erste ist aber die Darstellung des volkswirtschaftlichen Prozesses.»[2] Kernelement des volkswirtschaftlichen Prozesses ist die arbeitsteilige Tauschwirtschaft, und diese ist gemäß Steiner ihrer Natur nach assoziativ: «So nur auch ist es möglich, wenn in dieser Weise selbsttätige Vernunft sich geltend macht im volkswirtschaftlichen Prozeß, daß dieser in gesunder Konstitution ist. Das kann aber nicht auf andere Weise sein, als daß die Menschen vereinigt sind, die nun wirklich in Bildern den volkswirtschaftlichen Prozeß Stück für Stück innehaben und dadurch, daß sie vereinigt sind in den Assoziationen, eben sich gegenseitig ergänzen, gegenseitig korrigieren, so daß die richtige Zirkulation im volkswirtschaftlichen Prozeß vor sich gehen kann.»[3] Die Hauptaufgabe der wirtschaftlichen Assoziationen besteht darin, daß gegenseitig richtige Preise entstehen können, d.h. die Umsetzung der Preisformel zu gewährleisten. Zur Konkretisierung der Assoziationsidee finden sich im «Kurs» folgende Hinweise.

1. Wie alle grundlegenden Ideen ist die Assoziationsidee sehr einfach. Weil der volkswirtschaftliche Prozeß zersplittert ist (Arbeitsteilung) und daher nicht in seiner «Totalität» vom einzelnen Menschen erfaßt werden kann, müssen sich, damit eine synthetische Ganzheit entsteht, wirtschaftliche Vereinigungen (Assoziationen) aus Produzenten, Konsumenten und Händlern bilden.[4]

2. Die enge organisatorische Vernetzung der einzelnen Teilbereiche ist auch deshalb notwendig, weil der Einzelne im ökonomischen Prozeß gar nicht anders kann als seinen «egoistischen Sinn» zu befriedigen. Erst wenn der Einzelne aus der Isolation und Anonymität der arbeitsteiligen Tauschprozesse durch Verbindung zu anderen Interessen herausgehoben wird, entsteht die nötige Gegenseitigkeit der Tauschprozesse, weil dann «das Interesse des anderen mit in dem volkswirtschaftlichen Urteil darinnen sein (wird)».[5]

3. Assoziative Vereinigungen sind weder als eindeutig bestimmte Betriebsmodelle noch etwa als makroökonomische Planungssysteme definierbar. Nach Steiners Auffassung lassen sich assoziative Verhal-

1   R. Steiner 1986, S. 20.
2   R. Steiner a.a.O., S. 21.
3   R. Steiner a.a O., S. 152.
4   Vgl. zur Assoziation S. 40ff.
5   R. Steiner 1986, S. 152f.

tensweisen oder Vereinigungen jederzeit aus der Praxis auf der Basis der gegebenen Strukturen entwickeln. Auf mikroökomischer Ebene ist beispielsweise eine innerbetriebliche Lohnstruktur, die sich nicht nur nach der Leistung, sondern auch nach den Bedürfnissen der Mitarbeiter richtet und in deren Rahmen die Löhne nicht als Kosten, sondern als Anteile am Nettoerlös erscheinen, assoziativ, weil nicht ein Marktpreis, der sich an Knappheiten orientiert, herrscht, sondern soziale Einsicht in die gegenseitigen Bedürfnisse wirksam wird. Auf makroökonomischer Ebene z.b. wirken neu zu schaffende Gremien, in welchen auch Konsumenten vertreten sind, beispielsweise der chemischen Industrie, die die Sozial- und Umweltverträglichkeit bestimmter Technologien und Produktionsverfahren sowie bestimmter Produkte nach gesamtwirtschaftlichen Kosten, sozialethischen Kriterien etc. beurteilen, assoziativ, weil die Überschau über die wirtschaftliche und soziale Gesamtwirksamkeit der Produktion praktische und maßgebliche Bedeutung erlangt.

Das, worauf es laut Steiner in einer assoziativen Wirtschaft ankommt, ist in Assoziationen wirkender «objektiver Gemeinsinn».[1] Dieser objektive Gemeinsinn ist die wirksame Leitidee, die sich überall eine konkrete Gestalt schaffen kann und muß. Dagegen denke die bloße «Gelehrsamkeit» der Wissenschaft laut Steiner noch in den Wissenschaftskategorien des 19. Jahrhunderts. Sie will das wirtschaftlich-soziale Leben in ein theoretisches und klar definiertes, analytisches wissenschaftliches System verwandeln. Das aber entspricht der Quadratur des Kreises. Denn das Leben läßt sich nur aus einer synthetischen Ganzheit heraus erfassen, die im sozial-wirtschaftlichen Bereich einer bewußten Organisation des Einzelnen hin zum Ganzen entspricht. Genauso wie man nicht von Werten und Preisen sprechen kann, wenn man die dahinter liegenden Faktoren, Natur und Geist, nicht erkennt, kann man auch nicht von Assoziationen sprechen, wenn man nicht den «objektiven Gemeinsinn» als soziale Urgestalt der arbeitsteiligen Tauschwirtschaft erkennt. Das aber bedeutet, daß man vom bloßen Verstand der äußeren Betrachtung zur Vernunft des praktischen Handelns gelangen muß. «Denn in dem Augenblick, wo sich wirklich Verständnis findet, kann ja die Sache, nicht etwa erst bis übermorgen, sondern schon bis morgen geschaffen sein. Denn es handelt sich ja nicht darum, radikale Umgestaltun-

---

1   R. Steiner a.a.O., S. 153.

143

gen zu machen, sondern im einzelnen den assoziativen Zusammenschluß zu suchen.»[1]

4. Die Natur des assoziativen Wesens bestimmt die Mittel der Beeinflussung der Preise. Die im Leben wirksamen Urideen sind durch zwei Eigenschaften ausgezeichnet. Zum einen handelt es sich um die Adaptabilität und zum anderen um das Gesetz der Entwicklung. Beide Eigenschaften zusammengenommen ergeben die Variabilität der Erscheinungen des Lebens. Diese Variabilität des Lebens läßt sich nicht ausschalten, sondern nur gestalten. Auch die Preise folgen dem Gesetz der Variabilität. Sie sind das Resultat konkreter Verhältnisse (Klima, Bodenschätze, Kultur etc.) und entwickeln sich aus Gegensätzen (Naturprodukte versus Kulturprodukte, Konsument versus Produzent etc.).[2] Daher geht es Steiner nicht etwa um die Aufhebung der Marktbeziehungen zwischen Konsumenten und Produzenten, sondern um die «Umwandlung» des Marktes. Die Marktbeziehungen sollen eine andere sozialorganisatorische Grundlage erhalten.

Praktische Grundlagen der assoziativen Preisgestaltung

Die assoziative Preisbildung nimmt unter Berücksichtigung der folgenden Aspekte praktische Gestalt an.

1. *Freie wirtschaftliche Initiative.* Rudolf Steiner teilt mit der liberalen Wirtschaftstheorie, deren frühe Vertreter die Klassiker waren, die Auffassung, daß nur durch unternehmerische Leistungen und direkte Beziehungen zwischen Produzenten und Konsumenten am Markt ein sach- und fachgemäß verwaltetes Wirtschaftsleben möglich ist. Unternehmerische Fähigkeiten können sich nur entfalten, wenn derjenige, der darüber verfügt, sich auch als freier Unternehmer betätigen kann. Ebenso muß der Konsument durch die Nachfrage seine Präferenzen frei äußern können. Im Unterschied zur liberalen Wirtschaftstheorie vertritt Steiner aber die Auffassung, daß solche Begriffe wie «unternehmerische Freiheit» und «Markt» einer differenzierenden Betrachtung bedürfen. «Freiheit» darf nicht mit Willkür und Machtausübung, «Markt» nicht mit Sozialdarwinismus und einseitigem Konsumismus verwechselt werden. Die Möglichkeit per-

---

1   R. Steiner 1986, S. 123.
2   R. Steiner a.a.O., S. 13f.

sönlicher Bereicherung, soziale, ökologische und kulturelle Schäden bestimmter Produktionsweisen und bestimmter Formen des Konsums zeigen, daß das Geschehen am Markt ein Urteilsvermögen der Produzenten und Konsumenten voraussetzt, welches mit den üblichen schablonierten Begriffen der liberalen Wirtschaftstheorie nicht erfaßt wird. Insofern zielt Steiners liberale Wirtschaftsauffassung — die freie unternehmerische Initiative und der aktive Konsument — in eine ganz andere Richtung als die herkömmlichen liberalen Wirtschaftstheorien.

2. *Die Metamorphose des Wettbewerbes.* Entscheidend für die Reform der Marktordnung ist ein neues Verständnis von Wettbewerb. Heute gilt: Dadurch, daß unternehmerisches Risiko a) die Möglichkeit wirtschaftlichen Ruins als Effizienzdruckmittel bewußt einkalkuliert, b) Produktionsmittel käuflich erworben werden können und Unternehmen auf diese Weise ihre Unabhängigkeit verlieren können und schließlich c) aufgrund der Ertragsinteressen der Eigentümer und Produzenten einseitig gewinnorientiert arbeiten müssen, entwickelt sich ein Kampf ums Dasein, bei welchem die Marktanteile das erste Ziel, die Befriedigung der Bedürfnisse der Konsumenten erst das zweite Ziel darstellen. Die Wirtschaft dient heute nicht nur den Bedürfnissen, sondern die Bedürfnisse dienen dem Wettbewerbskampf. Der heute gebräuchliche Begriff einer «effizienten Allokation der Ressourcen» nach dem Prinzip entweder der Billigkeit oder der Exklusivität geht von der unzutreffenden Voraussetzung aus, daß die Produktion den Bedürfnissen dient. Durch den Wettbewerbsdruck aber müssen Bedürfnisse permanent durch Werbung «bearbeitet» werden. Es kommt zur Selbstzwecksetzung der wirtschaftlichen Leistungen.

Wesentlich für ein neues Marktverständnis ist, daß Effizienz, Leistung und Qualität der Produkte nicht durch die Drohung des Verlustes der wirtschaftlichen Lebensfähigkeit bewirkt wird, sondern durch das wirtschaftliche und soziale Urteil auf der Basis der Gegenseitigkeit und Abhängigkeit in der arbeitsteiligen Wirtschaft. Entscheidendes Koordinationsinstrument des Marktes muß deshalb die assoziative Bedürfnisfindung der Wirtschaftsteilnehmer sein, weil der einzelne in der arbeitsteiligen Wirtschaft nur dann ein soziales Urteil fällen kann, wenn er assoziativ vernetzt ist, d.h. einen Einblick in die Bedürfnisse und Leistungen anderer erhält.[1] Erst dann kann

---

1 Vgl. S. 40ff.

aus der «sozialen Notwendigkeit» heraus produziert werden.[1] Auf folgende Einzelaspekte geht Steiner im «Kurs» ein:

a) Entscheidend für die heutige «Verfälschung» der Preise ist nach Steiner, wie bereits erwähnt, die Rentenbildung aufgrund der Knappheit der Produktionsfaktoren Grund und Boden und Produktionskapital, die ihrerseits durch deren Käuflichkeit verursacht ist. Knappheitsbildungen kann nur entgegengewirkt werden, wenn ein ausgedehntes Schenkungswesen geschaffen wird. Man könnte sich hier z.B. Stiftungen vorstellen, die Produktionskapitalien, zeitlich befristet, Unternehmern zur Verfügung stellen. Steiner ging es zunächst einmal darum, daß Besitzverhältnisse keine Machtverhältnisse begründen dürfen, und daß die unternehmerische Kompetenz (Nachfolgeproblematik) gewährleistet werden muß, was durch die heutigen Rechtsverhältnisse nicht unbedingt gegeben ist. Grundsätzlich ist daran zu denken, das Eigentum an Produktionsmitteln durch ein Pachtsystem zu ersetzen. Die Durchführung und Handhabung eines solchen Pachtwesens darf laut Steiner nicht in die Hände des Staates fallen, sondern muß Organen der Wirtschaft überlassen werden (Assoziationen). Denkbar wäre auch, daß Organe des freien Geisteslebens wie Universitäten und Hochschulen und deren wirtschaftliche Fakultäten die Pachtvergabe überlassen wird und der Staat lediglich einen rechtlichen Rahmen für diese Kompetenz schafft. Wie auch immer die Regelungen getroffen werden, es müssen die folgenden Prinzipien beachtet werden.

1. Subsidiarität: Die Verpachtung von Produktionsmitteln darf nicht durch eine Bürokratie kontrolliert und reglementiert werden. Sie sollte von unternehmerischen Persönlichkeiten und Unternehmen sowie von Organen der Wirtschaft und des freien Geisteslebens «assoziativ» geregelt, d.h. durch gemeinsame Organe gewährleistet werden.

2. Fähigkeitsprinzip: Kapital kann nur verwalten, wer dazu die Fähigkeiten besitzt. Die o.g. «assoziativen» Organe sind auch dafür verantwortlich, daß ein Unternehmertum entsteht, das Kapital durch sachliche und soziale Kompetenz verwaltet. Hier sind insbesondere Vertreter des freien Geisteslebens gefordert.

3. Marktprinzip: Der Marktbegriff muß erweitert werden. Der Konsument soll nicht erst durch Zustimmung oder Verweigerung

---

1   Vgl. R. Steiner 1986, S. 48.

Kauf seine Präferenzen äußern. Konsumenten und ihre Vertreter sollen in den Verwaltungsgremien der Unternehmungen Einblick und Mitsprache bei Investitionsvorhaben, Produktentwicklungen etc. erhalten.

b) Um Konkurse und Konjunkturschwankungen zu verhindern, empfiehlt Steiner ein antizipatives Eingreifen der Assoziationen. Sinken z.b. die Preise und Erträge einer Branche oder eines Unternehmens, dann ergreift die Assoziation bestimmte Maßnahmen, die verhindern, daß ein einzelnes Unternehmen Konkurs anmelden muß oder eine ganze Branche in wirtschaftliche Schwierigkeiten gerät. Hier erwähnt Steiner die Möglichkeit einer antizipativen Arbeitsmarktgestaltung einzelner Branchenassoziationen, wonach die Größe einer Branche, die Qualifikation der Arbeitskräfte, die zukünftig gewünschten Veränderungen der Beschäftigungsverhältnisse usw. in antizipativer Weise zwischen Unternehmen, Berufs- und Branchenassoziationen etc. autonom, d.h. ohne staatliche Verwaltung, gestaltet wird.

c) An die Stelle des Gesetzes der Billigkeit oder Exklusivität tritt das Gesetz der Kompensation. Ob jemand in der Landwirtschaft arbeitet oder als Bildhauer: Er bzw. sie muß nach der Preisformel immer einen Gegenwert für die Befriedigung der eigenen Bedürfnisse bekommen. Dazu bedarf es einer neuen «Markttransparenz», die dem Markt heute dadurch genommen wird, daß der Einsatz von Kapital einseitig dem Ertragsinteresse der Einzelunternehmung dient und Natur und Kultur auf diese Weise den Interessen des Einzelkapitals untergeordnet werden.[1] Darüberhinaus geht diese Markttransparenz dadurch verloren, daß viele Märkte heute internationale Massenmärkte geworden sind, die alte regionale Marktstrukturen ersetzen und damit auch die Überschaubarkeit der Beziehungen zwischen Produzenten und Konsumenten gefährden. Laut Steiner dürfen assoziative Vereinigungen zwischen Unternehmen und Konsumenten eine gewisse Größe nicht übersteigen. Diese, so sagt Steiner, lasse sich allerdings nicht theoretisch bestimmen, sondern müsse sich unter dem Primat der Transparenz erst durch die Praxis erweisen. In jedem Falle aber impliziert Steiners Ansatz eine wesentliche Stärkung regionaler Märkte, ohne daß einer Rückführung auf die agrarisch bestimm-

---

1 Vgl. dazu S. 95ff.

ten präindustriellen Marktstrukturen das Wort geredet wird. Es gilt aber, daß nur durch eine wesentliche Verankerung des Wirtschaftslebens in den jeweiligen Regionen die Stabilität eines Wirtschaftssystems gewährleistet werden kann. Einseitige internationale Massenmärkte erfordern im Krisenfall einen marktfeindlichen Steuerungszentralismus.

d) Die Entwicklung und Anwendung moderner und arbeitssparender Technologien sollte aufgrund einer vorausschauenden Koordination zwischen Unternehmen, Gremien des freien Geisteslebens und der jeweiligen Branchenassoziation erfolgen. Bei dieser Zusammenarbeit geht es weniger um technokratische Planung, sondern um die Schaffung von Transparenz in bezug auf die Bedürfnisse.

Wenn der einzelne Mensch aus «sozialer Notwendigkeit» heraus produzieren soll, dann muß er auch darüber informiert werden, wo genau die sozialen Notwendigkeiten liegen, um für sich und in der Gemeinschaft eine wirklich freie Entscheidung als Konsument treffen zu können. Auf keinen Fall darf die Entwicklung von Geistesprodukten (moderne Schlüsseltechnologien) den individuellen Erwerbsinteressen anheimgestellt werden; denn dann gerät das Geistige im Menschen in den Einflußbereich dieser Interessen, was nicht nur wirtschaftliche, sondern auch negative soziale und gesellschaftliche Konsequenzen hätte.

e) In dem vom Überlebenskampf befreiten Markt sind die Preise die unverfälschten Indikatoren der Bedürfnisse und Qualitäten. Es entstehen die besten Leistungen für die Gemeinschaft. Wenn der Preis eines Produktes höher ist als der Preis für das gleiche Produkt eines anderen Herstellers, dann kommt darin eine andere Gediegenheit des Produktes zum Ausdruck, die von einigen Konsumenten erwünscht wird, von anderen aber nicht. Wenn die Bedürfnisse eines Produzenten höher sind als die eines anderen Produzenten und dieser Produzent seine Preise erhöht oder erniedrigt (je nachdem, wie seine Kostenstruktur ist), dann wird das für die Volkswirtschaft keinen Schaden bedeuten. Denn eine Wirtschaft, in der nicht der Kampf um das Überleben, sondern die Befriedigung der Bedürfnisse im Vordergrund steht, ermöglicht eben auch, daß jeder einzelne Konsument und Produzent seine eigenen Bedürfnisse wirklich kennenlernt. Auf diesem Gebiet gibt es, wie auf allen anderen Gebieten des Lebens, Variationen.

Zusammenfassung

Auf preistheoretischem Gebiet ist es Rudolf Steiners Bestrebung aufzuzeigen, aus wievielen unterschiedlichen Faktoren und Bedingungen
die Preisbildung hervorgeht. Im Zentrum von Steiners Ausführungen
steht die Komplexität der Preisbildung im Zusammenhang mit der
Produktdiversifizierung (landwirtschaftliche Produkte bis kulturelle
Produkte und Güter) und der Arbeitsteilung. Aus diesen Ausführungen leitet sich auch Steiners Kritik an der klassischen Preistheorie ab.
Steiners Preistheorie ist aber nicht nur positiv im Sinne einer Ermittlung der Preisbildungsprozesse zwischen den «Polen» Natur und
Geist. Die praktische Volkswirtschaft, so sagt Steiner, laufe ganz auf
eine Gestaltung der Preisbildungsprozesse hinaus. Dabei geht Steiner
von der grundlegenden Überzeugung aus, daß die Preisbildung in einer arbeitsteilig-interdependenten Wirtschaft «assoziativ» beeinflußt
werden, d.h. durch neue Formen der Zusammenarbeit von Produzenten und Konsumenten unterstützt werden muß. In diesem Zusammenhang geht es Steiner um eine wesentliche Weiterentwicklung der
Marktwirtschaft, in deren Mittelpunkt ein verändertes Verständnis
von unternehmerischer Freiheit, Wettbewerb und Konsumentenverhalten steht.

**Rudolf Steiners wissenschaftstheoretische Auseinandersetzung
mit der Klassik**

Rudolf Steiner setzt sich im «Kurs» nicht nur mit konkreten Theorieaussagen der Klassik auseinander, sondern auch mit den methodischen und erkenntnistheoretischen Grundlagen der klassischen Theorien, welchen er große Aufmerksamkeit schenkt.

Während die Natur eine vorgegebene Welt ist, die zumindest im
Bereich des Mineralischen durch feste Gesetze beschrieben werden
kann, ist die soziale Welt eine vom Menschen geschaffene Welt, die
aus seinen eigenen Ideen und Vorstellungen entworfen werden kann.
Insofern hat sich die Sozialwissenschaft nicht nur mit der Empirie
des Gegebenen zu beschäftigen, sondern auch mit den geistigseelischen Voraussetzungen sozialer Realitäten und den methodischen Inhalten der Wissenschaft, die diese Realitäten beschreibt.

In diesem Zusammenhang ist der erkenntnistheoretische Ansatz Rudolf Steiners von Bedeutung. Laut Steiner teilt sich die Wirklichkeit für das menschliche Aufnahmevermögen zunächst in zwei Teile auf: Auf der einen Seite erfaßt die sinnliche Wahrnehmung die physische Gestalt der Realität. Auf der anderen Seite erfaßt der menschliche Geist die geistige Natur der Wirklichkeit. Das Bedeutende dieser monistischen Weltauffassung — der Geist der Natur wird im menschlichen Denken zur Sprache der Natur — liegt in der geistigen «Schichtung» der Wirklichkeit und dem Aspekt der Entwicklung, der daraus hervorgeht. Die anorganische Natur hat andere geistige Inhalte als die organische; und letztere wieder andere als die soziale Welt. Dementsprechend angepaßt muß die Denkart und Denkmethodik sein. Während die anorganische Natur, wie Steiner sagt, nur dem «Verstand» zugänglich ist, kann die soziale Welt nur durch die «Vernunft» in ihrer Eigenart erfaßt werden.

Vernunft versus Verstand

Die Klassiker, so sagt Steiner, würden in ihrer Wirtschaftstheorie nur mit dem Materiell-Stofflichen rechnen. Es sei z.B. der Fehler der Klassiker im Bereich der Kapitaltheorie gewesen, nur die physische Seite des Kapitals zu betrachten und die geistigen Voraussetzungen, aus denen heraus Kapital entsteht, zu vernachlässigen.[1] Diese Einseitigkeit der Klassiker bringt Steiner in einen Zusammenhang mit ihrem Denken und mit ihrer Methodik. Im Grunde genommen, führt Steiner aus, würden die Klassiker nur im rein verstandesmäßigen Bereich denken, und es sei nur die physische Seite der Realität, die mit dem «Verstand» zu fassen sei.[2] Die Grenze des Verstandesmäßigen wird von Steiner an anderer Stelle so beschrieben: Der Verstand sei jenes Erkenntnisvermögen, welches den geistigen Gehalt der anorganisch-materiellen Natur wiedergebe. Diese Natur werde von Gesetzen beherrscht, die von außen an sie heranträten und die die Natur der quantitativen Analyse zugänglich machten (mathematisch ausdrückbare Kräfteverhältnisse etc.[3]). Da der Verstand aber nur das

---

1   Vgl. R. Steiner 1986, S. 191.
2   R. Steiner a.a.O., S. 19.
3   Vgl. R. Steiner a.a.O., S. 65.

Wesen der anorganischen Welt erfassen könne — im Sinne Steiners ist der Verstand die «Sprache» der anorganischen Natur — könne er die Stufe der lebendigen Natur und der sozialen Erscheinungen nicht oder nur unzureichend begreifen. Im organischen Leben und im sozialen Leben, sagt Steiner, tritt das Geistige nicht an den Stoff von außen heran und beherrscht diesen, sondern es wird im Stofflichen selbst lebendig und daher in vielfältiger Form wirksam.[1] Das organische und das soziale Leben sind sozusagen der lebendige Ausdruck geistiger Prinzipien und Ideen.

Diese Betrachtungsweise Steiners, die eine Weiterentwicklung der Naturanschauung Goethes im Sinne eines monistischen Erkenntnisansatzes darstellt, gipfelt im Bereich des menschlichen Handelns in der Feststellung: «Wenn alle Naturprozesse nur Manifestationen der Idee sind, so ist das menschliche Tun die Idee selbst (...) was wir im Naturprodukt als dem Wirklichen zugrunde liegend denken, das führen wir in unserem Handeln in die Wirklichkeit ein».[2]

Mit anderen Worten: Während in der Natur das Geistige nur als gegeben auftritt, schöpft der Mensch unmittelbar aus dem Geistigen seine eigene (soziale) Realität. Um diesen Prozeß vollumfänglich zu erfassen, müsse man vom «Verstand» zur «Vernunft» gelangen.[3] Und da die wirtschaftliche Realität eine vom Menschen erzeugte Realität ist, könne sie nur vollumfänglich von der «inneren Vernunft» erfaßt werden.

Nun könne, sagt Steiner, zwar der Verstand versuchen, die soziale Realität zu erfassen. Da er aber die schöpferische Wirksamkeit des Geistigen in dieser Realität nicht erkennen könne, sei das Resultat eine unzulängliche bzw. falsche Theoriebildung.[4]

Dies läßt sich an einem Beispiel aus dem Bereich der klassischen Preistheorie folgendermaßen aufzeigen. Ricardo wollte im Rahmen seiner Preistheorie ein vollkommenes Wertmaß finden, das in dem

---

1 R. Steiner 1948 a), S. 73f.
2 R. Steiner 1949, S. 181ff.
3 R. Steiner a.a.O., S. 151 u. 154, vgl. ferner R. Steiner 1986, S. 17 u. 38f.
4 «Die Ideen der Volkswirtschaft müssen ganz beweglich sein. Wir müssen uns abgewöhnen, solche Begriffe zu konstruieren, die man definieren kann. Es muß uns klar sein, daß wir es mit einem lebendigen Prozeß zu tun haben und daß wir die Begriffe im lebendigen Prozeß umformen müssen. Nun versuchte man aber gerade, Wert, Preis, Produktion, Konsumtion und so weiter mit den Ideen zu erfassen, die man hatte. Aber die taugten nichts. Daher haben wir im Grunde eine Volkswirtschaftslehre nicht erringen können», R. Steiner 1979 a), S. 20.

Sinne objektiv sein soll, als es außerhalb der Relativität der Werte steht, so daß man, anders als bei relativen Werten und Preisen, niemals eine Veränderung der Preise jener Ware, die als Maßstab der Messung dient, zuschreibt.[1] Das, was Ricardo anstrebte, zeigt, daß er analog zu den Phänomenen der anorganischen Natur, von einer Trennung zwischen Gesetz (Wertmaßstab) und Stoff (Wertgegenstand) ausging, was Sraffa zu der Bemerkung veranlaßte, daß Ricardo einen Bewertungsprozeß ohne Bewertung anstrebte.[2]

Die Preisbildung kann natürlich immer nur als ein dem ökonomischen Prozeß immanenter relativer Vorgang aufgefaßt werden. Der einzelne Preis kann nicht zum Tauschvorgang, aus dem er hervorgeht, in der gleichen Beziehung stehen, wie beispielsweise die Elle zum Tuch, das durch sie gemessen werden soll. Die praktische, lebendige soziale Welt ist kein physikalisches System der exakten absoluten Meßbarkeit. Sie ist aus der Summe bewußt handelnder und in gegenseitigen Verhältnissen stehender Menschen gestaltet bzw. sollte ihrem Wesen nach so gestaltet sein.

«Definitionen» im Sinne der Physik und «scharf» abgrenzbare Begriffe, sagt Steiner, könne es im Bereich der Sozialwissenschaften nicht geben. Die soziale Realität könne sich nur in innerlich reflektierten Bildern abbilden, als Abbildung des im Sozialen immanent wirkenden Geistigen.[3] «Was die volkswirtschaftlichen Prozesse auszeichnet, ist, daß wir in ihnen drinstehen. Wir müssen sie also von innen anschauen (...) In der Naturwissenschaft stehen wir außer den Prozessen (...) Den volkswirtschaftlichen Prozeß machen wir überall innerlich mit, müssen ihn auch innerlich verstehen».[4]

Dieses «innerliche Verstehen» beinhaltet vor allem ein Erkennen der Wirkungsweise des Geistigen in den wirtschaftlichen und sozialen Prozessen.[5] Die «charakterisierende Methode»[6] ist der wissen-

---

1 Vgl. D. Ricardo, in B. Schefold 1986, S. 16.
2 Vgl. P. Sraffa 1981, XXXI, vgl. ferner G.T. Young 1981, S. 29.
3 R. Steiner a.a.O., S. 21.
4 R. Steiner 1979 a), S. 65.
5 Die fehlende Koinzidenz zwischen geistigem Gesetz und Materie im Bereich des Anorganischen (das Gesetz wirkt von außen auf den toten Körper ein), die für den Verstand als «Reflektor» der anorganischen Natur immanent als Erkenntnisgrenze gegeben ist, wird auf der Stufe der Vernunft dadurch aufgehoben, daß sich das Geistige als immanent tätig zeigt und dadurch die Selbsterkenntnis des schöpferischen Geistes ermöglicht (Geist erkennt Geist). Vgl. R. Steiner 1978 u. 1979 a), S. 20.
6 Vgl. dazu S. 106ff.

schaftsmethodische Ausdruck dieses inneren Verstehens bzw. der Vernunft. Sie erfaßt die Ganzheit des ökonomischen Prozesses im Sinne des lebendig wirkenden Geistigen und «formt Begriffe» so um, wie es der lebendig-geistige soziale Prozeß fordert.[1] Beispielsweise dadurch, daß nicht vom Kapital als solchem gesprochen wird, sondern von verschiedenen Erscheinungsweisen des Kapitals (von Produktionsmittel, Geldkapital und unternehmerischen Fähigkeiten), die alle einen holistischen und zentralen Bezugspunkt aufweisen: Die verschiedenen «synthetischen» (Geldkapital) und «analytischen» (Produktionskapital) Stufen der Wirkungsweise des menschlichen Geistes, der im Abstrakten (Geld) und Stofflichen (Produktionsmittel) seinen wirtschaftlichen Ausdruck findet. Auf diese Weise wird auch der Blick frei für ein ganzheitliches Verständnis der wirtschaftlichen Produktion, weil auch das Kulturleben in seiner Bedeutung für das Wirtschaftsleben als ursprünglicher Hervorbringer geistiger Leistungen anschaubar wird. Die dem naturwissenschaftlichen Denken eigene atomistische Betrachtungsweise dagegen verliert den Blick auf eine einheitliche Betrachtungsweise des sozial-wirtschaftlichen Lebens und ist durch die soziale Zersplitterung, die dieses Denken fördert, ein nicht unwesentlicher Faktor bei der Entstehung der sozialen Entfremdung.

Vernunft und soziale Wirklichkeit

Die «innere Vernunft» führt nicht nur zur Reflexion des Geistig-Schöpferischen in der sozialen Welt. Sie eröffnet auch die Möglichkeit der qualitativ-sittlichen Bestimmung der geistig-sozialen Gestaltungstätigkeiten und führt zu entsprechendem Differenzierungs- und Analysevermögen.

Von der klassischen bzw. liberalen Wirtschaftstheorie wird die Meinung vertreten, der durch den Wettbewerb «gezähmte» Egoismus (in Form des Erwerbsstrebens) sei die wirtschaftliche und sozial unerläßliche Antriebsfeder für eine optimale Allokation der Produktionsmittel. Vom Standpunkt einer rein verstandesmäßigen Auffassung der sozialen Wirklichkeit ist diese Behauptung richtig, weil sie mit den Möglichkeiten der verstandesmäßigen Auffassung der sozia-

---

1 R. Steiner 1979 a), S. 20.

len Realität übereinstimmt. Der Wettbewerb sollte ja — und dessen waren sich die Klassiker bewußt — ein Abbild der kosmischen Ordnungskräfte der Planeten sein, der die Aktivitäten der einzelnen Wirtschaftssubjekte ähnlich koordiniert und steuert wie etwa die Bewegungsgesetze das planetarische System.

Das Wesen des klassischen Wettbewerbsgesetzes besteht darin, daß es in Analogie zu den Gesetzen der anorganischen Natur wie von außen und mechanisch an das einzelne Wirtschaftssubjekt herantritt. Die Natur dieses Ordnungsmusters bedingt — in Analogie zum toten Stoff der anorganischen Natur, der lediglich von außen geordnet wird — die geistig-moralische Passivität des Wirtschaftssubjektes. Nicht der soziale Wille des einzelnen Menschen, sondern ein mechanisch-übergreifendes Ordnungsmuster soll die Koordination der Tauschprozesse übernehmen.

Aus der Sicht Steiners jedoch, ist ein solches Koordinationsmuster der Tauschprozesse «unvernünftig», und dies aus folgendem Grund: Die sozialen Beziehungen der Menschen haben nicht nur natürliche Grundlagen im Sinne von «Naturgesetzen» und Instinkten, sondern sie enthalten auch entwicklungsfähige moralisch-geistige Elemente, die sich als freier Gestaltungswille aus dem einzelnen Menschen heraus entwickeln. Wenn nun die geistigen Quellen und Grundlagen sozialer Beziehungen, die Steiner mit dem Wort der Brüderlichkeit umschrieb, verloren gehen und der einzelne Mensch als Folge dieses Verlustes keine inneren Bindungen zu anderen Menschen oder zu sozialen Einrichtungen entwickeln kann, dann treten Entfremdungsphänomene ein, die weitreichende soziale Folgen haben. Eine wirkliche Identifikationsleistung des einzelnen mit der Gemeinschaft kann sich nicht entwickeln, und die gesellschaftlichen Prozesse laufen mit einer Art mechanischem Automatismus ab. Aus Engagement wird, wie Steiner sagt, «bloße Routine», aus bewußtem Wollen bloße «Gewohnheit».[1] Und nicht nur das. Der Mangel an moralisch-geistiger Eigendynamik der einzelnen Menschen und gesellschaftlicher Gruppen führt zum «Notstaat» (der Begriff stammt von Friedrich Schiller), weil der Staat durch immer dichtere Gesetzes- und Regelungsmechanismen dasjenige durch Gebote und Normen beseitigen muß, was bereits als sozialer oder ökologischer Schaden aufgetreten ist. Der «liberale» Staat ist weitgehend nicht die Summe des Zusammen-

---

1   R. Steiner 1979 a), S. 214.

schlusses freier Individuen durch eine gemeinsame Rechtsbasis, sondern z.T. eine Interessengemeinschaft zur Schadensbeseitigung unter den Bedingungen der politischen Konkurrenz. Der «liberale» Staat ersetzt immer mehr die moralisch-geistige Selbstorganisationsfähigkeit der Gesellschaft durch ein von außen an den Einzelnen herantretendes Normengeflecht. Es handelt sich hierbei um die soziale Konsequenz der Verstandeskultur des 19. und 20. Jahrhunderts, die dem seelisch-geistigen Eigenwollen des Menschen keinen Raum und keine Entwicklungsfähigkeit geboten hat und bis heute wirksam ist.

Dagegen zeigt die «Vernunft», daß der Mensch nicht zur seelisch-geistigen Passivität in den anonymen Tauschprozessen der modernen arbeitsteiligen Gesellschaft verurteilt ist, sondern daß er «moral choices» hat, die er aus innerer Freiheit wählen kann. Denn der Mensch, der seine moralischen Seelenfähigkeiten erkennt und entwickelt, wird in eigener Verantwortung lernen, auch soziale Verantwortung zu tragen, weil er aus sich selbst heraus die Wahrheit sozialer Ideen anschauen lernt und daher aus Liebe zu ihnen handelt. Dies kann aber nur in einer Gesellschaft erreicht werden, die die sozialen und moralischen Seelenfähigkeiten des Menschen fördert und stützt. Erst auf einer solchen Basis werden breite und durchgreifende Veränderungen auch im wirtschaftlich-sozialen Bereich möglich und neue Koordinationsmöglichkeiten der wirtschaftlichen Tauschprozesse denkbar. In diesem Zusammenhang ist die Assoziationsidee Steiners von Bedeutung. Die wirtschaftlichen Assoziationen basieren auf der Vorstellung der sozialen Selbstorganisationsfähigkeit der Wirtschaftsteilnehmer, in welchen die geistig-sozialen Impulse der Menschen im Bereich des Wirtschaftlichen zum Tragen kommen sollen.

Zusammenfassung

Steiners Auseinandersetzung mit der Klassik beinhaltet auch die Behandlung der methodischen und erkenntnistheoretischen Grundlagen der klassischen Theorien. In diesem Zusammenhang stellt Steiner die These auf, daß das naturwissenschaftliche Denken der Klassiker in nur unvollkommener Weise die Natur von Sozialprozessen erfassen könne und die Klassik daher teilweise zu falschen Theorien gelangt sei. Ein neuer weltanschaulicher und wissenschaftsmethodischer Ansatz kann laut Steiner die Natur sozialer Systeme als Ausdruck des im Menschen lebenden Geistigen begreifen lernen. Aus diesem Ansatz

155

ergibt sich nicht nur ein ganzheitlicher Überblick über die wirtschaftlichen Tauschprozesse, sondern auch die Integration moralisch-sittlicher Fähigkeiten als Bestandteil des Wirtschaftslebens. Was letzteres betrifft, trägt Rudolf Steiners Weltanschauung den Keim einer grundlegenden Erneuerung des sozialen Lebens in sich. In dem Maße, in dem der Mensch die geistig-moralische Welt in sich aufzunehmen lernt, wird er das Sittliche aus sich heraus erstreben und sozial verwirklichen wollen. Dadurch entsteht wahre gesellschaftliche Freiheit. Während im Mittelalter das Gebot der Kirche und im liberalen Zeitalter die Gesetze des Staates den Menschen von *außen* gelenkt haben und lenken, muß der Mensch, wenn er in Zukunft frei sein will, immer mehr von *innen* und aus sich heraus das Soziale erstreben und verwirklichen wollen. Dies bedingt eine grundlegende Neubewertung des seelisch-geistigen Fähigkeitspotentials des Menschen im Sinne von Steiners Begriff der Vernunft.

1. Die Vernunft erfaßt die Wirksamkeit des Geistigen in der Wirklichkeit, und der Materialismus — die Vorstellung der Entstehung des Lebens aus dem Nichts — wird überwunden.

2. Die Vernunft ist Ausdruck des schöpferischen Geistes durch lebendiges Denken. Auf diese Weise überwindet die Vernunft das abstrakte und starre Denken, welches den Verstand auszeichnet.

3. Die Vernunft steigert sich zur «Intuition» durch eine Verfeinerung der inneren und äußeren Wahrnehmungsfähigkeit. Auf dieser Stufe wird die geistige Realität einer moralischen Weltordnung wahrnehmbar, mit der sich das menschliche Ich aus eigenem Antrieb verbinden kann. Diese Unmittelbarkeit in der Anbindung an die geistige Welt gewährleistet die freie Entfaltung eines individuellen moralischen Strebens. Auf diese Weise wird einer Normen- und «Kontrollgesellschaft», im Sinne von immer mehr Rechtsreglementierungen durch Gebote und Verbote, vorgebeugt. Das moralische Element wird im Handeln selbsttätig, aus rechtlich gebremster Willkür wird verantwortete Freiheit.

Annex: Die Wissenschaftskritik der Romantiker
an der klassischen politischen Ökonomie

Bereits die Romantiker erkannten die sozialen Folgen und Gefahren der klassischen Denkhaltungen und Wissenschaftsmethodik und warfen den Klassikern soziale Empfindungslosigkeit vor.

Für die Klassiker ist eine naive Euphorie in bezug auf die Bedeutung der ehernen Naturgesetze der Physik für die Sozialwissenschaften kennzeichnend. So wird z.B. Ricardo von Robert Torrens mit den Worten gepriesen, daß seine Werttheorie eine «Regelmäßigkeit und Einfachheit» besitze, die sogar jenseits dessen läge, was die Natur an Gesetzen hervorgebracht habe.[1] Gegen Mitte des 19. Jahrhunderts setzt sich allmählich eine andere Stimmung durch. Die Natur und ihre Gesetze werden zur Handhabe einer allgemeinen Geistfeindlichkeit. Pareto beklagt, daß sich der Mensch leider noch immer nicht von dem «inkohärenten Gestammel» der Moral und Religion befreit habe,[2] und Carl Menger vertritt die Auffassung, daß die Wertbildung «unabhängig von der menschlichen Wirtschaft in ihrer sozialen Erscheinung» erfolge.[3] Gegen diese naturgesetzliche Denkrichtung hatten sich schon die Romantiker mit z.T. großer Schärfe zur Wehr gesetzt. Der englische Romantiker William Blake spricht im Zusammenhang einer Auseinandersetzung mit der klassischen politischen Ökonomie von der seelischen Wesensgestalt des Mechanischen als dem «kalten Feuer», das seine «Nichtigkeit» in das Menschenherz (und die Wissenschaft) ausgieße.[4]

John Ruskin, der Kulturphilosoph des viktorianischen Zeitalters wirft der klassischen politischen Ökonomie vor, daß sie unter ihrem mechanischen Begriff der Utilität die «sozialen Empfindungen» des Menschen erdrücke.[5] Der deutsche Nationalökonom Adam Müller, dessen Nähe zur Frühromantik dokumentiert ist,[6] schreibt, daß «das Bedürfnis nach Ganzheit und Einigkeit ... befriedigt (wird) durch die Erkenntnis der Vereinigung des Ganzen in der Liebe und durch die menschliche Ausübung in der Liebe» und stellt sich damit gegen jede Art eines mechanischen Denkens in der Ökonomie.[7] Müller kritisiert insbesondere den rein sachlichen Kapital- und Nutzenbegriff der Klassiker und die Unterschlagung der geistig-kulturellen Voraussetzungen der Industrialisierung.

---

1 R. Torrens, in A. Ott/H. Winkel 1985, S. 92.
2 V. Pareto, in P. Mirowski 1984 a), S. 364. (Übersetzung vom Verfasser)
3 C. Menger 1934, S. 80.
4 W. Blake, in C. Ryan 1981, S. 83. (Übersetzung vom Verfasser)
5 J. Ruskin, in C. Ryan a.a.O., S. 88. (Übersetzung vom Verfasser). Ähnlich wie Ruskin äußern sich Carlyle und Coleridge.
6 Zur Nähe Müllers zu Novalis vgl. M. Milgate 1986, S. 684.
7 A. Müller 1931, S. 211ff. u. 265. Bei Novalis heißt es knapp: «Die Liebe ist der Endzweck der Weltgeschichte — das Unum des Universums.» Novalis 1981, S. 447.

Während die Klassik und die Neoklassik das Wesen des Sozialen in der unorganischen Natur mit ihren mechanischen Gesetzen zu verankern sucht, trachtet ein Teil der sozial engagierten Romantiker nach einer Bindung des Sozialen an die höchste Menschennatur. Das Ringen um eine Vergeistigung der sozialen Lebensprozesse spiegelt sich in der Polarisierung der Auffassungen. In dieser Beziehung stellt der Anfang des 19. Jahrhunderts einen vielsagenden Aufbruch dar, der dann allerdings weitgehend verebbt ist.[1]

---

1   Einen nur schwachen Abglanz der idealistischen Tradition der Nationalökonomie in Deutschland stellt die historische Schule dar. Ihr war, so Salin (1951, S. 127), die «philosophische Einbettung» der Klassik «fremd». Den defensiven Charakter des Historiebegriffes bringt Schmoller so zum Ausdruck (in Jöhr 1971, S. 60), daß er bekennt, daß er der «Dogmatik» der englisch-französischen Utilitätsphilosophie eine «psychologisch und historisch» tiefer fundierte Sozialphilosophie entgegenstellen wollte. Nicht ganz zu Unrecht bemerkt Menger über die historische Schule (in W.A. Jöhr a.a.O., S. 62), daß sich die Substanz der historischen Schule auf einen bloßen Relativismus, auf «Parallelismen der Wirtschaftsgeschichte» reduziere. Unzweifelhaft ist die «romantische Intention» durch die späteren Vertreter der historischen Schule verloren gegangen.

Rudolf Steiners Geldtheorie

Der geldtheoretische Ansatz: Kaufen, Leihen und Schenken

Jede wirtschaftliche Leistung induziert in der arbeitsteiligen Wirtschaft einen Geldstrom und jeder Empfang von Geld einen Leistungsstrom. Die zeitlichen Abläufe dieser Geld-Leistungsströme und die Wertströme, die hinter diesen zeitlichen Abläufen stehen, dienen Rudolf Steiner als Ansatz für eine Qualifizierung des Geldes und für eine Charakterisierung seiner Funktionen.

Die werttheoretische Ableitung der Geldfunktionen

Auf dem Markt, wo Geld gegen Ware getauscht wird, verdichtet sich die Zeit zum Tauschzeitpunkt: «Etwas wird eine Ware des Marktes dadurch, daß ich es gleich bezahle. So ist es im wesentlichen mit den Waren, die bearbeitete Natur sind. Da zahle ich, da spielt das Zahlen die wesentliche Rolle».[1] Mit dem Eintritt des Geistes in den Produktionsprozeß durch die moderne Arbeitsteilung und das Produktionskapital ergibt sich ein neuer Zeitraum, den Steiner mit dem Leihcharakter des Geldkapitals werttheoretisch spezifiziert: «Wenn ich Geld geliehen bekomme, kann ich meinen Geist anwenden auf dieses geliehene Kapital ... ich werde (in der Zukunft) zum Produzenten. Da spielt das Leihen eine wirklich volkswirtschaftliche Rolle».[2] Derjenige Wert, den das Geld auf dem Gebiet des Zahlens hat, spielt auf dem Gebiet des Leihens keine Rolle. Der Wert des Leihgeldes liegt nicht in vergangenen, sondern in zukünftigen Warenwerten, deren Produktion von unternehmerischen Fähigkeiten abhängt. Im Leihkapital greift der menschliche Geist in die Produktion ein. «Und, indem der Geist dieses tut, bestimmt der Geist als solcher den Wert des Geldes.»[3] Der Wert, den das Geld auf dem Gebiet des Leihens hat,

---

1 R. Steiner 1979 a), S. 90.
2 Ebenda.
3 R. Steiner a.a.O., S. 63.

spielt wiederum keine Rolle in dem Gebiet, in welchem die Leistungen des freien Geisteslebens erbracht werden. Die Leistungen des freien Geisteslebens stellen keine eigene Wertgröße im Sinne der materiellen Güterproduktion dar, weil keine Vergleichbarkeit zwischen den materiellen Güterwerten und den geistigen Leistungen hergestellt werden kann. Geistige Leistungen sind in ihrer materiellen Wirkung schwer «taxierbar»[1] und werden deshalb bei Steiner mit Schenkungsgeld bezahlt.

Steiner kommt in diesem Zusammenhang auf das Beispiel des Arztes zurück, der einen Schuhmacher vierzehn Tage früher heilt als dies unter gewöhnlichen Umständen zu erwarten gewesen wäre, und der, volkswirtschaftlich betrachtet, als der Produzent der Schuhe anzusehen ist, die der geheilte Schuhmacher in diesen vierzehn Tagen produziert.[2] Steiner nimmt an, daß die Ausbildung des Arztes weit zurückliegt und durch ein Stipendium finanziert worden ist. Volkswirtschaftlich betrachtet, sind die Einnahmen aus der Schuhproduktion jener vierzehn Tage der Gegenposten der Einnahmen zu den lange Zeit vorher getätigten Ausgaben zur Finanzierung des Medizinstudiums, auch wenn der Arzt — es handelt sich eben um eine volkswirtschaftliche und keine einzelwirtschaftliche Bilanzierung — diese Einnahmen nicht als sein persönliches Einkommen verbuchen kann, weil Leistungszurechnungen dieser Art im Bereich des freien Geisteslebens grundsätzlich unmöglich sind. Die Studienausgaben sind als Schenkungen aufzufassen, denn sie produzieren keine fixierbaren Gegenwerte und stellen somit einseitige Leistungen dar. «Der Vergangenheit gegenüber ist das Geistige, das heißt, sind die Menschen, die im Geistigen arbeiten, nur konsumierend.»[3] Da das Geld Kauf-, Leih- und Schenkungsfunktionen übernimmt, kann man nach Steiner nicht vom Geld als solchem sprechen, sondern man muß von Kaufgeld, Leihgeld und Schenkungsgeld sprechen. «Sie haben also drei Arten von Geld, die qualitativ ganz voneinander verschieden sind, Kaufgeld, Leihgeld, Schenkungsgeld.»[4] Heute verrät das Geld nach außen generell nicht, in welchem volkswirtschaftlichen Zusammenhang es steht, weil es, wie Steiner bemerkt, ganz willkürlich und wechselweise Kauf-, Leih- und Schenkungsfunktionen über-

1 Vgl. R. Steiner 1979 a), S. 128.
2 Vgl. dazu S. 80ff.
3 R. Steiner a.a.O., S. 86.
4 R. Steiner a.a.O., S. 176f.

nimmt.[1] Werttheoretisch betrachtet aber nimmt es ganz verschiedene Funktionen wahr. Auf der Ebene der materiellen Gebrauchs- und Verbrauchsgüter geht es um den Zahlungsprozeß, da «vermittelt» das Geld nur, hat eine reine Tauschmittelfunktion.[2] Im Bereich des Leihens liegt die wesentliche Bedeutung des Geldes nicht in der Vermittlung vorhandener Warenströme, sondern in der Induktion neuer Warenströme. Obgleich es nach außen hin in normalen Tauschbeziehungen steht, ist es seinem Wesen nach durch die «Handhabe», die es für das Eingreifen des Geistes darstellt, nicht passiver Vermittler, sondern aktiver Produktionsfaktor.[3] Das Schenkungsgeld schließlich vermittelt die dem Geistesleben ersparten Arbeitswerte, die nach Steiners Verständnis die eigentlichen volkswirtschaftlichen Abschreibungswerte darstellen, da sie nicht reproduziert werden. Schenkungsgeld ist «wertlos» und hat «für alles dasjenige, was auf dem Gebiet des Kaufens besteht, einen negativen Wert, läßt diesen Kaufwert verschwinden».[4] Zusammenfassend heißt es bei Steiner «Zahlen, Leihen, Schenken: Das ist tatsächlich eine Trinität von Begriffen, die in eine gesunde Volkswirtschaft hineingehört.»[5]

Der geldtheoretische Ansatz und die Produktionskosten- bzw. die Quantitätstheorie des Geldes

Im folgenden soll die Geldauffassung Rudolf Steiners mit den geldtheoretischen Ansätzen der Klassik verglichen werden.

Die Produktionskostentheorie des Geldes. Die Produktionskostentheorie des Geldes geht vom Warencharakter des Geldes aus. Das Geld erhält seinen Wert, wie jede andere Ware auch, durch den Arbeitsaufwand, der zur Ausbeutung von Gold- und Silberminen notwendig ist. Die Produktionskostentheorie des Geldes wurde hauptsächlich von Adam Smith, aber auch von Ricardo vertreten. Aus Steiners geldtheoretischem Ansatz erfaßt die Produktionskostentheorie des Geldes das Wesen des Geldes nur unvollkommen.

Das Geld hat sich zwar ursprünglich aus Waren entwickelt. Doch

---

1 Vgl. R. Steiner 1979 a), S. 181.
2 R. Steiner a.a.O., S. 174.
3 Vgl. R. Steiner a.a.O., S. 58.
4 R. Steiner a.a.O., S. 177.
5 R. Steiner a.a.O., S. 91.

im Laufe der Zeit tritt der Warencharakter des Geldes in den Hintergrund und die Zahlungsmittelfunktion in den Vordergrund.[1] Nach Steiner hat ferner das Geld als Kaufgeld zwar einen quasi-Warencharakter, aber die Stellvertreterrolle als Zahlungsmittel kann das Geld auch als Rechtsdokument annehmen.[2]

Des weiteren ist auf der Kreditgeldstufe (Leihgeld) der Warencharakter des Geldes nach Steiner völlig unerheblich. Wer den Wert des Geldes da etwa noch in der im Warengeld kristallisierten Arbeit vermutet, würde «volkswirtschaftlich einen ungeheuren Unsinn sagen».[3] Denn nicht der Warenwert des Geldes, sondern die Fähigkeiten des Schuldners entscheiden darüber, ob das Geld durch «fruchtbare volkswirtschaftliche Prozesse» gedeckt wird.[4] Auf der Kreditstufe tritt nach Steiner die Zahlungsmittelfunktion in den Hintergrund.[5] Das Geld erhält eine Wertschöpfungsfunktion. Dabei ist es prinzipiell unerheblich, ob diese Wertschöpfung durch Warengeld oder geschöpftes Giralgeld induziert wird.

Die Geldschöpfung bei Adam Smith. Die Wertschöpfungsfunktion des Kreditgeldes wurde von Adam Smith nur teilweise erfaßt. Zwar stellt er fest «that the trade of the City of Glasgow doubled in about fifteen years after the first erection of the banks there; and that the trade of Scotland has more than quadrupled since the first erection of the two public banks at Edinburgh».[6] Andererseits hielt Smith aber an der Fiktion einer voll konvertiblen Notenwährung fest, obwohl die 1694 gegründete Bank von England zur Finanzierung des Handels mit den Kolonien Noten ermittierte, die nicht voll durch Edelmetalle gedeckt waren.[7] Die Bank solle einem Unternehmer nur das vorschießen, was er sonst zur Zwischenfinanzierung

---

1 Vgl. R. Steiner 1979 a), S. 143 und S. 173.
2 Vgl. R. Steiner 1986, S. 73 und 1979 a), S. 89ff.
3 R. Steiner 1979 a), S. 60.
4 Ebenda.
5 Vgl. R. Steiner 1986, S. 73.
6 A. Smith 1926, S. 262.
7 Vgl. A. Smith a.a.O., S. 265; vgl. ferner H.C. Binswanger 1983, S. 125. «Exchange bills» (Wechsel) und «promissory notes» (konvertible Banknoten) waren für Smith keine echten Geldmittel, sondern dienten lediglich zur Zwischenfinanzierung. «Credit is», urteilt Santiago-Valiente über Smiths Geldtheorie (1988, S. 61), «a passive element in the final formation process of the economy, while money regulates the level of prices in agreement with the laws ruling either barter or a pure commodity money economy.»

(Divergenz zwischen Ausgaben und Einnahmen eines Unternehmens) an Reserven bzw. Kassenbeständen halten müßte. Die Finanzierung von Produktionsanlagen hingegn komme nicht in Frage. Investitionen sollen nach Smith möglichst nicht durch Kredite, sondern durch unternehmerisches Sparen finanziert werden.[1]

Adam Smith verkennt die Rolle der geschöpften Kreditmittel als «Fähigkeitsgeld». Für ihn — das zeigt der Rückgriff auf die Spartätigkeit in Verbindung mit den Investitionen — repräsentiert Investitionsgeld vergangene «ersparte Warenströme». Investitionen aber zielen in die Zukunft, und der Wert der eingesetzten Mittel hat mit vergangenen Leistungen, die sich im Spargeld spiegeln, nichts zu tun.

Das Schenkungsgeld schließlich wird von Smith (wie von allen Klassikern) gänzlich vernachlässigt.

Die Quantitätstheorie des Geldes. Die Quantitätstheorie stellt dem Warenstom exogen eine Geldmenge gegenüber und untersucht die Wirkungen von Geldmengenänderungen auf das Preisgefüge. Das wesentliche der Quantitätstheorie besteht darin, daß das Geld bei der relativen Preisbestimmung der Waren eine «neutrale» Stellung einnimmt und ihm nur eine Wirkung auf die nominelle Preisentwicklung zugesprochen wird.[2] Die führenden Vertreter der Quantitätstheorie des Geldes sind Henry Thornton und David Ricardo. Ricardo ist zwar auch ein Vertreter der Produktionskostentheorie. Da sich aber Ricardo den Auffassungen Thorntons immer weiter annäherte, ist davon auszugehen, daß die Quantitätstheorie das eindeutig größere Gewicht in Ricardos Denken hatte.[3]

Steiner geht auf die Quantitätstheorie nicht direkt ein. Aus seinem geldtheoretischen Ansatz lassen sich aber sowohl Gemeinsamkeiten zur Quantitätstheorie als auch Unterschiede ableiten. Zu den Gemeinsamkeiten ist zu zählen, daß auch Steiner einer bloßen «Notenvermehrung» und einer Politik des billigen Geldes eine destabilisierende, weil inflationäre, Wirkung zuschreibt.[4] Von dem, was man heute als keynesianische Fiskalpolitik bezeichnet (vermehrte öffentliche Ausgaben auf der Basis einer gelockerten Geldpolitik), hielt Steiner nichts.[5] Andererseits geht Steiners geldtheoretischer Ansatz auf

1   A. Smith a.a.O., S. 301.
2   Vgl. H.C. Binswanger 1990, S. 338.
3   Vgl. V. Bladen 1974, S. 154ff.
4   Vgl. R. Steiner 1986, S. 121.
5   Vgl. R. Steiner a.a.O., S. 124.

eine qualitative Analyse der Beziehungen zwischen Werten und Geld zurück, während die Quantitätstheorie vom bloßen Mengenbegriff des Geldes ausgeht. Für die Vertreter der Quantitätstheorie ist nur von Bedeutung, ob zu viele oder zu wenige Tauschmittel vorhanden sind, um die vorhandenen Warenströme zu dirigieren. «Das Geld wird ... als das Öl interpretiert, dank dem die Räder der (Wirtschafts)-Maschine reibungsloser laufen, das aber kein Bestandteil des Räderwerkes ist.»[1] Steiner dagegen fragt: «Inwiefern wirkt das Geld als solches innerhalb des wirtschaftlichen Prozesses ein auf die Preisbildung?»[2] Man könne nicht so tun, als ob das Geld «nur eine Art von Stellvertreter wäre für den Tausch».[3] Die Einwirkung des Geldes auf die reale Wertbildung findet laut Steiner durch folgende Faktoren statt:

1. Da in der Geldwirtschaft nicht Ware gegen Ware, sondern Ware gegen Geld getauscht wird, entwickeln sich die Preise der Güter abhängig davon, ob der Nachfrager nach Waren auch ein Anbieter an Geld ist. Denn vom Geldangebot hängt das *zukünftige* Warenangebot ab.[4] Geldangebot und Warenangebot können auf zweierlei Weise ins Ungleichgewicht geraten. (a) Der Geldanbieter hält einen bestimmten Teil des Geldes zurück, entweder um zu sparen (Verschiebung des Konsums in die Zukunft) oder aus spekulativen Motiven bzw. Sicherheitsmotiven (Hortung).[5](b) Der Warenanbieter, der zugleich der Geldnachfrager ist, hält einen unbestimmten Teil des Geldes, das er aufgrund seines Warenangebotes erhalten hat, zurück, um zu investieren oder um zu horten. Die starke Einkommensbildung auf der Kapitalseite kann zu einer Verringerung der Nachfrage auf den Gütermärkten führen (Ursache: Aufgrund sinkender realer Einkommen sinkendes Geldangebot) und über ein dann auftretendes Warenüberangebot in eine Krise führen.

2. In der Geldwirtschaft wird nicht nur Ware gegen Geld getauscht, sondern es wird auch mit Kreditgeld produziert. «Es wäre viel wichtiger», bemerkt Steiner, «auf die Banknote, die geliehen wird dem Mann, der etwas unternimmt, in dem Momente, wo der diese Banknote in Gebrauch überführt, darauf zu schreiben, ob der

---

1 H.C. Binswanger 1990, S. 337.
2 R. Steiner 1986, S. 171.
3 R. Steiner a.a.O., S. 124.
4 Vgl. R. Steiner a.a.O., S. 110ff.
5 Vgl. R. Steiner a.a.O., S. 174.

Mann ein Genie ist in wirtschaftlichen Dingen oder ob er ein Idiot ist».[1] Unabhängig von den Motiven, die einen Produzenten zur Produktion bestimmter Güter veranlassen (wirtschaftlicher Gewinn), ist das Geld ein Produktionsmittel des Geistes, das neue Waren- und Geldströme induzieren kann.

3. Geld ist aber nicht nur ein Zahlungs- und Produktionsmittel, sondern auch ein Wertaufbewahrungsmittel bzw. — und dies ist bei Steiner entscheidend — ein «Wertsteigerungsmittel». Grundbedingung für die Wertsteigerung des Vermögens in Geld ist, daß (a) durch Kreditgeld die Warenströme grundlegend vergrößert werden können,[2] daß (b) durch die Käuflichkeit von Grund und Boden und Produktionskapital (Monetisierung der Produktionsgrundlagen) Renteneinkommen entstehen[3] und daß (c) durch die Sekurisation von Produktionsmitteln (Aktienkapital) eine Art «Spekulationsgeld» geschaffen wird, das Geldvermögensbestände spekulativ vergrößert oder verringert.[4] Die Voraussetzung für die genannten Vermögenssteigerungen liegen zum einen in rechtlichen und sozialen Faktoren begründet (Eigentums- und Besitzverhältnisse, soziale Tauschbeziehungen, der menschliche Geist als «Rentenfaktor» durch Erfindungen, Patente etc.), sind aber laut Steiner auch auf der anderen Seite mit speziellen Eigenschaften des Geldes in Verbindung zu bringen.

Das Geld abstrahiert von den realen Werten. Mit seiner Hilfe bekommen an sich nicht rechenbare Werte wie Grund und Boden und Produktionskapital einen «Scheinwert».[5] Das Geld verdirbt außerdem nicht wie die Waren. Warenwerte lassen sich jederzeit in Geldwerte verwandeln und diese lassen sich wiederum thesaurieren in Sparkapital, Aktienkapital und Immobilien. Diese Thesaurierungen stellen zugleich rechtliche Verpflichtungen dar. Die Bank verpflichtet sich, dem Sparer einen bestimmten Zins zu bezahlen, die Unternehmen den Banken, die Aufsichtsräte der Unternehmen den Aktionären (Dividenden), die Mieter den Vermietern (Mietzinsen). Das Geld beginnt sich in umfassender Weise vom Geld zu nähren, d.h. es wird immer mehr produziert, um den Verpflichtungen, die das Geld als Vermögens- und Wertsteigerungsmittel begründet, zu genügen! Aber

---

1   R. Steiner a.a.O., S. 176.
2   Vgl. R. Steiner 1986, S. 130ff.
3   Vgl. R. Steiner a.a.O., S. 74f; ferner 1986, S. 74 und 80.
4   Vgl. R. Steiner a.a.O., S. 74.
5   Vgl. R. Steiner 1979 a), S. 75.

Geld induziert nicht nur die Warenströme durch die Vermögensinteressen, die in allen Transaktionen wirksam werden, sondern der Geldbegriff selbst verwandelt sich. Denn durch die Ausbildung von Immobilien-, Produktionsmittel- und Aktienmärkten steigert sich der spekulative Umsatz der (Schein)-Güterwerte in Geldwerte, so daß die Gebrauchswaren selbst immer mehr den Geldwerten dienen: die Gebrauchsware wird immer mehr zur Veräußerungsware. Die Steigerung der Realwerte dient dem Wachstum der Geldvermögenswerte. Die Marktwirtschaft des Verbrauches verwandelt sich zur Rentenwirtschaft des Gelderhaltes und der Vermögenssteigerung.

Zusammenfassung

Rudolf Steiner qualifiziert die Geldfunktion nach drei Bereichen: Der Kauf-, der Leih- und der Schenkungsfunktion. Diese Geldfunktionen stehen in engem Zusammenhang mit Steiners Werttheorie. Natur und Geist bestimmen nicht nur den Charakter der Werte, sondern auch den des Geldes. Aus diesem Ansatz ergeben sich auch die Unterschiede zu den klassischen Geldtheorien. Sowohl die Produktionskostentheorie des Geldes als auch die Quantitätstheorie des Geldes vernachlässigen, daß auf der Kreditstufe der Wert des Geldes durch die unternehmerischen Fähigkeiten bestimmt wird. Die Schenkungsfunktion des Geldes, die mit dem Kulturbereich verbunden ist, wird gänzlich außer acht gelassen. Von besonderer Bedeutung ist, daß weder die Produktionskostentheorie des Geldes noch die Quantitätstheorie (durch ihr Neutralitätspostulat) die besondere Rolle würdigen, die das Geld bei der Vermögensbildung spielt. Während Warenwerte verbraucht werden, erhalten die Geldwerte ihren Wert über die Zeit. Die quantitätstheoretische «Neutralität» des Geldes ist ein bloßes Postulat, das keiner realen werttheoretischen Analyse standhält. Das Geld vermittelt nach Steiner nicht nur «neutrale» Werte, sondern es schöpft Werte und verändert als Vermögensmittel das gesamte Gefüge der Wert- und Preisbildung.

Das Verhältnis von Ware und Geld spielt im «Kurs» eine herausragende Rolle und wird im Anschluß im nächsten Kapitels detailliert behandelt.

Analyse der «Geldwirtschaft»

Rudolf Steiner sah am Ende des 19. Jahrhunderts die Zeit herangebrochen, «wo das Geld nun selber wirtschaftet und der Mensch bald droben, bald drunten ist, je nachdem er in diesen ganzen Strom der Geldwirtschaft hineingezogen wird».[1] Während die Klassik, vor allem aber die Neoklassik, die «economies of scarcity» propagieren, nach der alle Ressourcen a priori knapp sind,[2] spricht Steiner von einer Evolution der «Ultrawirtschaft», die durch die Monetisierung der Produktionsgrundlagen nicht Ausdruck einer Knappheit sei, sondern Ausdruck eines Überflusses an Kapital.[3] Durch das Geld werden gemäß Steiner die Werte verwischt: Aus dem Tauschen würde ein «Täuschen».[4] Steiner ging es um keinen neuen Mythos des Geldes, sondern um eine genaue Analyse des Verhältnisses zwischen Geld und Ware: Was ist die «Geldwirtschaft» aus werttheoretischer Sicht, was ist darunter genau zu verstehen?

«Geld ist realisierter Geist»

Das Hauptanliegen Rudolf Steiners bei der Darlegung seiner Werttheorie besteht darin, das Wesen wirtschaftlicher Werte zwischen den Polen Natur und Geist zu verdeutlichen und wirtschaftliche Werte von nicht-wirtschaftlichen Werten zu unterscheiden. Im Bereich des Geldes und des Geldkapitals stellt Steiners differenzierende Betrachtung eine große Herausforderung dar. Denn das Geld ist nicht ein Phänomen für sich, sondern es tritt immer in Verflechtung mit der Güterwelt auf und nimmt unterschiedliche Funktionen wahr. Vor allem aber ist es abstrakt. Geld, so Steiner, ist «realisierter Geist» und mit den Werten, die es repräsentiert, genauso viel und genauso wenig verbunden, wie eine abstrakte Idee mit den besonderen Erscheinungen verbunden ist, die sie bezeichnen soll.[5]

«Das Geld ist gegenüber den besonderen wirtschaftlichen Gescheh-

---

1 R. Steiner 1979 a), S. 128.
2 Vgl. V. Bladen a.a.O., S. 114.
3 Vgl. R. Steiner a.a.O., S. 19 und S. 74.
4 Vgl. R. Steiner a.a.O., S. 124.
5 R. Steiner a.a.O., S. 57ff.

nissen ein vollständiges Abstraktum.»[1] Worin besteht die Geistnatur des Geldes, und was macht es zum «wirksamen Geist»?[2]

1. *Das Geld als Zahlungsmittel.* Das Geld als ein Zahlungsmittel ist das abstrakte «Substrat» einer Ware, die zunächst, weil sie allseits gebraucht wird, zu einem «Zahlungsmittel» wird. Voraussetzung dafür ist einerseits der Verstand, der relative Mengenpreise in abstrakte Zahlenverhältnisse umsetzt und andererseits die «Imagination», die eine Vielzahl von Zahlenverhältnissen in «innere Bilder», im Sinne einer intuitiven Wertabschätzung, umwandeln kann[3] und das Wesentliche dieser Vielzahl auf diese Weise erfaßt: Wenn die Erfahrung lehrt, daß man zwar für zwei Birnen einen Apfel, für zwei Äpfel ein Brot und für fünf Brote einen kleinen Eisentopf bekommen kann, aber man sich andererseits auch einen Vorrat Erbsen hält, weil man weiß, daß man einen Apfel für eine Schüssel Erbsen, ein Brot für zwei Schüsseln Erbsen usw. bekommen kann, mitteln sich alle Tauschverhältnisse um eine («Schlüssel»)-Einheit Erbsen. Das Zahlenmittel (die Größe, auf die sich alle anderen Größen beziehen) wird zum Zahlungsmittel. Weil das Geld als Zahlungsmittel keinen eigenen Gebrauchswert haben muß und sein Warencharakter allenfalls noch aus Sicherheitgründen von Bedeutung ist, kann das Geld ein völlig abstraktes Wertsymbol werden mit praktisch keinem eigenen Stoffwert (Papiergeld). Als Zahlungsmittel ist das Geld die kostensparendste Erfindung des menschlichen Geistes. Denn es werden sowohl die Transaktionskosten des Naturaltausches erspart[4] als auch die Herstellungskosten des Zahlungsmittels gesenkt.

2. *Das Geld als Investitionsmittel.* Das Geld als Investitionsmittel hat in zweifacher Weise einen Einfluß auf die ökonomische Zeit.

Die ökonomische Raumzeit wird durch das Geld einfach dadurch verlängert, daß Leistungsansprüche in die Zukunft verlegt werden (Sparen) und Leistungswerte in der Zukunft produziert werden (Investieren). Nur dadurch findet der Geist seinen «Fortschritt» gegenüber den von der Natur unmittelbar gegebenen Produktionsbedingungen.[5] Durch das Leihen kann das Geistige zum einen direkt in der

---

1 R. Steiner 1979 a), S. 58.
2 Ebenda.
3 Vgl. zur Bedeutung der Imagination bei der Preisbildung R. Steiner a.a.O., S. 149f.
4 Die Transaktionskosten bestehen in den Zeitkosten und den Transportkosten des Vielecktausches der Naturalwirtschaft. Vgl. dazu H.C. Binswanger 1990, S. 339.
5 Vgl. R. Steiner 1979 a), S. 58f.

Form unternehmerischer Fähigkeiten eingreifen, und zum anderen wird die Schaffung von immer intelligenteren Produktionsmitteln vorangetrieben.

Die ökonomische Raumzeit kann aber auch manipuliert werden, so daß laut Steiner eine Art «Ultrawirtschaft» entsteht, die nach seinem Verständnis eigentlich nicht mehr zum Wirtschaftlichen gehört. Dazu ein einfaches Beispiel. Ausgangspunkt soll ein kleiner Obstgarten sein, dessen (monetärer) Vermögenswert ermittelt werden soll. Der Obstgarten hat zwei Apfelbäume, die durchschnittlich pro Jahr 200 Äpfel tragen. Der Wert des Obstgärtchens kann sich nur aus dem Äpfelertrag ergeben, denn diese werden gegessen und haben daher einen Nutzwert (von anderen Faktoren wie z.B. Bodenschätzen oder dem Arbeitsaufwand, um die Äpfel zu ernten, wird abgesehen). Die Apfelbäume tragen etwa dreißig Jahre lang Äpfel und produzieren in diesen dreißig Jahren also 6 000 Äpfel. Das könnte einen ersten Anhaltspunkt für den Wert des Obstgärtchens geben, zumal der Obstgartenbesitzer zusätzlich keine Abschreibungsaufwendungen hat. Im Gegenteil, er muß fast jedes Jahr ein «wildes» Apfelbaumpflänzchen entfernen! Im Prinzip also produziert die Natur im Obstgarten unendlich lange und ohne Kosten. Der Wert des Obstgartens besteht dementsprechend im Grunde genommen sogar aus einer — im Laufe der Zeit — unendlich großen Zahl von Äpfeln. Ein unendlich großer Wert aber kann kein ökonomischer Wert sein, denn es gibt kein wirtschaftliches Gut, das sich gegen eine unendliche Menge eines anderen Gutes tauschen könnte! Dieses Beispiel ist natürlich insofern absurd, als mit der hier anvisierten ökonomischen Zukunft des Obstgärtchens (der Obstgarten als Teil des Gartens Eden) niemand rechnen kann.

Das Geld aber, so Steiner, kann die endliche ökonomische Raumzeit minipulieren, indem es (um in unserem Beispiel zu bleiben) dem Obstgarten einen «fingierten» Wert beimißt (Gegenwartswert zukünftiger Ertragswerte, in Geld ausdrückbar) und auf diese Weise «ewige» Einkommen ermöglicht (den Garten Eden künstlich nachahmt!). Der fingierte Wert des Obstgärtchens bekommt als Vermögenswert einen Preis, der kreditiert werden kann, Zinsen abwirft und als Investitionswert Renten produziert. Grundvoraussetzung für die Herrschaft des Geldes über Raum und Zeit ist, daß es einige der Eigenschaften, die Raum und Zeit auszeichnen, überwindet: Geld verdirbt nicht wie gewöhnliche Waren, Mengen werden in abstrakten Zahlen überführt (Steiner kritisiert hier die Eigenschaft des «Leichtaufbewahrens» des Geldes), so daß auch mit Werten, die noch gar nicht erzeugt wurden, gerechnet werden kann!

Für die Rente aus dem Obstgärtchen ist charakteristisch, daß sie erst als Geldwert entsteht, *nachdem* die Natur die Äpfel produziert hat. Anders nimmt es sich aus, wenn der Besitzer Aktien emittiert (weil er z.b. eine bestimmte Apfelsorte züchten will und ihm Investitionsaufwendungen entstehen, die er mit der Aufnahme von Eigenkapital finanzieren will) und diese Aktien — und darauf kommt es an — fungibel sind. Einerseits begründen die Wertpapiere über die Dividendenzahlungen Ansprüche auf Warenwerte, die aus der Veräußerung der neu gezüchteten Äpfel stammen. Andererseits begründet die Aktie nicht nur einen zukünftigen Konsumanspruch, sondern dieser ist bereits in der Gegenwart «erhandelbar». Durch die Aktie wird der fingierte Wert des Obstgartens liquidiert, d.h. der zukünftige Ertragswert ist nicht nur *rechnerische* Grundlage zur Berechnung periodisch anfallender Einkommen, sondern wird zu einem *tatsächlichen* Warenwert in der Gegenwart gemacht (Eintausch der Aktie in Geldwerte, die ihrerseits in Warenwerte umgetauscht werden können). Dieser Warenwert ist zwar «real», weil er mittelbar Geldströme auslöst, gleichzeitig aber nach Steiners werttheoretischem Verständnis fiktiv, weil zum einen *heute* schon Erträge «erwirtschaftet» werden, die erst in der *Zukunft* produziert werden und der Warenwert zum anderen durch Spekulation über den zukünftigen Ertragswert willkürlich und ohne Bezug zur eigentlichen Leistung verändert werden kann. Steigt der Warenwert der Aktie (Geldwert) aufgrund spekulativer Erwartungen und wird dann veräußert, wird ein fiktiver Wert in reale — d.h. durch Arbeitsleistungen erbrachte — Waren und Dienstleistungen umgesetzt. Dies ist dann Steiners «Ultrawirtschaft», die Liquidierung (Aktienwesen) einer werttheoretischen Fiktion (Vermögenswert des Obstgartens). Zwischen einem erspekulierten Wert und einem Wert, der auf Arbeitsleistungen beruht, gibt es keine Vergleichsmöglichkeit. Denn im ersten Fall wird nichts produziert und abgesetzt (also keine volkswirtschaftlich nützlichen Leistungen erbracht), sondern der Ertragswert wird unabhängig von der ökonomischen Raumzeit gesteigert! Das überraumzeitliche Wesen des Geldes schöpft, könnte man sagen, im Aktienwesen Werte aus dem «Nichts».[1]

---

1 Vgl. dazu Binswangers Darstellung der Geldwirtschaft in Goethes Faust. H.C. Binswanger 1985 a).

Dem Geld, so sagt Steiner, sehe man nach außen gar nicht an, was es in Wirklichkeit bedeutet.[1] Als Zahlungsmittel repräsentiert es Tauschwerte. Hier dient die Abstraktion, die sich im Geld gegenüber den Waren ausdrückt, nur der Vermittlung, dem Warenverkehr. Als Investitionsmittel verlängert das Geld die ökonomische Raumzeit. Hier dient die Abstraktion der Erstellung zukünftiger Warenwerte. Die Überzeitlichkeit des Geldes tritt hier nur vermittelnd auf. Anders verhält es sich, wenn durch das Geld die Zeitlichkeit der Gebrauchsgüter (im Beispiel: die Äpfel) in überzeitliche Vermögenswerte umgewandelt werden. Hier dient die Abstraktion nicht dem Tausch der Gebrauchsgüter, sondern hier dient sie im Geld der Absicht, durch Vermögenswerte und die sie begleitenden unbegrenzten Einkommen eine Art ökonomische Überzeitlichkeit selbst zur Ware werden zu lassen. Vorallem dadurch aber wird das Geld zum «unreellen Konkurrenten» für die Warenwelt.[2]

Über das Geld läßt sich keine Klarheit gewinnen, wenn nicht die Abstraktionsstufen, die im Geld in ihrem Verhältnis zur ökonomischen Raumzeit wirken, untersucht werden. Die erste Abstraktionsstufe betrifft das Geld als Zahlungsmittel. Die zweite Stufe das Geld als Investitionsmittel. Auf der dritten Stufe erhalten die Produktionsmittel einen abstrakten Warenwert, indem sie sich in Vermögenswerte wandeln. Auf der vierten Stufe erhalten sie einen abstrakten Geldwert, indem sie als Wertpapiere einen liquiden Charakter erhalten.

Die Rententheorie des Geldes

Im nun folgenden Kapitel sollen die geldtheoretischen Ansätze aus dem vorigen Kapitel, die aus der abstrakten Natur des Geldes entwickelt wurden, zu einer eigentlichen Rententheorie des Geldes ausgebaut werden.

Die Monetisierung von Grund und Boden. Geld kann gegen Waren getauscht werden. Da «verbraucht» es sich; denn das Geld wird hingegeben, und die Ware wird verbraucht, ohne einen neuen Geldwert zu erzeugen. Gibt es ein Gut, das «ewige» Werte erzeugt, und welcher Art müßte dieses Gut sein? Und wie wird dieses Gut zur Ware? Es muß ein Gut sein, das Verbrauchswerte erzeugt, ohne sich selbst

---

1   Vgl. R. Steiner 1979 a), S. 173.
2   Vgl. R. Steiner 1979 a), S. 176.

zu verbrauchen, und es muß gegen Geld getauscht werden können. Das gesuchte Gut ist der Grund und Boden und die Arbeit, die sich mit ihm verbindet. Zur Ware wird dieses Gut dadurch, daß es einen Wert erhält. Normalerweise realisiert eine Verbrauchsware ihren Wert, wenn sie gegen Geld getauscht wird. Da aber der Grund und Boden und die menschliche Arbeit keine Konsumgüter darstellen, ist ihr Wert nur indirekt dadurch ermittelbar, daß sie in Produkte umgerechnet werden, die diese Produktionsfaktoren in *Zukunft* produzieren. Während also im gewöhnlichen Tauschvorgang von Ware gegen Geld der Wert aufgrund erbrachter Leistungen entsteht, soll hier der Wert aufgrund noch nicht erbrachter Leistungen entstehen. Zusätzlich sollen diese Leistungen mit gegenwärtigen Leistungen vergleichbar sein, indem ihr Gegenwartswert als Vermögenswert errechnet wird. Grundlage dieser Rechnung ist eine geometrische Reihe, die mit fortschreitender Zeit den Gegenwartswert der zukünftigen Leistungen immer weniger gewichtet, so daß er gegen einen Grenzwert von Null strebt. So plausibel dieses Verfahren für den ersten Augenblick erscheint — die ferne Zukunft spielt für den einzelnen weder biologisch noch psychologisch eine große Rolle —, es verdeckt die Tatsache, daß der tatsächliche Rentenwert von Grund und Boden unendlich groß ist. Die geometrische Reihe dürfte also nicht gegen einen endlichen Wert, sondern müßte gegen unendlich streben! Faktisch geschieht dies auch durch das Geld, welches sich auf der Basis von Eigentumsrechten theoretisch unendlich vermehren kann. Genauso wenig aber wie es einen endlichen Warenwert gibt, dessen Äquivalenzwert in einer unendlichen Menge eines anderen Warenwertes besteht, sollte es einen Geldwert geben, der sich im Zyklus Geldkapital—Vermögen—Geldkapital zu einer unbegrenzten Geldmenge verwandelt.[1] Das «auf den Grund und Boden fixierte Kapital», so Steiner über den Vermögenswert von Grund und Boden, «ist nicht ein wirklicher Wert, sondern ein Scheinwert».[2] Den Vermö-

---

1 Vgl. R. Steiner 1979 a), S. 174. Benjamin Franklin, einer der Begründer des modernen Kapitalismus, ist da ganz anderer Meinung. Bereits 1748 schreibt Franklin (1932, S. 219) in seinem «Advice to a young Tradesman» die durch Max Weber berühmt gewordenen Worte: «Remember that money is of the prolific, generating nature. Money can beget money, and its offspring can beget more, and so on ... The more there is of it, the more it (!) produces every turning, so that the profits rise quicker and quicker.»

2 R. Steiner a.a.O., S. 75.

genswert des Grund und Bodens unterscheidet Steiner von jenem Wert, den er durch die menschliche Arbeit bereits erhalten hat und der wesentlich geringer ist als der Vermögenswert. Der Vermögenswert des Grund und Bodens ist nicht nur ein «Scheinwert» in Verbindung mit dem Geld, sondern auch in Verbindung mit den Güterpreisen. Er ist eine Art Knappheitspreis für den Bezug von Kapitaleinkünften, der erhoben werden kann, weil im Laufe der Zeit zuviel Kapital entstanden ist: «Ja, wenn Sie geschichtlich die Sache verfolgen, so ist das auch so, daß in der Tat zuviel Kapital eben entstanden ist, und dadurch das Kapital nur den Ausweg gefunden hat, sich in der Natur zu konservieren.»[1]

Die Preise der Waren sind deshalb auch nicht (wie heute die Neoklassik behauptet) die Folge des Einsatzes knapper Ressourcen, sondern umgekehrt: die knappen Ressourcen sind Folge von Knappheitspreisen, die durch die Überkapitalisierung entstanden sind! Das Rentengeld setzt sich als Preisanteil bis in die Warenströme fort. Durch die Knappheitspreise für Grund und Boden wird nichts an Werten geschaffen, und das Geld wird «gleichsam zu einem versteinerten Einsatz im volkswirtschaftlichen Prozeß».[2] Denn «es ist eigentlich volkswirtschaftlich kein wesentlicher Unterschied, ob ich ... Geld ausgebe, ... das einfach Notenvermehrung ist oder ob ich dem Grund und Boden Kapitalwert verleihe. Ich schaffe in beiden Fällen Scheinwerte (...) Ich schichte nur um».[3] Die Preise werden nur der «Zahl» nach erhöht und die so betriebene Inflationierung kann dazu führen, daß man «den einzelnen ungeheuer schädigen» kann.[4] Das Rentengeld erzeugt den «Scheinwert» der Inflation.

Mit dieser Auffassung über die Monetisierung des Grund und Bodens und ihre Folgen steht Steiner in einem direkten Gegensatz zu John Locke und Adam Smith. Für John Locke ist das Geld der Grund dafür, warum Grund und Boden einen (Vermögens)wert annehmen kann. Es sei klar und durch freiwillige Übereinkunft der Gesellschaftsmitglieder gesichert «how a man may fairly possess more land than he himself can use the product of, by receiving in exchange for the overplus, gold and silver, which may be hoarded up without

1 R. Steiner a.a.O., S. 74.
2 R. Steiner 1979 a), S. 77.
3 R. Steiner a.a.O., S. 75f.
4 R. Steiner a.a.O., S. 76.

any injury to any one».[1] Und Smith schreibt: «The person who has a capital from which he wishes to derive a revenue without taking the trouble to employ it himself deliberates whether he should buy land with it or lend it out at interest.»[2]

Es sei der Fehler der Wirtschaftstheorie seit dem 17. Jahrhundert gewesen, so sagt Steiner, daß sie nicht zwischen der Wertbildung mit der Natur durch Arbeit und dem Kapitalwert des Bodens, unabhängig von aller Wertschöpfung durch Arbeit, unterschieden habe.[3] Der Grund dafür sei u.a. darin zu sehen, daß das Geld lediglich als «Stellvertreter für den Tausch» angesehen worden sei und nicht als im Grund und Boden thesaurierter Vermögenswert.[4]

Die Monetisierung des Produktionskapitals. Die Produktionsmittel werden als Waren erworben. Aber in dem Moment, wo sie als Produktionskapital arbeiten, fangen sie laut Steiner an, «der Natur ganz gleichgeartet zu sein». Das Produktionskapital «steht genauso in den Wirtschaftsprozessen darin, wie die bloße Natur».[5] Laut Steiner sind Produktionsmittel eine Art künstliche Natur. Wie die Natur (Grund und Boden) auch, sollen Produktionsmittel keinen Tauschwert haben. Dies liegt nicht nur darin begründet, daß der Eigentümer von Produktionskapital eine privilegierte Stellung gegenüber den abhängigen Produzenten einnimmt, sondern ist auch mit den Charakteristika der «Geldwirtschaft» in Verbindung zu bringen. Das Leih- und Bankwesen tritt gemäß Steiner seit dem letzten Drittel des 19. Jahrhunderts als eine Art «erster Faktor» in das Wirtschaftsleben ein. Produktionskapital wird immer mehr zu einem Vermögenswert, das unter rein «finanzwirtschaftlichen Impulsen» verwaltet wird.

Der Besitzer von Geldkapital investiert nur in Produktionskapital, wenn der Vermögenswert dieser Investition mindestens so groß ist wie das zum herrschenden (Bank)Zinssatz investierbare Geldkapital. Dabei besteht die beständige Tendenz, mit unbegrenzten Investitionen zu planen, da auf diese Weise der Kapitalwert am höchsten ist.[6]

---

1 J. Locke, in N.J. Mitchell 1986, S. 293.
2 A. Smith a.a.O., S. 320.
3 Vgl. R. Steiner a.a.O., S. 166.
4 Vgl. R. Steiner a.a.O., S. 124.
5 R. Steiner 1986, S. 74.
6 Die entsprechende Formel lautet $K = \frac{1}{i} \cdot G$

wobei K = Kapitalertrag der Investition bei ewigen Renten, i = Diskontierungszinssatz und G = Gewinne. Natürlich lassen sich Investitionen auch auf Zeit berechnen. Dann wird aus der Vermögensrechnung eine Investitionsrechnung. Vgl. H.C. Binswanger 1989, S. 30.

Aber nicht nur die «ewige Rente» charakterisiert den monetären Kapitalwert des Produktionskapitals. (Ihre «fiktive» Natur wurde bereits im Zusammenhang mit dem Grund und Boden dargestellt.) Hinzu kommt die Eigenart des Zinsgeschäftes in der modernen Kapitalwirtschaft.

Der Gewinn einer Wirtschaftsunternehmung entsteht nach Abzug aller Aufwendungen. Zu diesen Aufwendungen zählen auch die Abschreibungen auf dem Anlage- und Umlaufvermögen aufgrund des Verbrauchs der Produktionsmittel. Dem Geldkapital dagegen entsteht kein Abschreibungsaufwand. Der Zins kann in voller Höhe dem Kapital zugeschlagen werden. Auf diese Weise enthält der Zins, verstanden als Gewinn auf dem Geldvermögen, gegenüber dem Gewinn auf Produktionsvermögen einen Vorteil. Dieser Zinsvorteil ergibt sich aus der Höhe der ersparten Abschreibungskosten, weil sich das Geldvermögen, anders als das Produktionsvermögen, nicht verbraucht. Das Geldvermögen hat gegenüber dem realen Produktionskapital also den Vorteil, daß es sich nicht verbraucht, sondern sich ständig vermehren kann! Welche Auswirkungen hat die Existenz des Geldvermögens auf die Entwicklung der Realwirtschaft?

Dadurch, daß das Produktionskapital einen Vermögenswert erhält, treten ganz bestimmte realwirtschaftliche Wirkungen auf, die den ganzen Produktions- und Preisbildungsprozeß beeinflussen. Dazu ein Beispiel. Ein Unternehmen produziert einen jährlichen Gewinn von 10 000 Geldeinheiten, und der Zinssatz beträgt 4%; dann beträgt der Vermögenswert (Gegenwartswert der Anlage) des Produktionskapitals

$$K = \frac{10\ 000}{0,04} = 250\ 000 \text{ Geldeinheiten.}$$

Wenn aber der Gewinn auf die Hälfte sinkt, dann beträgt der Gegenwartswert der Anlage nur noch

$$K = \frac{5\ 000}{0,04} = 125\ 000 \text{ Geldeinheiten.}$$

Die angelegte Geldeinheit verliert ihren Vermögenswert um die Hälfte: «Es entsteht dann ein Kapitalverlust, obwohl auf der Warenseite immer noch ein positiver Gewinn erzielt wird! Das heißt: Bloße Minderungen des jährlichen Gewinneinkommens bewirken einen Verlust des Kapitalvermögens.»[1] Wenn das Vermögen durch Kreditaufnah-

---

1 H.C. Binswanger 1989, S. 14.

me erworben wurde und es eine Pfandsicherung darstellt, auf das die Bank als Gläubiger zurückgreifen kann, dann ist die Existenz des Unternehmens u.U. in Frage gestellt. Denn die Zinslast ergibt sich aus dem Vermögenswert und muß aus den tatsächlich erwirtschafteten Gewinnen (und nicht den prognostizierten!) getragen werden.

Das Kapital repräsentiert Vermögenswerte und keine Warenwerte, was zur Folge hat, daß die Gewinne eines Unternehmens einen überragenden Stellenwert erhalten. Denn nicht nur die Refinanzierungskonditionen beim Fremdkapitel, sondern auch die Beschaffungsmöglichkeiten von Eigenkapital hängen in entscheidendem Maße von der Gewinnentwicklung ab. Dies wiederum bedeutet für die Unternehmen, daß sie ihre Marktpositionen durch steigende Umsätze, neue Produktinnovationen und Geschäftsfelder sowie kostensenkende Rationalisierungen ständig sichern müssen. Die dazu erforderlichen Erweiterungs- und Rationalisierungsinvestitionen steigern den Fixkostenanteil an den Gesamtkosten. Sie ermöglichen im allgemeinen mehr Umsatz im technischen Sinne, erfordern ihn aber auch im wirtschaftlichen Sinne (Senkung der Durchschnittskosten nur bei höherem Umsatz, da dann die Fixkosten auf eine höhere Produktionsmenge verteilt werden können). Rationalisierungsinvestitionen setzen außerdem Arbeitskräfte frei und erfordern strukturelle Anpassungen durch neue Industrien und Dienstleistungen, also zusätzliches Wachstum. Dieses Wachsen ist bei Erweiterungsinvestitionen per definitione bereits gegeben.

Man sollte sich immer vor Augen halten: Einkommen und Gewinne in der Erfolgsrechnung einer Unternehmung entstehen aus den Umsätzen von Tauschwerten. Der Vermögenswert des Produktionskapitals, der den Gewinnen und ihrer Höhe eine solch weitreichende Bedeutung gibt, enthält den Zins und den Zinseszins des Geldkapitals! Das Geld aus Einkommen und Gewinnen erhält seinen Wert aus *erbrachten* Leistungen; der monetäre Vermögenswert baut sich darauf auf, daß er den Ertrag aus dem Umsatz *vorwegnimmt* und ihn mittels Zinseszins kumuliert. Das eine ist das Geld, das seinen Wert aus einer erbrachten Arbeitsleistung erhält, das andere ist das Geld, das seinen Wert aus einem fiktiven Vermögenswert («Scheinwert») erhält! Und dieses fiktive Geld, das nach Steiner aus der Überkapitalisierung der gesamten Wirtschaft entsteht, übt den Renditedruck auf die Realwirtschaft aus.

Diese Auswirkungen hat Steiner im «Kurs» nur in sehr genereller Weise behandelt. Er legt dar, wie sich unter dem Einfluß des Leihwesens (Ausbreitung der Bankgeschäfte) die weltwirtschaftliche Entwicklung immer mehr beschleunigt.[1] Durch die Ausbreitung des Bankwesens hat sich allerdings gezeigt, «daß … dem Menschen die Herrschaft über die Geldzirkulation eigentlich entzogen worden ist, daß nach und nach der Zirkulationsprozeß des Geldes ein solcher geworden ist, der sich — ja, ich finde keinen anderen Ausdruck — … unpersönlich abspielt; so daß … tatsächlich die Zeit heraufgezogen ist, wo das Geld selbst wirtschaftet».[2] «Geldwirtschaft ohne natürliches und persönliches Subjekt», das sei dasjenige, was bereits gegen Ende des 19. Jahrhunderts ersetzt, «was ursprünglich durchaus vom persönlichen und vom natürlichen Subjekt getragen war».[3] Steiner erwähnt an dieser Stelle Rudolf Hilferding, der in seinem 1910 erschienen Buch das «Finanzkapital» u.a. die Rolle der Banken in Verbindung mit den Aktiengesellschaften untersucht hat. Die Repräsentanten der Banken vertreten nicht nur die Vermögensinteressen, sondern sie beherrschen auch viele Aufsichtsräte mit manchmal weniger als 50% Anteil am Aktienkapital.

Die Klassiker wußten zwischen Produktions- und Geldkapital zu unterscheiden. Die Einflüsse des Geldkapitals auf das Produktionskapital wurden von ihnen allerdings nur ungenügend analysiert. Adam Smith begnügt sich in diesem Zusammenhang mit bildhaften Vergleichen. Er schreibt: «The coffers of a bank … resemble a water pond, from which, though a stream is continually running out, yet another is continually running in … so that, without any further care or attention, the pond keeps always equally, or very near equally full».[4] John Bates Clark überträgt Smiths finanzwirtschaftliche Metaphorik auf das Produktionskapital. Das Produktionskapital wird bei ihm sozusagen zum Bankkapital. Das Produktionskapital gleiche einem Wasserfall, schreibt Clark. Denn der Wasserfall, der die Räder einer Mühle antreibt, sei permanent, obwohl kein einziger Partikel Wasser — die Metapher für die materiellen Bestandteile des Produktionskapitals, die eigentlichen Produktionsmittel — für mehr als einen Augenblick im steten Strom des Wassers verbleibe: «Capital is the permanent fund of productive goods, the identity of whose component elements is forever changing. Capital goods are the shifting

---

1 Vgl. R. Steiner 1979 a), S. 130f.
2 R. Steiner a.a.O., S. 137f.
3 R. Steiner a.a.O., S. 139.
4 A. Smith a.a.O., S. 269.

component parts of this permanent aggregate».[1] Clarks «Plastic capital»[2] ist das Geld von seiner Vermögensseite her betrachtet. «A stock of shifting goods always worth a million dollars is, by a figure of speech, described as a million dollars invested in the goods».[3] Aus der Sichtweise Steiners ändert sich allerdings die Geldfunktion durch den Anspruch einer ewigen Rente in grundlegender Weise. Denn das Geld steht nun nicht mehr in Äquivalenz zu den Produktionswerten selbst, sondern es wird — um in der Metaphorik Adam Smiths und John Bates Clark zu bleiben — zu einem ewigen wirtschaftlichen «Jungbrunnen». (Kapital wird zum «ewigen» Vermögenswert.)

Die Sekurisation von Produktionskapital. Die Wertschöpfung via Arbeitsleistungen an der Natur und mit Produktionskapital ist aus zwei Gründen mühsam. Neben dem aufreibenden Kampf um Märkte unterliegt der Einnahmenstrom den Charakteristika von Verbrauchsgütern: Waren müssen erzeugt, transportiert und an den Händler bzw. Konsumenten verkauft werden. In der Sprache Smiths und Clarks: Die Fließgeschwindigkeit des Wassers ist langsam und verrät eine träge Bewegung der Massen. Selbst der Zins aus Kreditkapital ist an die Einnahmen- und Ausgabenströme der Warenproduktion indirekt gebunden. Der Zins wird auf eine feste Summe zu einem festen Zinssatz berechnet, und die Fälligkeit wird auf einen bestimmten Termin festgelegt. Anders verhält es sich mit dem Aktienkapital. Aus bestimmten Hinweisen Steiners läßt sich schließen, daß er die Aktie als eine Art Quasi-Geld betrachtete.[4] Sie ist zwar kein Zahlungsmittel, aber sie repräsentiert das Produktionsmittel wie das gewöhnliche Geld die Ware und läßt sich in Zahlungsmittel verwandeln. Wie das gewöhnliche Geld hat sie keine Gültigkeitsbegrenzung und ist von hoher Liquidität. Entscheidend an diesem Quasi-Geld aber ist, daß sich mit ihm ein Handel treiben läßt, der nicht der «Trägheit» der Warenwertumsätze unterworfen ist, «weil man die Produktionsmittel direkt in Renten überleitet».[5] Fungible Aktien sind pure Rentengelder, deren Besonderheit darin besteht, daß sie die Erträge von morgen schon heute realisieren! Durch dieses Rentengeld wird der Prozeß der werttheoretischen Unvergleichlichkeiten weiter vorange-

---

1 J.B. Clark 1968, S. 29.
2 J.F. Henry (1983, S. 381) über Clarks Kapitalbegriff.
3 J.B. Clark a.a.O., S. 30.
4 Vgl. R. Steiner 1979 a), S. 203.
5 R. Steiner 1986, S. 75.

trieben: Steiner gibt zu bedenken, wieviel Zeit und Mühe ein Bauer im Vergleich zur Schaffung von Geldvermögen aufwenden muß, um auf seinem Acker einen doppelten Ertrag zu erwirtschaften. Dem muß man entgegenhalten, «wie wenig jemand als einzelne Persönlichkeit zu tun braucht, wenn er heute in Geld fünfhundert Franken hat, um das Doppelte zu haben». Dann erst kann man ermessen, was es bedeutet, sozial wirksame Leistungen auf der Basis von Gegenseitigkeit des Tausches im Gegensatz zu bloßer Umsetzung von Geldwerten zu erbringen.[1]

In der Klassik wird die Spekulation und ihre Bedeutung für die Wirtschaft ausgeklammert. «The monied interest», wie Smith das Geldkapital nennt,[2] spielt weder wert- noch preis- und verteilungstheoretisch bei den Klassikern eine Rolle. Ricardo, der innerhalb von vierzehn Jahren durch Börsengeschäfte ein Vermögen von rund achthunderttausend Pfund erwarb, macht keinen Unterschied zwischen den Gewinnen aus Warenumsätzen und den «Profits without Production» der Börse. Die Klassiker versäumten es, die Gütermärkte mit den Geld- und Kapitalmärkten zu vergleichen und den Einfluß spekulativer Geschäfte auf die Realwirtschaft zu untersuchen. Dabei ist die Unterschiedlichkeit zwischen Waren- und Geldmärkten historisch leicht nachvollziehbar. Wie Robert Solo schreibt, befand sich England bereits Ende des 19. Jahrhunderts im Vergleich zu seinen Konkurrenten in einer industriell schwächeren Position, obwohl die City durch die Vermögen, die nicht zuletzt auf dem Reichtum der Kolonien fußte, boomte.[3]

Das Denken der Klassiker habe sich, so sagt Steiner, aus den Tatsachen des Lebens «zurückgezogen». Die Entwicklung zu einer formal-abstrakten wissenschaftlichen Denkweise, vorbei an den tatsächlichen ökonomischen Fragestellungen, verbirgt, daß aus dem Streben nach Wahrheit die «Phrase», aus wahrer Praxis des Lebens das kritiklose Hinnehmen, die «bloße Lebensroutine», sich ent-

---

1 R. Steiner 1979 a), S. 165.
2 Vgl. A. Smith 1926, S. 314.
3 Vgl. R. Solo 1985, S. 205. Jevons, einer der Hauptbegründer der Neoklassik, war davon überzeugt, daß von der Spekulation keine Einflüsse auf das reale wirtschaftliche Geschehen ausgingen. «According to the Jevons hypothesis», schreibt Mirowski (1984 b), S. 353), «fluctuations in sunspots should cause fluctuations in temperature, which should in turn cause fluctuations in exports to Asia (Weizen), triggering fluctuations in finance». Die Wellen der Spekulation sind also nichts anderes als Naturereignisse!

wickelt hat.[1] Dies gilt in besonderem Maße für die klassische Geldtheorie.

Annex: Die «Wiederentdeckung» des Geldes durch Keynes und die
Position der Neoklassik

Erst durch Keynes wird die Rolle des Geldes in der Ökonomie proble-
matisiert. 1932 ändert Keynes den Titel seiner Vorlesungen in Cam-
bridge von «The Pure Theory of Money» in «The Monetary Theory
of Production». Keynes erkannte, daß die realwirtschaftlichen Prozesse der Produktion, der Preise etc. von den Vermögensinteressen
beeinflußt und gesteuert werden.[2] Eine werttheoretische Untersuchung und Differenzierung zwischen Verbrauchswerten einerseits
und Vermögenswerten andererseits hat Keynes zwar in seiner «General Theory» nicht vorgenommen. Keynes deutet aber in seiner «General Theory» an, daß er eine solche Unterscheidung und Differenzierung für nötig gehalten hat.[3] Dazu müßte das Geld in eine umfassende werttheoretische Untersuchung miteinbezogen werden: «The
division of Economics between the Theory of Value and Distribution
on the one hand and the Theory of Money on the other hand is … a
false division.»[4] Dieser Ansatz ging in der neoklassischen Ökonomie
nach dem Zweiten Weltkrieg verloren.

Die heutige neoklassische Wirtschaftstheorie steht auf dem Standpunkt, daß zwischen den Angebots- und Nachfragemechanismen auf
den Gütermärkten und jenen auf den Aktienmärkten kein prinzipiel-

---

1 Vgl. R. Steiner 1979 a), S. 214.
2 In seinen Vorlesungen verwendete Keynes ab 1932 Marxens Tauschformel M-C-M
   (Geld-Ware-Geld), was nach Dillard (1987,1631) deshalb bedeutsam ist, «because
   it indicates recognition, at the level of theory, that under capitalism the objective
   of business firms is to make money. Everyone knows this but few theories give it
   conceptual recognition (!)».
3 Keynes scheute sich nicht davor, auch die moralische Seite der Spekulation anzu-
   sprechen: «Of the maxims of orthodox finance none, surely is more anti-social
   than the fetish of liquidity, the doctrine that it is a positive virtue on the part of investment institutions to concentrate their resources upon the holding of liquid
   securities. It forgets that there is no such thing as liquidity of investment for the
   community as a whole.»
   J.M. Keynes 1936, S. 155.
4 J.M. Keynes 1936, S. 293.

180

ler werttheoretischer Unterschied herrscht.[1] Auf den Gütermärkten aber herrscht ein Angebot und eine Nachfrage nach Gebrauchs- und Verbrauchsgütern, während sich auf den Aktienmärkten das Angebot und die Nachfrage nach Erträgen bzw. Ertrags*erwartungen* richten. Dieser Unterschied wird bis heute auch zinstheoretisch ignoriert.[2] Die realwirtschaftlichen Daten wie z.b. die Unternehmensgewinne, Konjunktur- und Branchenanalysen stellen die Klaviatur dar, auf der die Melodie der Erwartungen gespielt wird. *Zukünftige* realwirtschaftliche Geschehnisse, die unter der Einwirkung

---

1 Die sogenannte «efficient market hypothesis» behauptet implizit, daß zwischen der marginalen Produktivität des Kapitals und dem Zins, der sich aufgrund von Wertpapierkurs und Dividende ergibt, gar kein wesentlicher Unterschied bestehe, da ja der Preis des Wertpapiers die Wertschöpfung des Unternehmens reflektiere. Vgl. C. Lehman 1988, S. 5. Aus werttheoretischer Sicht ist dieses Argument keineswegs zwingend, ja sogar täuschend. Das Groteske der Spekulation besteht ja gerade darin, daß man sich über die *langsame* Wertschöpfung der Realwirtschaft (jährliche! Dividende) hinwegsetzen kann, um *schnelle* Gewinne zu realisieren. Vgl. J.M. Keynes a.a.O., S. 157. Dies geht nur, wenn man mit dem Symbol des Kapitals selbst, den Wertpapieren, Handel treibt. Auch die These, daß Wertpapiergewinne eine Art «risk reward» (Risikoprämie) darstellen, ist nicht haltbar. Sowohl Irving Fisher (1965, S. 265) als auch Keynes (a.a.O., S. 155 und S. 158) weisen, wenn auch nur indirekt, darauf hin, daß das Risiko die *Folge* jeder durch spekulative Transaktionen *geförderten* Unsicherheit (uncertainty) ist, an der dann im spekulativen Sinne ‹verdient› wird. Gerade *weil* es Risiko gibt — nicht trotz Risiko (J. Hicks!) —, wird spekuliert. Es ist deshalb überaus bezeichnend, wenn die moderne Spekulationstheorie die «Unsicherheit» paradigmatisch ihren Modellen *vorausstellt*, um dann spekulative Einkommen (tautologisch) mit formal bestechendem Modell zu erklären. Vgl. z.B. J. Hirshleifer 1975, S. 519ff. Auf was es bei der Spekulation nach Keynes ankommt, ist «foreseeing changes in the conventional basis of valuation a short time ahead of the general public» und gar nichts sonst. J.M. Keynes a.a.O., S. 155.

2 Es ist in dieser Beziehung bezeichnend, daß das — neoklassisch adaptierte — keynesianische IS-LM-Modell den Kreditzins mit dem Wertpapierzins gleichsetzt. Keynes selbst arbeitet diesen Unterschied in seiner «General Theory» nicht wirklich heraus. Während er im 12. Kapitel seiner General Theory einen produktivitätsorientierten Zinsansatz vertritt (wie einige Klassiker wie z.B. Malthus), wird der Zins im 13. Kapitel aus der Liquiditätstheorie abgeleitet. Vgl. dazu J.M. Keynes a.a.O., S. 169. Es kann daher nicht überraschen, daß John Hicks (1935, S. 3) das Zinsproblem bei Keynes «vereinfacht» und als Wahl zwischen «liquidity» (aus der sich der Zins als ‹liquidity preference› ableitet) und «profit» — wobei ganz unerheblich ist, ob dieser Profit aus Gewinnen oder Kurssteigerungen stammt — ableitet. Unklarheit schafft Vielfalt. Victoria Chick (1987, S. 10) schreibt unter Berufung auf Keynes: «Speculation in securities divorces the rate of return on securities from the rate of return on real capital.»

spekulativ bestimmter Erwartungen *gegenwärtige* Zahlungsströme und Wertsteigerungen bzw. Wertverluste verursachen, stellen eine Art realisierte Fiktion dar. Es finden Wertschöpfungen ohne Werterzeugungen statt, die z.B. zu Leistungsansprüchen auf vergangene Werterzeugungen führen können (wenn ein spekulativ gestiegenes Wertpapier veräußert wird und die Geldwerte in Warenwerte umgesetzt werden).

Abgesehen von der mangelnden werttheoretischen Analyse, die ein entsprechendes theoretisches Fundament voraussetzt, vernachlässigt die heutige neoklassische Wirtschaftstheorie den Einfluß spekulativer Wertverschiebungen auf den Gang der Realwirtschaft. Aus der Sicht der Steinerschen Wert- und Geldtheorie ist aber gerade die «Umschichtung» der Werte, der Einfluß der «Ultrawirtschaft» des Geldes auf die Realwirtschaft von entscheidender Bedeutung.[1] Die heutige Theorie hat hier noch keineswegs in gebührender Weise das rezipiert, was in der realen Wirtschaft bereits in sehr fortgeschrittenem Maße Realität ist: Daß die Kapitalwirtschaft von heute eine *Vermögens*verwaltungs- und *Vermögens*steigerungswirtschaft geworden ist, in der die Gebrauchswerte immer mehr in vermögenswirksame Geldwerte umgesetzt werden. Es ist wahr geworden, was Steiner bereits 1922 vorgedacht hat: Das Geld «staut» sich in Grund und Boden und im Produktionskapital. Es wird gleichsam zum «versteinerten Einsatz» im volkswirtschaftlichen Geschehen.[2] Dies zeigt sich heute in den durch die Spekulation beeinflußten Wechselkurs- und Zinsvolatilitäten ebenso wie in der spekulativen Verschuldung von Unternehmen.[3] Es zeigt sich daran, daß sich die Finanzabteilungen multinationaler Unternehmen in Investmentbanken umwandeln, weil die Bedeutung der Gewinne aus reinen Finanzgeschäften ständig steigt. Es zeigt sich an den Übernahmekämpfen an der Wallstreet der 80er Jahre, wo Unternehmen zu Phantasiepreisen erworben wurden.[4] Es zeigt sich in den Finanzinnovationen der vergangenen Jahre, wo sich z.B. auf den Options- und Futures-Märkten neue Betätigungsfelder der Spekulation entwickelt haben.

---

1 Vgl. R. Steiner 1979 a), S. 19 und S. 170ff.
2 Vgl. R. Steiner a.a.O., S. 77.
3 Vgl. J. Tobin 1988, S. 35 und M. Carter 1989, S. 781f.
4 Vgl. K.R. Felder 1988, S. 33.

Die Ökonomie des Schenkens

Auf dem Wege zu einer Ökonomie des Schenkens ist es von großer Bedeutung, daß man zunächst «innerhalb des volkswirtschaftlichen Prozesses endlich begreifen lernt, was wirkliche Werte sind und was Scheinwerte sind».[1] Ferner kommt es darauf an, «daß man erst einemal das Geld ordentlich kennenlernt, bevor man etwas sagen kann darüber, was es für eine Rolle spielt, wenn es zum Ausdruck des Preises für etwas anderes wird».[2] Insbesondere wird man immer klarer erkennen müssen, «daß die Trinität von Zahlen, Leihen und Schenken drinnen ist im volkswirtschaftlichen Prozeß» und daß man die Geldströme in einer Ökonomie nach dieser Trinität einrichten muß.[3]

Steiners Analyse der «Geldwirtschaft» erweitert den Rahmen seiner sozialökonomischen Hauptfragestellung, der sogenannten sozialen Frage. Der geisteswissenschaftlichen Annäherung an die soziale Frage in «Geisteswissenschaft und soziale Frage» und ihre Behandlung im Kontext des Konfliktes zwischen Arbeit und Kapital in den «Kernpunkten» folgt im «Kurs» eine geldwirtschaftliche, in deren Mittelpunkt die Unterscheidung zwischen unproduktiven Rentenwerten zur Steigerung des Reichtums und produktiven sozialen Leistungen steht. Die soziale Frage läßt sich nur lösen, so läßt sich Steiners Schlußfolgerung aus seiner Analyse der «Geldwirtschaft» zusammenfassen, wenn die Bildung von Rentenkapitalien zurückgedrängt wird. Um dies zu erreichen, bieten sich grundsätzlich zwei Strategien an: Die Enteignung von Grund und Boden sowie von Produktions- und Geldkapital durch den Staat oder die Entwicklung eines Schenkungswesens (Ökonomie des Schenkens).

Die erste Strategie verwirft Steiner mit dem Argument, daß die soziale Frage mit der Enteignung des privaten Produktionskapitals keineswegs gelöst sei. Der Ersatz der Macht des Privateigentums durch die Macht des Staatseigentums entspreche einem «Denken in Ressentiments» und habe seinen Ursprung nicht in sachlichen wirtschaftlichen Überlegungen, sondern in machtpolitischen Bestrebungen. Zwar könne man sich einbilden, daß die soziale Unschädlichmachung

---

1   Vgl. R. Steiner 1979 a), S. 75.
2   R. Steiner a.a.O., S. 184.
3   R. Steiner a.a.O., S. 91.

des Kapitals mit bloßen gesetzlichen «Maßregeln» erreicht werden könne. Neben Enteignungen sind hier etwa erhebliche steuerliche Belastungen bei Grund- und Boden- bzw. Kapitalbesitz und Erbschaften zu erwähnen. Die «Wirklichkeit» hätte man mit solchen Maßnahmen nicht ergriffen, man «macht nur eine Umlagerung».[1] Denn ob der einzelne Kapitalist in Erscheinung tritt oder der Staat durch seine privilegierten Vertreter, macht keinen wesentlichen Unterschied. Durch eine bloße Verschiebung der Machtstrukturen wird die soziale Frage nicht gelöst. Die soziale Frage läßt sich nur lösen, wenn ein umfassendes Verständnis der wirtschaftlichen Prozesse erworben wird. Man müsse, meint Steiner, endlich einmal in aller Klarheit erkennen, «was im volkswirtschaftlichen Prozeß die andere Rolle spielt: Ein fortschreitendes Entwerten der Werte». Gerade dadurch hätte der volkswirtschaftliche Prozeß ein organisches Wesen, daß auch er «etwas bildet und dann wieder entbildet».[2] «Vernünftig» könne es deshalb in einer Volkswirtschaft nur zugehen, «wenn sich das Kapital nicht erhält», sondern «aufgebraucht» wird.[3] Kapital muß soweit verbraucht werden, «daß lediglich noch das bleibt, was als eine Art von Saat für die weitere Anfachung des volkswirtschaftlichen Prozesses ... aufgefaßt werden kann».[4] Der volkswirtschaftliche Organismus hat in diesem Sinne einen natürlichen «Selbstregulator», der den Verbrauch des Kapitals bewirken kann: Die Schenkung.

1. Die Schenkung im Zusammenhang mit dem Grund und Boden.
Der Bodenfrage widmet sich Steiner im «Kurs» in relativ ausführlicher Weise. Dies mag seinen Grund u.a. darin haben, daß zu dem Zeitpunkt, als Steiner seine Vorträge zur Nationalökonomie hielt (1922), durch die Inflation sämtliche Geldvermögen vernichtet wurden und das Sachvermögen daher relativ aufgewertet wurde. Das Realkreditwesen lag so darnieder, daß der Erwerb eines Eigenheimes für viele in weite Ferne rückte. Über diese situationsbedingte Verteuerung von Grund und Boden hinaus gibt es eine noch viel grundlegendere Verteuerungstendenz, die sich aus der Monetisierung von Grund und Boden ergibt. Während der Zins des Kredites zur Finan-

---

1 Vgl. R. Steiner 1979 a), S. 65.
2 R. Steiner a.a.O., S. 69.
3 R. Steiner a.a.O., S. 73.
4 R. Steiner a.a.O., S. 78.

zierung von Investitionen sich auf die Produktpreise letztlich verbilligend auswirke, führe eine Zinssenkung im Realbereich zum gegenteiligen Ergebnis. Grund und Boden wird knapp und teuer, weil sich eine größere Menge Kapitals auf Grund und Boden fixiert (eine allgemein preisliche Kontrapunktion tritt dadurch ein, daß infolge der gestiegenen Grundstückspreise auch der Mietzins steigt und sich dadurch allgemein preissteigernde Effekte ergeben). Um den «Stau» des Kapitals auf Grund und Boden zu verhindern, müßte laut Steiner der Hypothekar- bzw. Darlehenszins eigentlich 100% betragen, was laut Steiner nicht leicht erreichbar ist. Das gleiche kann aber auch anders erreicht werden: «Es gibt nun die größte Möglichkeit, den Zinsfuß für den Naturbesitz geradezu auf hundert Prozent hinaufzutreiben dadurch, daß man möglichst viel von dem Naturbesitz in freier Schenkung vermittelt den geistig Produzierenden».[1] Wenn sich mehr und mehr des Grund und Bodens in Schenkungswerte verwandelt, dann «verschwindet» Kapital in der Natur, ohne sich zu erhalten. Diese Schenkungen stehen insofern in einer engen Beziehung zu Steiners Werttheorie, als der «Wert» des Grund und Bodens, wie derjenige geistiger Leistungen, raumzeitlich unbegrenzt und daher unbestimmbar ist. Da andererseits die ökonomische Raumzeit begrenzt ist (durch den allgemeinen Abnutzungs- und Alterungsprozeß), kann der «Wert» des Grund und Bodens nur dadurch raumzeitlich «diskontiert» werden, indem er einen bestimmten endlichen Wert annimmt, was durch die Schenkung zu erreichen ist. Die Schenkung ist also das Gegenbild zur Bildung des Rentenkapitals, das von der fiktiven Vorstellung ausgeht, daß sich die Kapitaleinkommen bis ins Unendliche fortsetzen.[2]

2. Die Schenkung im Zusammenhang mit dem Produktionskapital.
Zur Verwunderung sehr vieler Leute, so sagt Steiner im «Kurs», habe er in den «Kernpunkten» den «Übergang des Produktionskapitals» (Neuverteilung der Verfügungsrechte über Kapital) durch einen Prozeß vorgeschlagen, «der mit dem Schenken identisch ist».[3] Kapital

---

1   R. Steiner 1979 a), S. 91.
2   Vgl. dazu S. 151ff. und S. 162ff.
3   R. Steiner a.a.O., S. 91. Zu prüfen ist die Frage, ob ein Unternehmer, der dem Unternehmen durch seine Fähigkeiten einen unbestreitbaren «Wert» gegeben hat, nicht Abfindung erhalten soll. Auch hier müßte man feststellen: Der Vermögenswert des Produktionskapitals ist zu unterscheiden von jenem Wert, den es durch die menschliche Arbeit erhalten hat und der wesentlich geringer ist als der Vermögenswert.

dürfe, werttheoretisch betrachtet, nur so lange an eine unternehmerische Persönlichkeit gebunden bleiben, solange diese persönlich mit Hilfe von Kapital Werte erzeugt. Nur so erfüllt Kapital seine volkswirtschaftliche Funktion. «Nachher» geht es durch Schenkung an den über, «der die nötigen Fähigkeiten dazu hat».[1] Auch hier ist die Schenkung das Gegenbild zur Rentenbildung. Denn wenn das Kapital aufhört, eine Ware zu sein, dann hätte die Spekulation «sicher viel weniger Boden».[2]

3. Das Schenkungsgeld in Zusammenhang mit dem freien Geistesleben.
Wie bereits ausgeführt, teilt Steiner die Funktionen des Geldes in die Bereiche Kaufen, Leihen und Schenken auf.[3] Das Geld, so sagt Steiner, soll sich im Bereich der Schenkungen an das freie Geistesleben «entwerten». Werttheoretisch betrachtet, ist diese Entwertung dadurch gegeben, daß die Leistungen des freien Geisteslebens keine Tauschwerte im klassischen Sinne darstellen, weswegen Steiner im Bereich des freien Geisteslebens, wie bereits erläutert,[4] von «reinem» Konsum (ohne Reproduktion) spricht. Leistungen des freien Geisteslebens sind nur für die Zukunft ökonomisch von Bedeutung, «der Vergangenheit gegenüber» haben sie keinen ökonomischen (Tausch)-wert.

Die Ökonomie des Schenkens ist nicht nur das Gegenbild zur «Rentenökonomie», sondern auch das Leitbild einer selbstverwalteten Wirtschaft. «Und es ist der Fall, daß wir dasjenige, was wir durch einfache Gesetzesmaßregeln nie erreichen können, nämlich das überschüssige Kapital abzuhalten ..., erreichen ... indem wir das Kapital ableiten in freie geistige Institute.»[5] Ohne Ökonomie des Schenkens, so läßt sich Steiner interpretieren, kann es keine wirklich liberale Wirtschaft geben.

1 R. Steiner a.a.O., S. 153.
2 R. Steiner 1986, S. 80.
3 Vgl. S. 139ff.
4 Vgl. dazu S. 112ff.
5 Vgl. R. Steiner 1979 a), S. 91; ferner S. 154.

Anmerkungen zur Psychopathologie des Geldes

«Geld», sagt Steiner, «ist gegenüber den besonderen wirtschaftlichen Geschehnissen ein vollständiges Abstraktum».[1] Als «realisierter Geist» befreit es den Menschen von den Begrenzungen der Naturalwirtschaft. Diese Befreiung ist zugleich eine moralische Herausforderung. Denn die Befreiung von den engen sozialen Bindungen, die durch die Gegebenheiten der Naturalwirtschaft bedingt sind, fördert die soziale Entfremdung und den Egoismus in Form ökonomischer Bereicherung, wenn nicht der einzelne Mensch aus bewußten sozialen Antrieben heraus eine entwickeltere Form der sozialen Gemeinschaft anstrebt, als dies auf einer primitiveren Stufe durch die Naturalwirtschaft gewissermaßen von Natur aus gegeben war. Das Geld, so läßt sich schließen, muß auch als ein seelisch-geistiges Bewältigungsproblem angesehen werden. Eine solche Betrachtungsweise liegt dem ökonomischen Denken von Aristoteles zugrunde, in dessen geldtheoretische Überlegungen sich Rudolf Steiners Ansatz einfügen läßt.

Von H.C. Binswanger ist die Auffassung vertreten worden, daß Rudolf Steiner die «früheren Lehren von Aristoteles bis John Locke» wieder aufgreift, «indem er der Dynamik des Geldes eine entscheidende Bedeutung beimißt».[2] Die Verwandtschaft von Steiners geldtheoretischem Ansatz und dem Denken Aristoteles' läßt sich nachweisen und besteht insbesondere auch auf dem Gebiet der seelisch-geistigen Grundlagen der Geldwirtschaft.

Aristoteles unterscheidet zwischen der Oikonomiké, der auf die Sicherung des Bedarfes ausgelegten Hauswirtschaft, und der Kapeliké bzw. Chrematistiké, der auf den Geldgewinn und dessen Steigerung ausgelegten Handelswirtschaft.[3] Hinter diesen ökonomischen Grundformen stehen verschiedene Welt- und Lebensauffassungen, die Aristoteles mit bestimmten seelisch-geistigen Verfassungen in Verbindung bringt. Die seelisch-geistige Basis der aristotelischen Kapeliké bzw. Chrematistiké ist eine Art von materialistischer Transzendenz, bei welcher der irdische Reichtum an die Stelle des geistigen Reichtums tritt. «Die Ursache dieser seelischen Verfassung (nach Geld und Reichtum zu streben) ... liegt darin, daß sie (die Menschen)

---

1   R. Steiner 1979 a), S. 58.
2   H.C. Binswanger 1980, S. 70. Vgl. dazu S. 3ff.
3   Vgl. dazu H.C. Binswanger 1983. Vgl. ferner O. Longholm 1983, S. 50ff.

sich um das (materielle) Leben als solches bemühen ... nicht aber um ein gutes Leben.»[1] Das bleibt nicht ohne Folgen. Denn die laut Aristoteles nach überzeitlichen Erlebnissen strebende Seele findet keinen Ruhepunkt im Streben nach materiellen Reichtümern. Durch die Übertragung der seelischen Dynamik auf rein materielle Werte tritt eine Art «Ersatztranszendenz» auf, die sich äußerlich als Bedürfnisinflation darstellt. Deshalb hat der Reichtum, so sagt Aristoteles, «der aus dieser Art von Erwerbskunst (Kapeliké bzw. Chrematistiké) gewonnen wird ... in der Tat keine Grenze».[2]

In der modernen Geld- und Kapitalwirtschaft wird die Kapeliké bzw. Chrematistiké verobjektiviert. Die Dynamik des Geldes ist in die Abstraktheit und institutionelle Rahmengebung der modernen Finanz- und Kapitalmärkte gekleidet, und Rudolf Steiner blickt auf diese moderne Geld- und Kapitalwirtschaft ganz in der Art, wie es auch Aristoteles gegenüber den antiken Formen des Geldkapitalismus tat. Laut Rudolf Steiner ist in der modernen Geld- und Kapitalwirtschaft das Erwerbsstreben zum «subjektlosen» Selbstzweck geworden. Dem Menschen sei, so sagt Steiner, seit dem letzten Drittel des 19. Jahrhunderts «die Herrschaft über die Geldzirkulation eigentlich entzogen worden».[3] Die Geldprozesse spielen sich «unpersönlich» ab, und es sei nun «tatsächlich die Zeit heraufgezogen ..., wo das Geld nun selber wirtschaftet».[4] Durch die rein «finanzwirtschaftlichen» Impulse des modernen Geld- und Kapitalmarktwesens werden die wirtschaftlichen Vorgänge nicht nur unpersönlich, sondern auch «unnatürlich».[5] Denn der Mensch wird sozusagen systematisch von den sozialen Tauschbeziehungen, die für den transparenten Gütermarkt charakteristisch sind, entfernt: «Geldwirtschaft ohne natürliches und persönliches Subjekt, das ist dasjenige, wo hintendiert hat gegen das Ende des 19. Jahrhunderts das, was ursprünglich durchaus vom persönlichen und vom natürlichen Subjekt getra-

---

1 Aristoteles 1963, S. 299.
2 Ebenda. Die Inflation der Bedürfnisse wird erst aufgehoben, wenn die seelische Leere einer einseitigen materiellen Lebensorientierung überwunden wird: «Der Freund des Edlen ... hat seine Freude nur an Dingen, denen der Charakter des Freudebringens *von Natur* zukommt. Das ist der Fall bei den sittlich wertvollen Handlungen. Sie sind daher freudevoll, sowohl für die Freunde des Edlen als auch in sich». Aristoteles 1980, S. 20. (Hervorhebung vom Verfasser).
3 R. Steiner 1979 a), S. 137f.
4 R. Steiner a.a.O., S. 138.
5 Ebenda.

gen war.»[1] Zunächst müsse man hier von einem «rein psychologischen» Phänomen ausgehen, das sich allmählich zu einer objektiven Struktur verfestigt habe.[2] Dieses psychologische Phänomen ist zugleich psychopathologisch. Denn das Erwerbsstreben zersetzt die Gemeinschaft. Die «hohe Mission», von der Steiner in «Geisteswissenschaft und soziale Frage» spricht, zerfällt in die soziale Sinnentleerung. Die moderne Gesellschaft erkrankt am Umgang mit dem Geld, weil das «psychologische» Element, die dahinter stehende Welt- und Lebensauffassung, wie bereits Aristoteles hervorhebt, die Seele des Menschen erkranken läßt. Die Seele findet im Sinne Aristoteles nichts im Prozeß des Anhäufens an materiellen Reichtümern, was ihr eine wirkliche Befriedigung sein könnte. Das, wonach die menschliche Seele strebt, läßt sich nicht in Gold aufwiegen, da es jenseits materieller Werte liegt.[3]

Aus diesem Grund spricht H.G. Schweppenhäuser, einer der Interpreten von Steiners Geldauffassung, von der «sozialen Hygiene», die einen neuen Umgang mit Geld prägen müsse.[4] Jede Form von institutioneller Reform des Geldwesens muß scheitern, wenn diese «soziale Hygiene» unterbleibt: Der Mensch, so läßt sich Steiner interpretieren, muß das Erwerbsstreben, das sich in der Geldwirtschaft spiegelt, auch von seinem Inneren her überwinden lernen.[5] Dieser Schnittpunkt zwischen Geisteswissenschaft und Ökonomie ist in den heuti-

---

1 Ebenda.
2 Ebenda.
3 Hier könnte man auch von einer seelisch-geistigen Quadratur des Kreises sprechen: Das Materielle enthält nichts in sich, das der Seele geistige Nahrung sein könnte. Daher der Ersatz durch die Inflation von Bedürfnissen, mit denen der Mangel verdeckt werden soll. Dieses Problem ist auch ein alter philosophischer Gegenstand. Die weltfremde Jenseitigkeit des Formalismus wurde im Ausgang des Mittelalters durch einen Ding-bezogenen Nominalismus abgelöst. Der Erlebnishorizont der Seele wurde auf sächliche Lebensgegenstände graduell reduziert. In der endzeitlichen Profanation des 20. Jahrhundert werden schließlich aus weltlichen Werken weltliche Vermögenswerte. Vgl. zur Geburtsstunde der abendländischen Säkularisation H. Lüthy 1961, S. 57ff., E. Nawroth 1961 und R. Imbach 1981. Vgl. ferner Max Weber 1920 und Hans Albert 1972.
4 Vgl. H.G. Schweppenhäuser 1975, S. 96ff.
5 Dies ist nach Steiner die Aufgabe eines freien Geisteslebens, das den Menschen nicht nur im Sinne einer instrumentellen Lebenstüchtigkeit auf das Berufsleben vorbereitet, sondern auch jene Fähigkeiten und Antriebe in ihm weckt und stärkt, die ihn in freier Entscheidung dazu befähigen, seelengemäße Lebensziele zu setzen und zu pflegen. Vgl. dazu R. Steiner 1980 a), S. 76f.

gen Sozialwissenschaften weder als Probelmstellung erkannt noch anerkannt. Das muß sich ändern, wenn diese Wissenschaft ihren Anspruch, «Wirklichkeiten» zu verstehen und zu vermitteln, nicht verlieren will.

Zusammenfassung

Geld ist ein Produkt des Geistes, es ist «realisierter Geist». Das Geistige emanzipiert sich vom Natürlichen und gibt dem Menschen neue Handlungsfreiräume. Aber die gewonnene Freiheit und Erleichterung, die das Geld mit sich bringt, kann auch mißbraucht werden.

Steiner denkt dabei weniger an den persönlichen Mißbrauch als vielmehr an die Manipulation der sozialen Prozesse durch die hohe Abstraktheit, die die Geldwirtschaft mit sich bringt. Durch die Monetisierung von Grund und Boden sowie des Produktionskapitals dient das Geld persönlichen Vermögensinteressen, die dem altruistischen Charakter der arbeitsteiligen Wirtschaft widersprechen. Geld wird zum Symbol für die egoistischen Triebe des einzelnen.

Das Geld darf sich insbesondere nicht von der Ordnung der Werte lösen. Zu diesem Wertewesen gehört nicht nur der Austausch von gewöhnlichen Tauschwerten und die Ersparnisbildung, sondern auch die Schenkung, die Steiner bei Transaktionen im Bereich von Grund und Boden, Kapital und kulturellen Leistungen wirksam sieht.

Das Geld ist nicht nur ein Geistesprodukt, sondern auch der Umgang mit ihm muß mit bewußtem Geist geschehen. Der Umgang mit Geld ist in unmittelbarer Weise an den sozialen Fortschritt des Menschen gebunden.

Rudolf Steiners Idee zu einer Reform des Geldwesens in «Nationalökonomischer Kurs»

Der Inhalt des zwölften Vortrages

Steiner läßt es im «Kurs» nicht bei einer Analyse der «Geldwirtschaft» bewenden. Im zwölften Vortrag skizziert er eine Reform der Geld- und Währungsordnung. Dabei weist Steiner darauf hin, daß im Rahmen eines Vortragszyklus' nur «Anregungen» gegeben werden könnten.[1] Die Ausführungen zum Geld stellen daher kein ausgearbeitetes Geldmodell dar. Allerdings sind Steiners wesentliche Gedanken zu einer Reform des Geldwesens als die geldtheoretische Konsequenz des im «Kurs» vertretenen werttheoretischen und preistheoretischen Ansatzes aufzufassen, so daß die Ausführungen zum Geld den eigentlichen Schlußpunkt der Wert- und Preistheorie, die im Zentrum des «Kurses» stehen, darstellen.

Geldwirtschaft und Geldreform

Gemäß Steiners Analyse der Geldwirtschaft dient der Warenverkehr immer mehr der Steigerung monetärer Vermögenswerte. Bereits 1919 heißt es: «Gewisse ‹Investitionen› werden gewisse Geldmengen in Anspruch nehmen. Aber diese Geldmengen müssen verzinst werden. Für diese Verzinsung muß man aufkommen. Und in zahlreichen Fällen ... stellt sich innerhalb unserer sozialen Struktur heraus, (...) daß dasjenige, was man dazumal hergestellt hat und wozu man das betreffende Geld verwendet hat, längst verbraucht ist, daß es nicht mehr da ist, und daß die Leute noch immer das abzahlen müssen, was damals als Kredit gefordert worden ist! Das heißt: Was kreditgemäß geschuldet wird, das ist schon fort, aber an dem Geld wirtschaftet man noch immer herum».[2] Die diversen Formen der Renten-

---

1 Vgl. R. Steiner 1979 a), S. 177.
2 R. Steiner 1981, S. 50f.

bildungen,[1] so läßt sich Steiner interpretieren, beanspruchen immer mehr realwirtschaftliche Ressourcen, so daß die ganze Produktion «abhängig» wird von monetären Vermögensforderungen.[2] Auf diese Weise wird der Produktionsprozeß dynamisiert. Immer mehr produktives Kapital wird eingesetzt, das Geistesgut Kapital arbeitet für die Steigerung der Geldwerte. Das kumulierte Wachstum von Geld- und Warenwerten beschleunigt nach Steiner die Entwicklung zur weltwirtschaftlichen Expansion und Integration (internationale Vertikalisierung der Produktion). Aber die Steigerung der Warenproduktion zur Maximierung der Geld- und Vermögenswerte stößt laut Steiner auf natürliche Grenzen: «Wenn aber die Weltwirtschaft da ist, mit wem soll denn die tauschen?»[3] Denn das «Weltwirtschaftsgebiet grenzt an nichts anderes an», um weiter wachsen zu können.[4] «Sonst würde die Weltwirtschaft auch nur eine Volkswirtschaft sein, wenn man vom Mond oder der Venus und so weiter importieren und dahin exportieren könnte.»[5]

In einer post-Wachstumsökonomie muß eine neue Balance zwischen wirtschaftlicher Expansion und Kontraktion angestrebt werden: «Es müßte daran gedacht werden, wenn zwangsmäßig ein geschlossenes Wirtschaftsgebiet da ist, wie es die Weltwirtschaft ist, daß gar nichts anderes geschehen könnte im volkswirtschaftlichen Sinn, als daß alles dasjenige, was sonst sich staut (Rentenbildungen), in den geistigen Institutionen verschwindet. Es müßte in den geistigen Institutionen verschwinden, es müßte wirken gleich einer Schenkung».[6] Die «Überschüsse», die aufgrund der Kapitalproduktivität im Bereich des Leihwesens entstehen, müssen durch Verbrauch wieder abgebaut werden, «mit Ausnahme desjenigen, was ich da als Samen bezeichnet habe».[7] Statt sich durch die Monetisierung der Produktionsgrundlagen unproduktiv zu «versteinern»,[8] soll das Überschußkapital in den Schenkungsbereich der Wirtschaft abfließen, also in jenen Bereich, wo nur konsumiert bzw. verbraucht wird. «Nur

---

1   Vgl. dazu s. 122ff.
2   R. Steiner a.a.O., S. 52.
3   R. Steiner 1979 a), S. 161.
4   R. Steiner a.a.O., S. 163.
5   R. Steiner a.a.O., S. 179.
6   R. Steiner a.a.O., S. 169.
7   R. Steiner a.a.O., S. 168f.
8   R. Steiner a.a.O., S. 77.

dadurch wird die Sache organisch, daß die Dinge aufgebraucht werden (...) Ja, dieser Verbrauch des Kapitals, der ist ja etwas, was eben einfach herbeigeführt werden muß.»[1] Erst durch den Kapitalverbrauch im Kulturbereich ist der Wertekreislauf komplett: «Sie können also tatsächlich sehen, wie die geistige Betätigung ... nicht den Prozeß (der Wertbildung und des Kapitalstaus) fortsetzt, sondern ihn zurückführt. Deshalb habe ich es immer als Kreislauf gezeichnet. Natur, Arbeit, Kapital. — Natur, Arbeit, Kapital kehrt wiederum in sich zurück, und der ganze Prozeß ist aufgehoben, wenn es wiederum zu der Natur zurückgekommen ist.»[2]

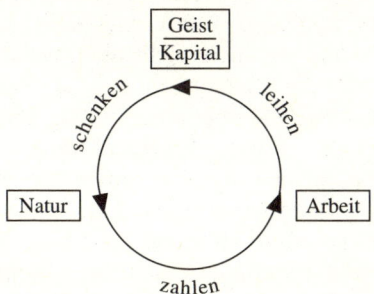

Abb.: 2 Der Wertekreislauf

Der Verbrauch des Kapitals — im werttheoretischen Sinn als Renaturierungsprozeß anzusehen — wird im Geldbereich dadurch herbeigeführt, daß das Geld einem Entwertungsprozeß unterworfen wird, wobei Steiner hier vom «Altern» des Geldes spricht.

Die Idee der Geldalterung

Steiner möchte ein Geld schaffen, welches ein Abbild des Wertekreislaufes ist. Dieser Wertekreislauf ist von den «Polen» Natur und Geist bestimmt, die, was die Produktion materieller Güterwerte angeht, durch einen «Plus»- und einen «Minusbereich» charakterisiert sind. Für den «Minusbereich» ist die Tatsache kennzeichnend, daß die

1 R. Steiner a.a.O., S. 76f.
2 R. Steiner 1986, S. 63.

Vertreter des feien Geisteslebens reine Konsumenten sind, die keine materiellen Gegenwerte erzeugen. Daher stellen alle materiellen Werte, die in den Bereich des freien Geisteslebens strömen, volkswirtschaftliche Minusposten dar, die aus dem Wirtschaftskreislauf ohne Erneuerung durch die Empfänger verschwinden, so daß auch das Geld, das ein Anweisungsmittel für diese Minusposten darstellt (Schenkungsgeld), aus dem Wirtschaftskreislauf verschwinden muß. Schenkungsgeld ist daher nach Steiner volkswirtschaftliches Abschreibungsgeld, das die Abschreibung überschüssiger Kapitalwerte repräsentiert. «Dieses Schenkungsgeld (...) verliert seinen Wert.»[1] Der Geldkreislauf müsse so eingerichtet werden, «daß nach einer bestimmten Zeit alles dasjenige, was Leihgeld ist, in Schenkungsgeld übergeht. Anders kann es auch nicht sein bei dem geschlossenen Wirtschaftsgebiet, das die Weltwirtschaft ist. Leihgeld muß nach und nach ganz in Schenkungsgeld übergehen. Leihgeld darf sich gewissermaßen nicht zurückstauen in das Kaufgeld hinein, um das zu stören. Leihgeld geht in das Schenkungsgeld hinein. So muß es sich im geschlossenen Wirtschaftskreislauf darstellen. Was tut es auf dem Gebiet, wo das Schenkungsgeld arbeitet? Da entwertet es sich (...) Das Leihgeld verschwindet allmählich hinein ins Schenkungsgeld».[2] Dieser imaginative Grundgedanke ist «schwer einzusehen» und es ist «schade, daß wir hier nicht monatelang können Angaben machen über die einzelnen Fälle, an denen man ‹positiv› beobachten kann, wie tatsächlich sich das so verhält, wie ich das jetzt gesagt habe, mit dem Bewerten und Entwerten des Geldes».[3] Es wäre nun gerade die Aufgabe, die gemachten «Anregungen» als eine «Unterlage» für weitere volkswirtschaftliche Forschungen zu betrachten.[4] Immerhin aber trifft Steiner drei konkrete Aussagen.

1. Die Produktionsmittel sollen durch Schenkungen entwertet werden. Dadurch werden alle Geldwerte, die in den Produktionsgrundlagen als Realkapital enthalten sind, entwertet.[5]

2. Geld soll grundsätzlich einen begrenzten Gültigkeitswert erhalten. Steiner spricht hier vom «Altern» des Geldes.[6] Dieser Alterungs-

---

1 R. Steiner 1979 a), S. 177.
2 Ebenda.
3 Ebenda.
4 Ebenda.
5 Vgl. dazu S. 162ff.
6 Vgl. R. Steiner a.a.O., S. 178.

prozeß soll dadurch herbeigeführt werden, daß den Noten ein Verfallsdatum aufgedruckt wird, welches seine Gültigkeit als Zahlungsmittel auf den Zeitraum zwischen Emission und Verfallsdatum beschränkt. «Junges» Geld — also neu emittiertes Geld mit langer Gültigkeitsdauer — soll im Leihbereich eingesetzt werden, «altes» Geld — also Geld, das kurz vor seinem Verfall steht — soll als Zahlungsmittel des Kulturlebens zirkulieren. Wenn es sich um Schenkungen handelt, «werden Sie altes Geld verwenden, das möglichst bald nach der Schenkung seinen Wert verliert».[1] Steiner strebt mit dem Alterungsprozeß des Geldes eine Äquivalenz zwischen Wert und Geld an. «Junges» Geld symbolisiert ein Geld (Leihgeld), das Einkommen über einen gewissen Zeitraum produziert (Investitionen bzw. Investitionsrückflüsse), «altes» Geld ist das volkswirtschaftliche Kapitalabschreibungsgeld (Schenkungsgeld).

3. Die Äquivalenzbestrebung zwischen Geld- und Warenwerten bedingt auch eine gewisse Wertabstufung des Geldes. Weil im Kapitalbereich, wo das Leihgeld wirkt, der produktive menschliche Geist wirkt, ist Leihgeld «teurer» als Schenkungsgeld. Bemerkenswert an dieser Wertabstufung ist, daß Steiner sie wert- und nicht zinstheoretisch begründet: «Denn es handelt sich ja jetzt, wenn das Leihgeld in Zirkulation kommt, darum, daß der Geist des Menschen eingreift, daß menschliches Denken eingreift, und durch dieses Eingreifen des menschlichen Denkens bekommt nun das Leihgeld seinen eigentlichen Wert.»[2] Erst durch diese Wertabstufung zwischen Leihgeld und Schenkungsgeld «prägen Sie dem Geld denjenigen realen Wert auf, den es geltend macht, den es durch seine Position im volkswirtschaftlichen Prozeß hat».[3] Dieses Wertverhältnis zwischen den zwei qualitativ verschiedenen Geldarten betrifft nicht den Wert des Geldes gegenüber den Waren. Denn die Wertabstufung «ist wesentlich nur da, indem das Geld Leihgeld ist; denn, auch wenn das Geld Leihgeld ist, als Kaufgeld (also als Transaktionsgeld, nicht als Geldkapital), behält es ja seinen früheren Wert».[4] Auf den Einwand eines Hörers in der sechsten Seminarbesprechung, wie das Geld verschieden verwendet werden soll, wenn es als junges und altes Geld dieselbe Kaufkraft hat, antwortet Steiner, daß durch die «Assoziationen» dafür gesorgt

---

1   R. Steiner a.a.O., S. 182.
2   R. Steiner 1979 a), S. 176.
3   R. Steiner a.a.O., S. 181.
4   Ebenda.

werden könne, daß eine Bindung zwischen Investitionsdauer und dem Gültigkeitswert des Investitionsgeldes geschaffen werden könne (Investitionsdauer = 5 Jahre, dazu verwendetes Geld = Geld mit 5 Jahren Restgültigkeitswert).[1]

Mit der Wertabstufung zwischen den einzelnen Geldarten hatte Steiner allerdings etwas anderes im Sinn als eine Art Übertragung der Abschreibungsrate der Waren, die durch deren Abnutzung gegeben ist (bei Keynes: Carrying costs), auf das Geld durch einen pauschalen Wertabschlag. «Also worin besteht denn nun eigentlich dasjenige, was da anders sein würde als jetzt? Ja, es besteht darinnen, daß in diesem geschlossenen Wirtschaftsgebiet, das nicht eine Volkswirtschaft ist, die an andere angrenzt, wo man Export und Import treiben kann, daß darin drei Gebiete entstehen in bezug auf Geld: Leihgeldgebiet, Kaufgeldgebiet, Schenkungsgeldgebiet. Und wenn irgendwo dasjenige eintritt, was sonst korrigiert werden muß von der Nachbarschaft her durch Export und Import, so wird das jetzt korrigiert von den drei Gebieten. Richtet das Kaufgeld eine Störung an, dann fließt Geld in der entsprechenden Weise zu oder ab in die Kaufgeldsphäre — so wie sonst aus anderen Ländern — oder die Schenkungsgeldsphäre (...) Was sonst nur durch Export und Import fortwährend korrigiert wird, korrigiert sich innerhalb des Gebietes von selber.»[2] Durch die Wertabstufung der einzelnen Geldsphären visierte Steiner, in einer Weltwirtschaft, die er als ein einziges binnenwirtschaftliches Gebiet auffaßte, eine Art Ersatz für das Wechselkurssystem an. Im Gedanken der Geldalterung faßte Steiner also einerseits seine Werttheorie geldtheoretisch zusammen — «Plus»- und «Minussphäre» der Wirtschaft — und skizzierte gleichzeitig ein neues Währungsmodell.

Wie sich Steiner die Zirkulation der einzelnen Geldarten dachte, ist im «Kurs» nicht weiter ausgeführt. Die Hinweise bezüglich der Abstufungen und damit der Anzahl verschiedenaltriger Geldarten sowie bezüglich der banktechnischen Bedingungen der Gelderneuerung, beschränken sich auf wenige Bemerkungen. So heißt es, daß die Anzahl der nach ihrem Alter verschiedenen Noten und die Bestimmung ihrer Gültigkeitsdauer «Gegenstand unendlich vieler, aber erreichbarer Kalkulationen» sein müsse.[3] Über das Bankwesen im Zusammen-

---

1 Vgl. R. Steiner 1986, S. 79f.
2 R. Steiner 1979 a), S. 183.
3 R. Steiner a.a.O., S. 179.

hang mit der Gelderneuerung heißt es, daß es Aufgabe eines «assoziativen» Bankwesens sei, «das wertlose Geld wiederum in den Prozeß hineinzubringen, und zwar da, wo das Naturprodukt beginnt,
sich mit der Arbeit zu vereinigen».[1] Das herkömmliche Zwei-
Banken-System lehnt Steiner ab: «Durch das, was ich ... beschrieben
habe, würde eine ... Staatsbank unmöglich sein. Es würde heraus-
kommen ein Bankinstitut zwischen denjenigen, die Schenkungsgelder bekommen haben und denjenigen, die durch Arbeit ... wiederum
neue Waren in ihrem Anfang schaffen».[2]

Zur Interpretation des zwölften Vortrages

Ausgangspunkt der Geldtheorie Rudolf Steiners ist die Absicht, den
Geldkreislauf mit dem Wertekreislauf in Übereinstimmung zu bringen. Steiners Geldtheorie ist in diesem Sinne aus seiner Werttheorie
abgeleitet. Kaufen, Leihen und Schenken stellen volkswirtschaftliche
Grundfunktionen der Wertbildung dar, und Kaufgeld, Leihgeld und
Schenkungsgeld sind jene Geldfunktionen, die diese Grundfunktionen der Wertbildung vermitteln. Steiner konzipierte die Geldfunktion als verschiedene Geldarten. Kaufgeld, Leihgeld und Schenkungsgeld sollen in der Volkswirtschaft als unterschiedliche Gelder
zirkulieren. Für Steiner stellen diese Geldarten eine Ablösung der alten Währungsordnung dar, so daß es sich bei Steiners Geldtheorie
gleichzeitig um eine neue Währungsordnung handelt.
   Die neue Währung aus Kaufgeld, Leihgeld und Schenkungsgeld
soll in einem weltwirtschaftlichen System die Vermittlung der einzelnen «Wertgebiete» übernehmen. Dabei denkt Steiner zugleich an eine Begrenzung des Wirtschaftswachstums und eine Eindämmung der
Rentenbildung. In diesem Zusammenhang spielt das Schenkungsgeld
eine entscheidende Rolle. Denn in den Güterpreisen sollen keine Renten mehr enthalten sein, sondern statt dessen Schenkungen. Mit anderen Worten: Die durch die Produktivität des Kapitals erzeugten
«Überschüsse» sollen nicht beständig in Kapitalvermögen angelegt

---

1   R. Steiner a.a.O., S. 183.
2   R. Steiner 1986, S. 81.

werden, sondern durch Schenkungen verbraucht werden. Dies ergibt sich aus dem «organischen Verbund» der vier Stufen der Arbeitsersparnis, wobei die Produktivität des Kapitals nicht nur dem Bereich der Tauschwerte zugute kommen soll, sondern sich vor allem auch an den Bedürfnissen des Kulturlebens orientieren soll.

Für diese neue Währungsordnung hat Steiner im zwölften Vortrag seines «Kurses» Vorschläge gemacht, in deren Mittelpunkt die Geldalterung steht. Geld soll durch eine Begrenzung seiner Gültigkeitsdauer sowie durch Synchronisation von Gültigkeitsdauer des Geldes und Zeithorizont der Wertetransaktion in Übereinstimmung mit dem Wertekreislauf gebracht werden. Geld mit langer Restlaufzeit («junges Geld») soll für Investitionen mit entsprechendem Zeithorizont verwendet werden, Geld, das kurz vor seinem Verfall steht («altes Geld») soll als Schenkungsgeld fungieren. Steiners Idee der Geldalterung führte zu verschiedenen Interpretationen. Zwei Interpreten, Hans-Georg Schweppenhäuser und Udo Herrmannstorfer, werden später vorgestellt. Im Anschluß daran soll eine weitere Interpretationsmöglichkeit vorgestellt werden, die auf den Arbeiten Schweppenhäusers und Herrmannstorfers aufbaut. Zum Abschluß erfolgt in einem späteren Kapitel ein Abschnitt über das assoziative Bankwesen.

Zwei Kernfragen zur Geldreform

Die im zwölften Vortrag von Steiner geäußerten Ideen zu einer Reform des Geldwesens führen zu den zwei folgenden offenen Kernfragen:

1. Wie soll Leihgeld in Schenkungsgeld übergehen? Es soll ja laut Steiner ein Mitteltransfer aus dem Kapitalbereich in den Bereich des freien Geisteslebens stattfinden. Hierbei handelt es sich um ein *Verteilungsproblem*.

2. Welche Bedeutung hat Steiners weltwirtschaftlicher Ansatz für das Wirtschaftswachstum und die Lenkung der Volkswirtschaft? Hierbei handelt es sich um ein *Steuerungsproblem*.

An diese beiden Kernfragen knüpfen sich noch eine Reihe weiterer Fragen an. Der Geldkeislauf soll außerdem so eingerichtet werden, daß das Geld nicht «selbst wirtschaftet», d.h. nicht selbst zur Ware wird durch *Rentenbildungen* (Zinseszins, Spekulation mit Wertpapieren etc.), und er soll so eingerichtet werden, daß eine *Äquivalenz* zwischen Geld- und Wertekreislauf entsteht.

Alle hier angeschnittenen Fragen und Themen sollen nach Steiner durch einen Geldkreislauf lösbar sein, in welchem Kauf-, Leih- und Schenkungsfunktion des Geldes organisch im Zuge der Geldalterung miteinander verbunden sind. Als zentralen Lösungsansatz für die einzelnen Probleme und Fragen entwickelt Steiner den Gedanken der Geldalterung im assoziativen Bankensystem.

Die Idee der Geldalterung fußt bei Steiner zusammengefaßt auf den folgenden Grundgedanken:

Geldalterung und Schenkung. Leihgeld, so sagt Steiner, soll in Schenkungsgeld übergehen. Werttheoretisch bedeutet dies, daß Geldmittel von dem Bereich, wo materielle Gegenwerte erzeugt werden, in den Bereich transferiert werden, wo keine materiellen Gegenwerte erzeugt werden und wo infolgedessen — vom Standpunkt des materiell produktiven Bereiches aus — auch das Geld, das diese reinen Verbrauchsgüter vermittelt (Schenkungsgeld), reines «Verbrauchsgeld» oder «altes» Geld darstellt. Steiner hat die Identität des Geldalterns mit dem Schenkungsakt mehrfach unterstrichen.[1]

Die technische Ausgestaltung der Geldalterung. Als eine Frage des «Verkehrs» hat Steiner die technische Abwicklung des Zahlungsverkehrs mit Geldern bezeichnet, die eine begrenzte Gültigkeitsdauer haben. Junges und altes Geld sollen auch äußerlich durch die Emission von Geld mit begrenzter Gültigkeitsdauer und dessen wertentsprechender Verwendung (junges Geld für Investitionen, altes Geld für Schenkungen) gekennzeichnet werden.

Vor diesem Hintergrund sollen nun die zu Anfang gestellten Kernfragen behandelt werden.

Das Verteilungsproblem

Die Überleitung von Leihgeldern in den Schenkungsbereich soll laut Steiner zugleich die Bildung von Rentenkapital verhindern, damit der Wertekreislauf im Geldwesen selbst zum Ausdruck kommt. Leihgeld soll sich nicht ad infinitum vermehren, sondern soll in Schenkungsgeld übergehen. Steiner verzahnt das Rentenproblem und das Äquivalenzproblem mit dem Verteilungsproblem. In diesem komplexen

---

1 Vgl. dazu R. Steiner a.a.O., S.177 u. 1986, S. 78.

Problembereich wurden von zwei anthroposophischen Autoren zwei verschiedene Lösungsansätze entwickelt.

Hans-Georg Schweppenhäuser (1898-1983)[1] hat zu Anfang der siebziger Jahre ein Modell entworfen, das eine bestimmte Finanzierungsform für Investitionen (Leihgeld) an die Emission von Schenkungsgeldern koppelt.

Ausgangspunkt Schweppenhäusers ist die Kritik am Aktienwesen, das für Schweppenhäuser Ausdruck eines falschen Verständnisses des Geldkreislaufes ist. «Wenn Sie zum Beispiel eine Bilanz sehen, so steht darin das Aktienkapital als Schuld des Unternehmens gewissermaßen wie etwas Ewiges; so daß es theoretisch ‹unsterbliches› Geld ist. Da stimmt etwas nicht zu der dauernden Entwertung der Anlagen; geldtechnisch gesehen, bleibt das Unternehmen dem Aktionär dauern verschuldet, solange es existiert. Das mag man als zu Recht bestehend ansehen, weil es *rechtlich* legitimiert ist — im Geldprozeß ist es ein Unding; alles vergeht, die Maschinen vergehen — das Aktienkapital bleibt.»[2] Schweppenhäuser sieht im Aktienwesen ferner eine der Hauptursachen für die Manipulation der Geldströme und für die sozial ungerechtfertigte Rentenbildung. Der Aktienhandel an der Börse, so Schweppenhäuser, dient «der Thesaurierung volkswirtschaftlich steriler Eigentumsrechte und Kapitalien».[3]

Schweppenhäuser plädiert daher für die Abschaffung des Aktienkapitals.[4] Die Unternehmen sollen ausschließlich mit Fremdkapital in Form von Anleihen finanziert werden.[5] Hierbei handelt es sich um fungible (handelbare) Tilgungsanleihen bzw. Annuitätsanleihen, bei welchen Zins und Tilgungsbetrag nicht gesondert ausgewiesen werden, sondern als gleichbleibender Betrag jährlich bis zum Ende der Laufzeit der Anleihe ausbezahlt werden. Die handelbaren Obligationen

---

1 Hans-Georg Schweppenhäuser war Diplom-Ingenieur und Vorstand eines Versorgungsunternehmens der Elektrizitätsindustrie in Norddeutschland. Nach seiner Pensionierung 1963 war Schweppenhäuser Mitbegründer des Institutes für soziale Gegenwartsfragen e.V. in Berlin, das 1974/75 seinen Sitz nach Freiburg i.Br. verlegte. Dieses Institut fördert und verbreitet sozialökonomische Beiträge auf dem Gebiet der Wirtschafts- und Eigentumsordnung sowie auf dem Gebiet des Steuer- und Geldwesens. Heute wird von diesem Institut die wirtschaftstheoretische Zeitschrift «Bausteine» herausgegeben.
2 H.G. Schweppenhäuser 1975, S. 37.
3 H.G. Schweppenhäuser 1971, S. 143; vgl. ferner S. 147.
4 H.G. Schweppenhäuser 1975, S. 37 u. S. 60.
5 Vgl. H.G. Schweppenhäuser 1971, S. 222.

sollen über das Spiel von Angebot und Nachfrage eine wichtige Funktion bei der jeweiligen Festlegung der Annuitäten spielen. Dies sei, so sagt Schweppenhäuser, der «einzige börsenmäßige» Vorgang, der im Geld- und Bankwesen erhalten bleibe und den er zur Allokation von Kapital für notwendig befinde. «Für denjenigen, der bisher sein Geld in guten Geldpapieren ohne spekulative Absichten anlegte, also in festverzinslichen Obligationen, hat sich nur geändert, daß ... der Zwang zur Festlegung einer gleichen jährlichen Zahlung ... und ... zur Fixierung des Ablaufs des Leihverhältnisses besteht.»[1]

Schweppenhäuser kam es bei seinem Anleihenmodell darauf an, daß Schulden getilgt werden. Während Aktien «ewige» Einkünfte ermöglichten, soll die Annuität bei Anleihen gewährleisten, daß das Leihverhältnis und die Nutznießung daraus zeitlich begrenzt bleiben. Im Gegensatz zum heutigen Obligationenmarkt allerdings, bei dem bei Fälligkeit der gesamte Schuldbetrag zurückbezahlt wird, schlägt Schweppenhäuser eine kontinuierliche Rückzahlung gemäß der Annuitätenformel (s.u.) vor. Dadurch wird gewährleistet, daß bei Fälligkeit das Schuldkapital zurückbezahlt worden ist. Die Zinszahlungen sind geringer, weil die Zinsen immer nur auf den Restbetrag bezogen werden.

Schweppenhäuser erläutert sein Anleihenmodell an einem Beispiel. «Wenn eine Anleihe von — sagen wir — zwanzigtausend Mark gegeben worden ist auf zwanzig Jahre und der Vertrag mit einer jährlichen Zahlung von zum Beispiel 8 Prozent der Leihsumme nach 20 Jahren abläuft, dann hat die Schuldsumme, linear berechnet, nach 10 Jahren noch 10 000 DM (Börsen-)Wert. Wenn die Obligation nun verkauft werden soll, dann hatte der Gläuber bis dahin zusammen

---

1 Ebenda. Im Grunde entspricht Schweppenhäusers Annuitätenanleihe der heutigen Tilgungsanleihe mit fester Annuität, bei welcher, da sich die Schuldsumme durch die Tilgung ständig verringert, die Zinsquote immer kleiner und die Tilgungsquote entsprechend größer wird. Die Formel lautet:

$$A = \frac{kq^n (q-1)}{q^n-1}$$

mit A = Annuität, k = Kapitalsumme, q = Zinsfaktor = $1 + \frac{p}{100}$.

Ein solches Anleihenmodell befindet sich im Appendix von Schweppenhäusers Buch «Die organische Geldordnung».

schon 16 000 DM bekommen. 16 000 stehen noch für die restlichen 10 Jahre an. Will also der Gläubiger den Vertrag nach 10 Jahren verkaufen (an der Börse), weil er Geld braucht, dann hat der neue Erwerber nur noch Anspruch auf 10 Jahre Annuität von 1 600 DM/Jahr. Je nach der Kapitalmarktsituation kann nun der Vertrag mehr oder weniger als 10 000 DM wert sein. Dadurch ist das System nicht starr, sondern ermöglicht organische Ausgleichsvorgänge.»[1] Wenn das allgemeine Zinsniveau niedrig sei, so Schweppenhäuser, «dann könnte nämlich der Börsenwert statt bei 10 000 DM bei 11 000 liegen und umgekehrt; wenn das Zinsniveau höher liegt, dann wäre die Obligation an der Börse vielleicht nur 9 000 DM wert».[2]

Schweppenhäuser fügt hinzu — und hier berücksichtigt er Steiners Idee der Geldalterung, wonach «junges» Geld wertvoller sein soll als «altes» Geld — daß «alte Anleihen (also altes Geld) für kurzfristige Anlagen billiger sein würden, neues langfristiges Geld aber teurer». Während für Aktienwerte, so sagt Schweppenhäuser, eine beständige Wertsteigerungserwartung vorausgesetzt werde (was nur über kontinuierlich steigende Gewinnraten der Unternehmer erfolgen kann), werden die Anleihen mit der Zeit wegen der Rückzahlungspflicht immer weniger wert. Dies verringere letztlich auch den Druck, das Produktionskapital beständig schneller zu erneuern und das Geldkapital im Produktionsbereich zu massieren. Alte Anleihen würden den Verbrauchsprozeß des Produktionskapitals reflektieren. Auf diese Weise würde eine Äquivalenz zwischen realen und monetären Werten entstehen.

Schweppenhäuser führt sein Anleihenmodell nicht weiter aus. Speziell bleibt ungeklärt, welche Höhe die Annuitäten bei kürzeren Laufzeiten der Obligationen haben sollen. Es ist jedoch davon auszugehen, daß die Annuitätenrate mit kürzeren Laufzeiten der Obligationen sukzessive abnehmen müßte, da die Unternehmen in kürzeren Zeiträumen größere Beträge abzahlen müßten. Teilt man die Annuität nach Tilgung und Zins auf, so bedeutet dies, daß bei kürzeren Laufzeiten der Obligationen der Zins geringer sein müßte, um die Belastung für die Unternehmen in Grenzen zu halten. Darüber hinaus ist die Frage zu stellen, inwieweit Schweppenhäusers Annuitätenmodell — beispielsweise enthält die von Schweppenhäuser verwendete

---

1 H.G. Schweppenhäuser 1971, S. 43.
2 Ebenda.

Formel einen Zinseszins[1] — tatsächlich, wie von Schweppenhäuser angestrebt, zu einer Begrenzung der Zinseinkünfte führt.

Der zweite Teil von Schweppenhäusers Modell betrifft den von Steiner im 12. Vortrag angesprochenen Übergang von Leihgeld in Schenkungsgeld. Grundgedanke von Schweppenhäusers Anleihenmodell ist — es sei nochmals betont — die Begrenzung von Kapitalansprüchen (es bleibt u.a. nur noch eine Anlagenform, Obligationen, übrig) und die «organische» Überleitung von Leihgeld in Schenkungsgeld. Dabei geht Schweppenhäuser von der folgenden Überlegung aus: Da es keine «ewigen Renten» in Form von Dividenden und ungetilgten Krediten mehr gebe, sondern nur noch Schuldverhältnisse mit begrenzter Laufzeit (und daher auch begrenzte Kapitaleinkünfte in Form von Zinsen), könne der nun auftretende Verteilungsspielraum aufgrund geringerer Kapitaleinkünfte durch Schenkungen an das freie Geistesleben genutzt werden. Daher plädiert Schweppenhäuser für die Schaffung sogenannter Schenkungszertifikate: Der Anleihenzeichner erwirbt mit seinem Wertpapier zugleich ein Schenkungszertifikat in Höhe des ursprünglich angelegten Kapitals, welches er nach Beendigung der Annuitätenzahlungen ausgehändigt bekommt und an eine Körperschaft des freien Geisteslebens weiterleitet. «Wenn der Leihvertrag abgelaufen und damit der Ausleiher abgefunden ist, dann ist nach dem dreigliedrigen Geldprinzip eine Schenkung fällig. Als Modalität könnte man sich denken, daß durch den, der das Geld bereitgestellt hatte, die Schenkung unter Mitwirkung einer Korporation des Kulturlebens an eine von ihm zu benennende anerkannte Kulturinstitution erfolgt.»[2]

Die Institution des freien Geisteslebens löst das Schenkungszertifikat bei einer Geschäftsbank ein und erhält in der Höhe der gezeichneten Anleihensumme Zahlungsmittel (Schenkungs-

---

1 Die von Schweppenhäuser verwendete Formel lautet:

$$a = \frac{k \cdot q^n (q-1)}{q^n - 1}$$

mit a = jährliche Annuität, q = Zins mit $q = 1 + \frac{p}{100}$.

Vgl. H.G. Schweppenhäuser 1971, Anhang.

2 H.G. Schweppenhäuser 1971, S. 210.

geld).[1] Die Geschäftsbank kann sich ihrerseits bei der Zentralbank in der Höhe der Wechselsumme refinanzieren. Im Schenkungsbereich findet also eine Geldschöpfung durch die Zentralbank statt, von der Schweppenhäuser behauptet, daß sie keine Inflation verursachen würde; denn im Bereich des «Leihens» ist der «Anspruch erloschen, aus welchem während der Laufzeit des Leihvertrages Jahr für Jahr Kaufgeld als Annuität (Zins) in die Kaufgeldsphäre geflossen ist; der Zufluß an Kaufgeld hat mit Ablauf des Leihvertrages aufgehört. Dagegen erscheint jetzt der ursprüngliche Kapitalbetrag nach Auszahlung durch die Notenbank in einer Summe wieder als konkretes Kaufgeld in der Verfügung einer (z.B.) Schulgenossenschaft (freies Geistesleben) … Es ist klar, daß die Summe der einzelnen Schenkungsvorgänge etwa dem fortlaufenden Geldstrom entspricht, der nach der anderen Seite aus den Annuitäten als Zinsen so lange in das Kaufgeldgebiet fließt, bis in jedem Falle der Leihvertrag abgelaufen ist».[2] Mit der Begrenzung der Kapitalanlagemöglichkeiten und dem Wegfall der Aktion würde bei fortlaufender Produktivitätssteigerung «die entsprechende Kaufkraft … fehlen, wenn jetzt nicht das reine Konsumgebiet (Schenkung) … eintreten könne».[3]

Schweppenhäusers Argumentation muß hinzugefügt werden, daß nur dann keine inflationären Wirkungen durch die Emission von Schenkungszertifikaten auftreten, wenn die heutigen Ansprüche aus Kapitaleinkommen nicht an anderer Stelle (Erhöhung der Unternehmensgewinne) oder durch andere Wirkungen (Verlagerung spekulativen Verhaltens auf den Anleihenmärkten oder Akkummulation von Anleihenbesitz) wieder aufleben. Außerdem muß die Produktivitätssteigerung gewährleistet sein, was bei der von Schweppenhäuser vor-

---

1 Vgl. H.G. Schweppenhäuser a.a.O., S. 210ff. Die Ähnlichkeit des Schenkungszertifikates mit einem Wechsel läßt sich in einen Zusammenhang bringen mit einer Bemerkung, die Rudolf Steiner in der sechsten Seminarbesprechung über die Alterung des Geldes gemacht hat: «Aber es handelt sich wirklich niemals darum, daß man die Abnützung (das Altwerden des Geldes) durch solche äußeren Zeichen herbeiführt (wie z.B. das Liquiditätskostenmodell von Silvio Gesell), sondern daß der reale Verlauf der Dinge von selbst (durch einen ‹organischen› Übergang von Leihgeld in Schenkungsgeld) diese Wertigkeit bewirkt. Das geschieht, wenn Sie einfach dem Geld, allen Arten von Geld, mehr oder weniger den Wechselcharakter geben, also ich meine insofern ein Wechselcharakter, als ein Endtermin da ist.» R. Steiner 1986, S. 78.
2 H.G. Schweppenhäuser 1971, S. 211; vgl. ferner 1975, S. 46f.
3 H.G. Schweppenhäuser a.a.O., S. 46.

gesehenen Beschränkung der Kapitalmärkte nicht als selbstverständlich vorausgesetzt werden darf.

Schweppenhäuser greift auch Steiners Ideen zu einer technischen Geldalterung auf. Sowohl bei der Zeichnung von Anleihen als auch bei der Emittierung von Schenkungsgeldern auf der Basis von Schenkungszertifikaten bzw. Schenkungswechseln werden Noten mit begrenzter Laufzeit emittiert.[1] Diese Geldalterung — nach Ablauf der Gültigkeitsdauer des Geldes werden jeweils neue Noten emittiert — hat bei Schweppenhäuser vor allem eine «sozialpädagogische Bedeutung» im Sinne einer im Geld selbst erfahrbaren Spiegelung von «jungen» und «alten» volkswirtschaftlichen Werten.[2]

Abgesehen von der sozialpädagogischen Bedeutung der Geldalterung wird nach Schweppenhäuser durch Geld mit begrenzter Gültigkeitsdauer auch die Geldhortung unterbunden.[3] Aber die Geldhortung läßt sich — falls man sie als ein aktuelles volkswirtschaftliches Problem überhaupt anerkennt — keineswegs durch die Begrenzung der Gültigkeitsdauer des Geldes allein verhindern. Vielmehr müßte dem Geld in irgendeiner Form ein Umlaufsicherungsmechanismus beigefügt werden, wie ihn Silvio Gesell beispielsweise mit der Idee einer prozentualen Geldabwertung bei Nichtverwendung (Hortung) des Zahlungsmittels, oder Keynes durch die Einführung von «Carrying costs» beim Geld vorgeschlagen hat. In dieser Form der «Geldalterung» erkannte Schweppenhäuser aber gerade zu Recht nicht die von Steiner anvisierte Geldalterung im Zeichen des Überganges von Leihgeld in Schenkungsgeld.[4]

Udo Herrmannstorfer (geb. 1943)[5] geht von den gleichen Grundüberlegungen aus wie Schweppenhäuser. Auch er verknüpft die Rentenfrage mit der Lösung des Verteilungsproblems im Sinne eines Ausgleiches zwischen der Kapitalsphäre der Wirtschaft und dem

1 H.G. Schweppenhäuser 1971, S. 213.
2 Wenn Geld kurz vor seinem Verfall steht, bedeutet dies, daß auch die zugrundeliegende Anleihe bald der Beendigung ihrer Laufzeit entgegengeht und die entsprechende Emission von Schenkungsgeld via Schenkungszertifikat bevorsteht. In diesem Sinne verkörpert Schenkungsgeld «altes» Geld, oder, werttheoretisch gesprochen, den rein konsumtiven «Minuspol» der Wirtschaft.
3 Vgl. H.G. Schweppenhäuser 1975, S. 115.
4 Vgl. H.G. Schweppenhäuser a.a.O., S. 40.
5 Udo Herrmannstorfer ist freier Unternehmensberater in Dornach/Schweiz und Herausgeber einer kleinen Zeitschrift «Die grüne Schlange», die sich vor allem mit praktischen Problemen der assoziativen Wirtschaft beschäftigt.

Schenkungswesen. Herrmannstorfers Zielsetzung kann also mit jener Schweppenhäusers als nahezu identisch gelten.

Für Herrmannstorfer stellt sich der Kapitalismus in seiner heutigen Form als ein ökonomisch-sozialer Prozeß dar, bei welchem der Umsatz von Gebrauchs- und Verbrauchsgütern in zunehmendem Maße dem Zweck der Vermögenssteigerung in Geldwerten und Geldsurrogaten dient. Dies hat nach Herrmannstorfer u.a. zur Folge, daß das Sozial- und Kulturleben in seinen nicht-kommerziellen Ursprüngen zunehmend verarmt. Statt das gesellschaftliche Leben durch Schenkungen zu bereichern, sucht sich das Geldvermögen immer neue Anlagemöglichkeiten. «Der Rückführungsversuch der ständigen Überschüsse in die Kaufgeld- und Leihgeldebene stößt längst an seine Grenzen. Bei einer Sparquote von 15% hat der Konsum allmählich eine Sättigungsmarke erreicht, wo vielfach nur noch Austausch- und Erneuerungsprozesse stattfinden.»[1] Auf Aktienmärkten, Immobilien- und Antiquitätenmärkten sowie durch Wertanlagen in Preziosen würde sich eine immer größer werdende unproduktive Kapitalmasse ansammeln. «Während das wirtschaftliche Leben in Erzeugung und Verbrauch kontinuierlich weitergehen muß, ist das verbriefte Recht ‹Geld› in seiner Abstraktheit fast beliebig lang ‹überwinterungsfähig›. Aus diesem von allem Anfang an unfairen Wettbewerb um die Zukunft darf das Geld keinen Vorteil schlagen.»[2] Es müsse deshalb eine Kapitalabschöpfung geschaffen werden, die dem freien Geistesleben in Form von Schenkungen zugute kommt.

Kapital soll nach Herrmannstorfer zwar nach wie vor verzinst werden, aber gleichzeitig soll ein Teil der Kapitaleinkünfte abgeschöpft werden. Die «Entfesselung der Geldkräfte» ergibt sich für ihn nicht durch die Zinsnahme an und für sich, sondern durch «die Zinshöhe und die Art ihres Zustandekommens».[3] Im Zinseszins, so Herrmannstorfer, «verselbständigt sich das Gelddenken von der sozialen Realität zu einem selbständigen Wert, einer Ware an sich».[4] Aus dieser Zinskritik ergibt sich Herrmannstorfers Verteilungsansatz. «Während der Rückfluß von Geld über Zins und Tilgung heute funktioniert, ist der Abfluß des Geldes (altes Geld = Schenkungsgeld)

---

1   U. Herrmannstorfer 1989, S. 33.
2   U. Herrmannstorfer 1989, S. 36.
3   U. Herrmannstorfer a.a.O., S. 50.
4   U. Herrmannstorfer a.a.O., S. 51.

nicht vorhanden.»[1] Daraus folgert Herrmannstorfer: «Deshalb muß
es nicht nur einen Verzinsungsfaktor geben, sondern auch einen Ab-
zinsungsfaktor.»[2] Geld soll also nicht nur verzinst werden, sondern
erspartes bzw. angelegtes Geld soll gleichzeitig auch durch einen Ab-
schlag verringert werden. Ein Sparguthaben von DM 10 000, das mit
5% jährlich abgezinst wird, rechnet Herrmannstorfer vor, ist nach
Ablauf von 20 Jahren auf einen Nullwert gebracht.[3] Diese sukzessive
Abzinsung gilt nur dann, wenn das Geld nicht in Realkapital investiert wird. Falls Sparguthaben sich in Investitionskapital verwandeln, wird sowohl auf- als auch abgezinst: «Das Sparguthaben setzt
sich ... zu jedem Zeitpunkt zusammen aus dem abgezinsten Rest und
der neu hinzugekommenen Aufzinsung. Im neutralen Falle eines
Gleichgewichtes (zwischen Auf- und Abzinsung) würde der Sparer
immer gleich viel Guthaben besitzen.»[4]
Man wird hier wohl für die Praxis davon ausgehen können, daß
der Sparer seine ersparte Geldsumme plus eine kleine Sparprämie erhält, so daß die Aufzinsung die Abzinsung immer leicht überwiegt.
Die Abzinsung des Sparkapitals ist Herrmannstorfers Interpretation
von Steiners Idee, Leihgeld direkt und ohne fiskalische Umwege in
Schenkungsgeld übergehen zu lassen. Denn das abgezinste Spargeld
kommt dem freien Geistesleben zugute: «Mit dieser Regelung werden
jährlich 5% der Spargelder frei, ohne daß dem Sparer ein Leid geschieht ... Diese freiwerdenden Gelder ... stehen nun für Konsum-
zwecke für ... das freie Geistesleben (zur Verfügung).»[5] Bei der
durch Auf- und Abzinsung bewirkten «dynamischen Geldwerterhal-
tung» würde laufend Geld für sozial-kulturelle Zwecke frei, «die
nicht wirtschaftlich orientiert sind».[6] Praktisch heißt das also, daß
statt staatlichen Fiskalabgaben (Steuern) Zinseinkünfte aus der Abzinsung von Sparguthaben zur Finanzierung des freien Geisteslebens
dienen.
Von Bedeutung ist die von Herrmannstorfer gemachte Feststellung, daß die abgezinsten Gelder in den Unternehmensbilanzen als
Kapitaltilgungen auftauchen. Herrmannstorfers «Negativzins»

---

1 Ebenda.
2 Ebenda.
3 Vgl. U. Herrmannstorfer a.a.O., S. 54.
4 Ebenda.
5 U. Herrmannstorfer 1989, S. 54.
6 U. Herrmannstorfer a.a.O., S. 58.

(Abzinsung) läßt sich also als die vom Sparer auf indirekte Weise (über die Kreditvergabe der Banken) an das freie Geistesleben abgetretene Kapitaltilgung interpretieren. Dies bedingt, daß Herrmannstorfer im Unterschied zu Schweppenhäuser keine durch den Schenkungsakt induzierte Geldschöpfung vorsieht (Schenkungszertifikats- bzw. Wechselwesen). Die «technische» Geldalterung (Geld mit begrenzter Umlaufgültigkeit) wird bei ihm bewußt vernachlässigt.[1] Die Geldalterung wird im Leihgeldbereich nach Herrmannstorfer dadurch erreicht, «daß die Ansprüche der Geldgläubiger nie höher sein können als die sozialen Gegenwerte». Dies werde im wesentlichen durch Kreditbriefe erreicht, deren Fristigkeiten mit der Investitionsdauer übereinstimmen. «Eine Datierung des Bargeldes weckt zwar Bewußtsein für die realen Geldveränderungen, hat aber im Kaufgeldbereich nur Auswirkungen zum Stichtag seines Umtausches und dort auch nur im Falle gehorteten, d.h. also gesparten, aber nicht verliehenen Geldes.»[2]

Das Steuerungsproblem

Steiners Ideen zu einer Reform des Geldwesens sind Teil seiner Ausführungen zur Weltwirtschaft. In diesem Zusammenhang schneidet Steiner auch das Problem der Grenzen des Wirtschaftswachstums an. Das «Weltwirtschaftsgebiet» grenzt an «nichts anderes an», meint Steiner im elften Vortrag, und die Zeit würde kommen, wo durch weitere wirtschaftliche Expansion und Zusammenschlüsse keine wirtschaftlichen «Vorteile» mehr erzielt werden könnten.[3] Einer Erweiterung des wirtschaftlich-geographischen Spektrums durch interplanetarische Handels- und Produktionssysteme — an eine solche Möglichkeit wird heute im Rahmen staatlich beeinflußter Hochtechnologiezentren durchaus gedacht — erteilte Steiner eine Absage.[4] Statt weiter ins Grenzenlose zu wachsen, müsse die Wirtschaft involutieren: «Ja, da tritt uns also der Begriff der Schenkung in seiner vollen Notwendigkeit entgegen. Diese Schenkung muß da sein.»[5]

---

1 Vgl. dazu U. Herrmannstorfer a.a.O., S. 66.
2 Ebenda.
3 R. Steiner 1986, S. 163.
4 R. Steiner a.a.O., S. 179.
5 R. Steiner a.a.O., S. 169.

Sowohl *Schweppenhäuser* als auch *Herrmannstorfer* greifen die Problematik der Grenzen des Wirtschaftswachstums auf. Dies geschieht zum einen dadurch, daß die Funktion des Kapitals von beiden Autoren in dem Sinne neu interpretiert wird, daß generell der Zweck des Kapitaleinsatzes nicht im Wachstum der Produktion per se gesehen wird, sondern das «Geistesgut» Kapital dem Kulturboden dient, indem es den Repräsentanten des freien Geisteslebens durch seine arbeitsersparende Produktivität die Existenzmittel sichert. Man könnte hier gemäß dieses Ansatzes auch von einer «organischen» Zweckverkettung sprechen: Die Kapitalwirtschaft arbeitet so produktiv, daß dem freien Geistesleben die Arbeit zur Herstellung materieller Verbrauchsgüter erspart wird, und umgekehrt arbeitet das freie Geistesleben so befruchtend (Erziehung, Ausbildung etc.), daß die Kapitalwirtschaft auch tatsächlich produktiv arbeiten kann. Dies kann so interpretiert werden, daß das Ausmaß der Kapitalproduktivität nicht einem unbestimmten Wachstumsziel folgt, sondern von den Bedürfnissen gerade auch des freien Geisteslebens abhängig gemacht werden soll. Letztere werden als keineswegs unbeschränkt angesehen, was dazu führt, daß die Wirtschaft einem «steady state» Zustand — der permanente qualitative Verbesserungen nicht ausschließt — zustreben soll.

Beide Autoren sprechen sich dafür aus, daß der multiple Geld- und Kreditschöpfungsprozeß der Geschäftsbanken beendet wird. So heißt es bei Schweppenhäuser: «Klar ist damit, daß nun völlig abgesehen wird von der Kreditschöpfung der Geschäftsbanken, also von der Möglichkeit der Banken, durch den Refinanzierungstrick die Miniaturnotenbank zu spielen.»[1] Herrmannstorfer sieht — wie übrigens auch Adam Smith mit seiner ‹Real Bills› Doktrin — die einzige wirtschaftliche Funktion geschöpfter Kreditmittel in der Nutzung als ‹bridge capital›, also zur Überbrückung zeitlich divergierender Zahlungsein- und -ausgänge bei Unternehmungen.[2]

Die Beendigung des multiplen Geld- und Kreditschöpfungssystems würde bedeuten, daß die Geschäftsbanken die gesamte Höhe ihrer Sichteinlagen als Mindestreserve halten müßten und die Spareinlagen nur gemäß der goldenen Bankregel für Kredite zur Verfügung stehen könnten. Ferner könnten Kredite der Geschäftsbanken nicht mehr

1 H.G. Schweppenhäuser 1971, S. 226.
2 Vgl. dazu S. 141 udn U. Herrmannstorfer 1989, S. 58.

als Einlagen zur Refinanzierung bei der Zentralbank eingesetzt werden. Dieser radikale Schritt würde zwar, was die Wachstumsproblematik angeht, seine Wirkung sicherlich nicht verfehlen; andererseits stellt ein solcher Ansatz eine extreme Lösung dar, die durch die Beschneidung von Finanzierungsspielräumen auch einige Nachteile aufweist.

Entscheidend für das Wirtschaftswachstum ist nicht nur das Geld- und Kreditschöpfungspotential des Zwei-Banken-Systems. Das Ausmaß des Wirtschaftswachstums hängt u.a. auch davon ab, wieviel Sparkapital gebildet wird. Insofern beeinflussen die Faktoren, die zu einer erhöhten bzw. verringerten Sparbildung führen, auch das Wirtschaftswachstum. Dies gilt umso mehr, als nach den Vorstellungen der beiden Autoren die Eigenkapitalbeschaffung der Unternehmen via Emission von Aktienkapital wegfällt. Die Allokation von Sparkapital soll nach Schweppenhäusers Auffassung durch den Zins bzw. die Zinshöhe erfolgen. Für Herrmannstorfer dagegen ist die «Steuerung der Geld- und Kreditmenge über den Zinssatz mehr als dubios».[1] Nach seiner Ansicht darf der Zins bei der Regelung von «Kreditzweck und ... Kreditvergabe» keine steuernde bzw. bestimmende Rolle mehr spielen.[2] Herrmannstorfer geht aber nicht auf die Frage ein, auf welche Weise das Zusammenspiel zwischen Sparen, Investieren und Schenken volkswirtschaftlich optimal koordiniert werden soll.

Annex: Rudolf Steiners Reformansatz aus liquiditätstheoretischer Sicht

Rudolf Steiners geldtheoretischer Ansatz ist mehrfach mit Silvio Gesells Idee eines Schwundgeldes verglichen worden. Dabei herrscht z.T. die Meinung, daß Rudolf Steiner im Grunde die gleiche oder zumindest ähnliche Auffassung vertreten habe wie Silvio Gesell.[3] Dies ist aber bei einer genaueren Analyse der geldtheoretischen Ansätze Steiners und Gesells durchaus nicht der Fall.

---

1 U. Herrmannstorfer a.a.O., S. 50.
2 Ebenda.
3 Vgl. dazu H.G. Schweppenhäuser 1971, S. 50f. u. U. Herrmannstorfer a.a.O., S. 36. Beide Autoren wenden sich gegen eine Interpretation des Steinerschen Geldbegriffes im Sinne Silvio Gesells.

Der deutsch-argentinische Geschäftsmann Silvio Gesell (1862-1930), Begründer der Freiwirtschaftslehre, stellte die These auf, daß das Geld aufgrund seiner besonderen Eigenschaften den ökonomischen Verbrauchsgütern überlegen ist: Denn das Geld, «so weit es ... wertbeständig ist, steht nicht unter Angebots- oder Umlaufzwang».[1] Im Kern läßt sich die Differenz zwischen Geld und Ware darauf zurückführen, daß das Geld im Gegensatz zur Ware nicht verdirbt. Diesen Vorteil des Geldes gegenüber den Waren hat auch Steiner diagnostiziert.[2] Während aber Steiner den Vorteil des Geldes nicht einseitig in seiner Liquidität (All- und Immer-Verfügbarkeit) gegenüber den Waren sieht, sondern im Sinne Aristoteles' darin, daß das Geld zum Mittel dazu wird, den Güteraustausch dem Erwerbszweck und dem Erwerbsstreben unterzuordnen, beschränkt sich Gesell darauf, die sozialen Übel aus einer einzigen sächlichen Eigenschaft des Geldes — seiner Liquidität — abzuleiten. Das Geld selbst, so Gesell, sei die Ursache für die Zinsnahme. Da Geld nicht verderbe, könne der Geldbesitzer für diesen Vorteil gegenüber dem Warenbesitzer einen Preis verlangen. Diesen Preis nennt Gesell den «Urzins». Der Zins ist für Gesell ein rein monetäres Phänomen. Er «wird von den Waren, also unmittelbar aus dem Kreislauf von Ware und Geld, erhoben».[3] Der «Urzins» setzt den Standard für jegliches Tauschgeschäft, inklusive den Renditen des Realkapitals.

«Das Geld allein ist das ... Urkapital.»[4] Simplifiziert ausgedrückt, läßt sich Gesell so verstehen: Wenn man dem Geld seinen Vorteil (Liquidität) nimmt, dann kann der Geldbesitzer auch keinen Zins mehr verlangen, und die Ausbeutung des Geldbesitzers gegenüber dem Warenbesitzer hört auf. Horten lohnt sich nicht, wenn dem Geld Haltungskosten aufgebürdet werden, und alle werden gleichmäßig reich und glücklich, da das Geld in der Volkswirtschaft zirkuliert und für reibungslose und unterbruchsfreie Gütertauschtransaktionen sorgt.

Rudolf Steiner dagegen sieht die sozialen Übel keineswegs in einer Eigenschaft des Geldes und der Zinsnahme als solche begründet. Auch geht es ihm in allererster Linie nicht um die Umlaufsicherung des Geldes im Rahmen einer materiellen Wohlstandsmaximierung.

---

1 S. Gesell, in P. v. Flotow 1986, S. 5.
2 R. Steiner 1986, S. 174f.
3 S. Gesell a.a.O., S. 7.
4 Ebenda.

Steiners Zinstheorie zeigt, daß es sich beim Zins in seiner ursprünglichen Gestalt um eine soziale und nicht etwa nur um eine monetäre Erscheinung handelt.[1] Der Zins als die Ablösung für die Verpflichtung der Gegenseitigkeit beim Leihen ist ein hochgradig soziales Phänomen, das durchaus auch die positiv-emanzipatorische Seite der Geldwirtschaft exemplarisch dokumentiert.

Der Mißbrauch der emanzipatorischen Kraft der Geldbeziehungen im Zinswesen ist keineswegs auf eine Eigenschaft des Geldes als solche zurückzuführen, sondern auf einen Mangel an sozialem Gestaltungswillen in einer freier gewordenen ökonomischen Welt. Daß dieser Gestaltungswille das eigentliche Hauptanliegen Steiners ist, zeigt sein Kaufgeld-Leihgeld-Schenkungsgeldansatz. Das Geld soll in den Lenkungsbahnen der sozialen Wertgebiete strömen, und die sozialen Einrichtungen haben sich nach diesem «organischen» Wertekreislauf einzurichten. Teil dieser Einrichtung ist eine neue Geldordnung mit Kaufgeld, Leihgeld und Schenkungsgeld. Dieser Wertekreislauf unterscheidet sich sowohl im Geiste als auch in der realen sozialen Konsequenz vom Wohlstandsbegriff der Klassiker, an dessen paradigmatischer Gültigkeit Silvio Gesell keineswegs rüttelt.[2] Wer diese Unterschiede zwischen Gesell und Steiner ignoriert, verstrickt sich in Widersprüche. Daran leidet auch Dieter Suhrs ernsthafter Versuch, Rudolf Steiners Geldansatz zeitgemäß zu interpretieren.

Dieter Suhr (1939-1990)[3] hat in seiner kleinen Schrift «Alterndes Geld — Das Konzept Rudolf Steiners aus geldtheoretischer Sicht» Steiners Geldreformansatz aus liquiditätstheoretischer Sicht untersucht. Suhrs Ausgangspunkt ist die Feststellung, daß Geld gegenüber

---

1   Vgl. zur Zinsauffassung Steiners S. 77ff.
2   Der Erhellung dieser Differenz zwischen Steiner und den Klassikern diente in der Tat die gesamte werttheoretische Analyse von S. 65-123. Daß Gesell hier rein im klassischen Paradigma denkt, wird auch von Suhr hervorgehoben. Vgl. D. Suhr 1983, S. 131.
3   Dieter Suhr war Professor für öffentliches Recht, Rechtsphilosophie und Rechtsinformatik an der Universität Augsburg. Sein Interesse an der Geldtheorie leitet sich ursprünglich aus einer Arbeit über die Geldordnung aus verfassungsrechtlicher Sicht ab. 1983 und 1986 veröffentlichte Suhr «Geld ohne Mehrwert» und «Optimale Liquidität» (letzteres zusammen mit Hugo Gottschalk). In diesen Büchern geht Suhr von Gesell und Keynes aus und verarbeitet Erkenntnisse aus der modernen Transaktionskostenanalyse sowie der Wohlfahrtsökonomie. Im Rahmen seiner Oeconomia Augustana entwickelte Suhr ein eigenes Geldordnungsmodell.

anderen Waren einen Nutzenvorteil besitzt, der es dem Geldbesitzer ermöglicht, für die Überlassung von Geld Zinsen zu kassieren. Die Liquiditätsnutzentheorie geht auf Silvio Gesell und John Maynard Keynes zurück (s.o.). Geld, schreibt Suhr, ist «Tauschvermögen plus perfektionierte Liquidität».[1] Die Allverfügbarkeit des Geldes (Liquidität) im Sinne «ständiger Zahlungsbereitschaft» vermittelt «eine Art von ständigem Chance- und Sicherheitsservice», so daß nicht nur angelegtes Geld, sondern gerade auch Geld, das in der Kasse gehalten wird, einen «ökonomischen Nutzen» verströmt, den andere Güter nicht haben.[2] Wie Gesell, leitet Suhr die Entstehung des Zinses aus diesem Nutzen ab.[3]

Suhrs Kritik an monetären Rentenbildungen — als solche wird die Zinsnahme angesehen — leitet sich aus einem wohlfahrtsökonomischen Ansatz ab. Der Zins stellt laut Suhr einen volkswirtschaftlichen Nutzenverlust dar, da der Geldbesitzer, der eine Liquiditätsprämie (Zinsen) kassiert, volkswirtschaftlich betrachtet, ein «Störer» ist. Nach Suhrs Veständnis entzieht er dem Wirtschaftskreislauf Tauschmittel (Horten) und wird dafür belohnt (Zinsen), während der Schuldner, der die Zirkulation aufrecht erhält und damit volkswirtschaftlichen Nutzen stiftet, für diese volkswirtschaftliche Dienstleistung eine «Buße» bezahlen muß.[4] Der Zinsvorteil, den das Geld aufgrund seiner Liquidität besitzt, wird dadurch neutralisiert, daß auf Kassenbestände «Liquidisierungskosten» erhoben werden. Nur wenn Geld in Umlauf bleibt (beispielsweise bei Überweisungen) oder wenn der Geldbesitzer berechtigte Ansprüche auf zukünftige Transaktionen geltend machen kann (Spareinlagen, Kranken- und Altersversicherungen etc.), werden keine derartigen Kosten erhoben.[5] Kapital wird jetzt nach Suhr nicht mehr nach den Interessen der Besitzer disponibler Liquidität alloziiert, also nach den Gewinnen derjenigen, die den Nutzen der Liquidität haben, ohne zur wirtschaftlichen Güterwertschöpfung beizutragen, sondern durch die Kosten der Kassenhaltung, die den Kassenhalter dazu «mobilisieren», Geld den Güterproduzenten zur Verfügung zu stellen (Überweisungen), um dadurch den Liquidisierungskosten zu entgehen. Durch die Kassenhaltungs-

---

1 D. Suhr 1988, S. 47.
2 D. Suhr a.a.O., S. 36.
3 Der Zins ist nichts anderes als der Preis für die Überlassung von Liquidität. Ebenda.
4 Vgl. D. Suhr a.a.O., S. 74f. Vgl. ferner S. 50.
5 Vgl. D. Suhr 1988, S. 63.

kosten wird das Geld wohlfahrtsökonomisch sinnvoll mobilisiert, da die nutzendezimierenden Kapitalbeschaffungskosten wegfallen. Es finden nur noch Nutzenzuflüsse zu den Produzenten und keine Nutzenabflüsse zu den Geldanlegern statt.[1] Statt des Zinses wird eine Risikoprämie und ein Inflationsausgleich für die Überlassung von «Tauschvermögen» (Geld) entrichtet.[2] Praktisch heißt das, daß ein Kreditnehmer «geringe Zinsen nach herkömmlichem Muster und im übrigen nur die Liquiditätskosten zu zahlen hätte für die bereitgehaltene Liquidität».[3] Wer die Liquiditätskosten kassiert und wem sie letztlich zugute kommen, hat Suhr an anderer Stelle allerdings nur in sehr allgemeiner Weise dargelegt. Die «Abgabe auf Liquidität», so Suhr, solle der «Allgemeinheit» zufließen.[4]

Suhr weiß sich auf zweifache Weise im Einklang mit Steiner. Durch die Liquiditätskosten würde zum einen der «Mehrwert des Geldes» abgeschöpft, und Rentenbildungen durch Zinsen und Zinseszinsen würden unterbleiben (Akkumulation von Geldkapital). Der Steinersche Gedanke der Geldalterung, so Suhr, könne des weiteren durch die Liquiditätskosten «fachökonomisch» untermauert werden. Suhr sieht Steiners Geld mit begrenzter Umlaufgültigkeit offenbar nur als einen Versuch an, die Umlaufsicherheit des Geldes zu gewährleisten. Die Steinersche Geldalterung wird so mit der Wertminderung des hortenden Geldhalters (dem dafür Liquiditätskosten aufgebürdet werden) gleichgesetzt.

Zu dieser Interpretation des Steinerschen geldtheoretischen Ansatzes läßt sich das folgende sagen:[5]

Zwar lehnte Steiner erklärtermaßen die Zinseszinsbildung ab, weil hinter dem Geld, das sich von seinem eigenen Bestand nährt, keine produktive soziale Leistung steht,[6] doch verwarf Steiner den Zins keineswegs pauschal. Der Zins entsteht laut Steiner, weil der Schuldner auf die Gegenleihe durch Abgeltung (Zins) verzichtet. Nach Steiners Auffassung ist nämlich der Leihvorgang ein Tauschgeschäft wie jedes andere auch, und zwar in dem Sinne,

---

1 Vgl. D. Suhr a.a.O., S. 50.
2 D. Suhr a.a.O., S. 87.
3 Ebenda.
4 D. Suhr 1983, S. 96.
5 «Werden dem Geld Kosten angeheftet», schreibt Suhr, «dann bekommt man ‹alterndes Geld›!» D. Suhr 1988, S. 58.
6 Vgl. R. Steiner 1981, S. 50f. und S. 208f.

als bei jedem Tauschgeschäft das Prinzip der Gegenseitigkeit herrscht.

Die Liquiditätstheorie dagegen faßt die Zinsnahme aufgrund der Geldmacht des Besitzers a priori als Ausbeutung auf. Sie erklärt die Zinsentstehung wissenschaftsmethodisch auf die gleiche Weise wie Karl Marx den Mehrwert in seiner Arbeitswertlehre: Hatte jener den Mehrwert aus den naturhaft-vorgegebenen Reproduktionseigenschaften und den Produktionsleistungen der Arbeitskraft selbst abgeleitet, leitet diese nach gleichem formalistischen Verfahren den «Mehrwert» aus einer sächlichen Eigenschaft des Geldes ab.

Das Geld braucht sich im Unterschied zur Arbeitskraft allerdings nicht zu reproduzieren und stellt den eigentlichen ökonomischen «Joker» (Suhr) dar, der zum Zins und zur Ausbeutung führt.

Steiner teilt mit den Liquiditätstheoretikern die Auffassung, daß das Geld durch seine Unverderblichkeit eine Eigenschaft besitzt, die es den Waren überlegen macht. Aber während die Liquiditätstheoretiker das Geld zu einem perfekten Umlaufsicherungsinstrument entwickeln wollen, geht es Steiner nicht um ein «money-engineering» in diesem Sinne, sondern um die Schaffung eines Geldes, das mit dem Kreislauf der Werte übereinstimmt und diesen repräsentiert (Kaufen, Leihen, Schenken). Die Liquiditätstheorie liefert aus sich heraus keinen Ansatzpunkt, um diesen «organischen» Wertekreislauf zu erfassen und zu analysieren. Sie bleibt in diesem Sinne eine reine «Geldeigenschaftslehre» ohne werttheoretisches Fundament. Dieser Mangel zeigt sich insbesondere auch in Suhrs Interpretation von Rudolf Steiners Schenkungsbegriff.

Suhrs unklares Verständnis von Steiners Wertekreislauf kommt besonders bei seiner Interpretation der Schenkung zum Ausdruck. Für Suhr sind auch bestimmte Formen von Kapitalrenditen als Schenkungen aufzufassen. Erzielt beispielsweise ein Risikokapitalgeber eine hohe Rendite, dann «schenkt» ihm laut Suhr der Markt einen Gewinn und signalisiert ihm damit: «Du bist genau der Risikokäufer mit der richtigen unternehmerischen Spürnase. Deshalb prämiieren wir dich und statten dich mit weiteren Mitteln aus, so daß du noch wirksamer bereit bist, Risiken für uns abzufangen.»[1] Gegen eine Prämiierung am Markt durch Gewinne ist nichts einzuwenden, falls es echte Leistungen sind, die dahinterstehen. Mit Schenkungen,

---

1 D. Suhr 1988, S. 78.

die Steiner ausschließlich in einen Zusammenhang mit dem Kulturleben brachte, hat eine Gewinnerzielung am Markt allerdings nichts zu tun. Schenkungen an das Kulturleben, stellt Suhr allgemein fest, gewinnen von alleine wieder eine Bedeutung, wenn ein Wirtschaftssystem installiert ist, in welchem das Geld seine Anziehungskraft verliert (sprich: dem Geld Liquiditätskosten aufgebürdet werden). Gegenüber diesem Schenkungsbegriff, der sich mit dem klassischen Mäzenatentum deckt, ist Steiners werttheoretischer Schenkungsansatz ökonomisch wesentlich gehaltvoller. Schenkungen sind die «Minuspositionen» der volkswirtschaftlichen Bilanz, die mit dem Kapitalbereich über die verschiedenen Stufen der Arbeitsersparnis («Pluspositionen») eng verbunden sind.

Einer der wesentlichsten Beiträge zur Erneuerung der Werttheorie, die Steiner im «Kurs» geleistet hat, besteht darin, daß er den Begriff der Schenkung als volkswirtschaftliche Wert- und Geldkategorie sowohl im Sinne einer positiven als auch im Sinne einer normativen Theorie eingeführt hat. Diesem Ansatz muß auch jede Interpretation seiner Ausführungen zu einer Reform des Geldwesens verpflichtet bleiben.

Das Modell der Geldabschreibung auf der Basis von Rudolf Steiners Ideen zur Geldreform

Bei dem nun folgenden Modell handelt es sich um einen eigenen Interpretationsversuch von Rudolf Steienrs Ideen zur Geldreform. Allerdings wird auf die technische Geldalterung — die Emission von Geld mit begrenzter Gültigkeitsdauer — verzichtet.

Geldabschreibung ist eine nicht-fiskalische Abgabe, die auf dem Sparkapital erhoben wird (Leihgeld) und die dem freien Geistesleben zugute kommt (Schenkungsgeld). Bei der Geldabschreibung handelt es sich um eine werttheoretisch begründete Interpretation von Rudolf Steiners Idee der Geldalterung.

Das Modell der Geldabschreibung stellt sich in Relation zu den Vorstellungen Schweppenhäusers und Herrmannstorfers folgendermaßen dar: Wie bei Schweppenhäuser und Herrmannstorfer soll die Außenfinanzierung von Investitionen durch Anleihen und Kredite erfolgen. Bei Schweppenhäuser nimmt die Annuität (Zins) eine allokative Funktion bei der Verwendung von Kapital wahr. In dem hier vorgestellten Modell soll die Allokation von Kapital nicht ausschließlich über den Zins erfolgen, sondern auch von der Geldabschreibung beeinflußt werden. Ein weiterer Unterschied zu Schweppenhäuser besteht darin, daß auf die Emission von Schenkungszertifikaten verzichtet wird. Der Unterschied zum Ansatz von Herrmannstorfer besteht darin, daß im vorliegenden Modell keine Abzinsung vorgesehen ist. Herrmannstorfers Abzinsungsmodell impliziert eine Art «Negativzins». Dagegen wird hier die Auffassung vertreten, daß der Zins grundsätzlich eine positive Größe darstellt. Die Geldalterung und die Verhältnisse zwischen Kauf-, Leih- und Schenkungsgeld leiten sich daher nicht zins-, sondern werttheoretisch ab.

Gegenüber dem liquiditätstheoretischen Ansatz unterscheidet sich das vorliegende Modell u.a. dadurch, daß die Geldabschreibung nicht auf dem Geld als Umlaufmittel erhoben wird, sondern ausschließlich auf dem Leihgeld. Grundlage hierfür ist die Auffassung, daß sich der Vorteil des gegenwärtigen Geldes gegenüber den wirtschaftlichen Gebrauchsgütern nicht auf dem Gebiet der Ware-Geld-Beziehung (Tauschverhältnis) darlebt, sondern sich dann ergibt, wenn das Geld als Vermögensmittel erscheint. Die Hortungsmöglichkeit, welche der Liquiditätstheorie als jene Eigenschaft des Geldes erscheint, die den Vorteil des Geldes gegenüber den Waren begründet, ist angesichts der Anlagemöglichkeiten im Leihbereich heute eine zu vernachlässigende «Anlageform».

Die werttheoretische Ableitung der Geldabschreibung

Das Modell der Geldabschreibung baut auf der Werttheorie Rudolf Steiners auf. Dabei ist Steiners Feststellung von Bedeutung, daß das Leihgeld gegenüber den gewöhnlichen Geldern des Zahlungsverkehrs «teurer» sein müsse. Diese Werterhöhung des Leihgeldes gegenüber den Transaktionsgeldern des gewöhnlichen Warentausches erklärt sich daraus, daß im Leihgeld «der Geist des Menschen» wirksam ist. Nach Rudolf Steiners Verständnis löst das werterhöhte Leihgeld gleichzeitig einen Prozeß des Wertverzehrs aus, der sich sowohl im Produktionsbereich selbst durch den Verbrauch der Produktionsmittel als auch im Konsum des freien Geisteslebens zeigt. Diese Auffassung Steiners entspringt den Fundamenten seiner Werttheorie. Die Grundidee des werttheoretischen Ansatzes von Steiner besteht darin, daß der wertschöpfenden Fruchtbarkeit des menschlichen Geistes in der Kapitalsphäre ein ausgleichender Wertverzehr im Bereich des freien Geisteslebens zur Seite gestellt werden muß. Auf diese Weise entsteht ein sich selbst regulierendes und begrenzendes Werterzeugungs- und Wertverbrauchssystem, das Steiner als «organisches System» bezeichnet hat.[1]

Diese Wertauffassung kann an der Bedeutung, die Steiner der Arbeitsersparnis beimißt, verdeutlicht werden. Steiner unterscheidet vier Stufen der Arbeitsersparnis.[2] Im Zusammenhang mit dem hier vertretenen Modellansatz ist dabei die dritte und vierte Stufe der Arbeitsersparnis von besonderer Bedeutung. Wenn auf der dritten Stufe der Arbeitsersparnis die Produktivität im Bereich des produzierenden Kapitals durch die Wirksamkeit des menschlichen Geistes erhöht wird, wird damit gleichzeitig die Voraussetzung für die Schaffung von kulturellen Gütern und Erzeugnissen des freien Geisteslebens geschaffen. Damit diese Kulturgüter geschaffen werden können, muß den Kulturproduzenten die Arbeit an der materiellen Gütererzeugung erspart werden. Dies wurde als Arbeitsersparnis der vierten Stufe bezeichnet. Die Arbeitsersparnis der dritten und vierten Stufe bedingen sich gegenseitig, so daß hier von einer «organischen Verzahnung» gesprochen werden kann. Da die vierte Stufe zugleich die größte Entfaltung der geistigen Wirksamkeit darstellt, läßt sich von den verschiedenen Stufen der Arbeitsersparnis bis hinauf zur vierten Stufe auch als von einer *Metamorphose der geistigen Wirksamkeit* bei der Umwandlung materieller Wertschöpfungsprozesse sprechen.

Es entsteht im Bereich der Wirtschaft die Balance zwischen Natur, Kapital und Kultur. Diese Balance wird wesentlich dadurch hergestellt, daß der wertschöpfenden Fruchtbarkeit des Geistes (dritte Stufe der Arbeitsersparnis) ein ausgleichender Wertverzehr (vierte Stufe der Arbeitsersparnis) zur Seite gestellt wird.

Die «organische Verzahnung» zwischen der dritten und vierten Stufe der Arbeitsersparnis betrifft im Bereich des Geldes das Verhältnis zwischen Kauf-, Leih- und Schenkungsgeld. Im Leihgeldbereich wird das Geld durch die Wirksamkeit des menschlichen Geistes zunächst «aufgewertet». Durch das Sparen (Umwandlung von Kauf- in Leihgeld) wird das Geld durch produktive Investitionen werterhöht. Diese Werterhöhung bildet die Grundlage für den Preis des Leihgeldes. Leihgeld ist dadurch «teuer», daß der Schuldner dem Gläubiger

---

1   Vgl. R. Steiner 1981, S. 69.
2   Vgl. dazu S. 65ff.

für die Überlassung von Geld einen Zins zahlt. Auf die Gegenleihe kann der Schuldner nur verzichten (und für die Abgeltung einen Zins bezahlen), weil er das Geld aufgrund seiner geistigen Fähigkeiten produktiv einsetzt und eine Wertschöpfung stattfindet. Gleichzeitig wird durch die geistige Wirksamkeit im Bereich des Kapitals ein zweifacher Wertverzehr ausgelöst. Zum einen verbrauchen sich die Produktionsmittel und müssen abgeschrieben werden. Zum anderen aber müssen, dem Prinzip der «organischen Verzahnung» folgend, Konsumwerte an das freie Geistesleben abgegeben werden. Diese sind gegenwärtig (auch wenn das freie Geistesleben im Hinblick auf die Zukunft laut Steiner «produktiv» ist) als einseitige Transfers, die momentan keine materielle Wertschöpfung auslösen, wie dies im Einkommensbereich der materiellen Güterproduzenten der Fall ist, aufzufassen. In diesem Sinne sind sie nach Steiner als «Minusposten» der gesamtvolkswirtschaftlichen Buchführung aufzufassen. Es handelt sich hier also um einen volkswirtschaftlichen Wertverzehr, um eine konsumtive volkswirtschaftliche «Abschreibung». Daraus abgeleitet sind auch die Schenkungsgelder als volkswirtschaftliche Abschreibungsgelder aufzufassen.

Im Bereich des Leihens findet also nicht nur eine Werterhöhung aufgrund der Wirksamkeit des menschlichen Geistes statt, sondern durch die Induktion von Verbrauchserscheinungen auch eine Wertminderung. Dies soll auch im Geld selbst zum Ausdruck kommen, indem Geld, wie die Werte, die es vermittelt, abgeschrieben wird. Geld, so sagt Steiner, darf ebensowenig wie Grund und Boden und Produktionskapital einen «ewigen» Wert darstellen und sich durch Wertanhäufung im Bereich der materiellen Güterproduktion «stauen».[1]

Das Modell der Geldabschreibung

Als Kaufgeld bezeichnet Steiner das Transaktionsgeld der materiell produktiven Sphäre, während er mit dem Schenkungsgeld das Transaktionsgeld des freien Geisteslebens bezeichnet. Die Stellung des Kaufgeldes zum Leihgeld und jene des Leihgeldes zum Schenkungsgeld stellt sich wie folgt dar: Wenn sich Kaufgeld und Schenkungsgeld durch Sparen und Investieren in Leihgeld verwandelt, dann fin-

---

1 Vgl. R. Steiner 1981, S. 170ff.

det im Leihgeldbereich zunächst, wie bereits erwähnt, eine Werterhöhung dadurch statt, daß das Leihgeld durch die Wirkungen des unternehmerischen Geistes eine Aufwertung erfährt, so daß die Spareinlage verzinst werden kann. Der Werterhöhung, die das Kaufgeld über das Sparen auf dieser Seite des Verhältnisses zwischen Kaufgeld und Leihgeld erfährt, entspricht — und dies ist die Besonderheit des geldtheoretischen Ansatzes von Rudolf Steiner — andererseits eine Wertminderung des Kauf- bzw. Schenkungsgeldes, die das Leihgeld «teuer» macht. Woraus erklärt sich diese Wertminderung, und wie wird sie realisiert? Im folgenden wird davon ausgegangen, daß die Außenfinanzierung der Unternehmungen ausschließlich über Kredite und Obligationen erfolgt. Des weiteren wird von einem Realzins ausgegangen im Sinne einer Zinszahlung des Investors an den Sparer. Einen Bankenzins im heute üblichen Sinne soll es dagegen nicht geben. Die Einkünfte der Banken ergeben sich nicht aus einem Zinsmargengeschäft, sondern aus Einnahmen für die Verwaltung und Vermittlung von Leihgeldern.

Laut Rudolf Steiner «altert» das Leihgeld in den Produktionsmitteln durch deren Abnutzung. Das würde man, so sagt Steiner, im gewöhnlichen betriebswirtschaftlichen Ablauf an den Wertverminderungen des Anlagevermögens nachvollziehen können, die ja, so läßt sich Steiner ergänzen, im Abschreibungsbedarf der Unternehmen zum Ausdruck kommen.[1] Während aber die Unternehmen ihre Abschreibungen durch Leistungen verdienen müssen, erhält heute der Geldbesitzer in Form der Tilgung den Kapitaleinsatz nicht nur ungeschmälert zurück, sondern er kann das Geld ohne Abschreibungsaufwendungen, also außerhalb der realen wirtschaftlichen Leistungssphäre, reinvestieren. Um den Geldbesitzer und den Produzenten im werttheoretischen Sinne auf eine Stufe zu stellen, muß der Geldbesitzer, wie sich weiter folgern läßt, einen Geld- bzw. Kapitalabschreibungsbetrag bezahlen, der die Kapitalabschreibungskosten, die der Unternehmer durch Leistungen und Einnahmen ausgleicht, widerspiegelt. Dabei soll grundsätzlich gelten, daß diese Geld- bzw. Kapitalabschreibungskosten nur dann anfallen, wenn der Sparer seine gesamte jährliche Annuität verkonsumieren oder reinvestieren möchte, also keine Leistungen des freien Giesteslebens durch Schenkungen ermöglichen bzw. beziehen möchte. Somit wird Rudolf Steiners Auf-

---

1 Vgl. R. Steiner 1986, S. 74.

fassung, daß Leihgeld in Schenkungsgeld übergeht sollte, so aufgefaßt, daß das abgeschriebene Sparkapital dem freien Geistesleben zugute kommen soll. Dies kann entweder dadurch geschehen, daß der Sparer einen Teil seiner Annuität persönlich verschenkt oder dadurch, daß ein pauschaler Abzug vom Sparguthaben vorgenommen wird, auf welchen der Sparer, was die Verwendung angeht, keinen Einfluß hat.

Das freie Geistesleben kann allerdings keineswegs ausschließlich vom Sparer finanziert werden. Aber wenn gespart wird, dann soll im Sinne des «organischen» Überganges von Leihgeld in Schenkungsgeld auch geschenkt werden. Wie erklärt sich die Geldabschreibung im Zusammenhang mit den Schenkungen?

Die Annuität enthält immer zwei Teile: Den Tilgungsbetrag und den Zins. Die Tilgung, so läßt sich Steiners geldtheoretischer Ansatz anwenden, stellt jenes Geld dar, welches sich in der Produktion verbraucht (denn mit dem Kapitalbetrag wurden ursprünglich die Produktionsmittel angeschafft). Wenn sich dieses Geld durch die Geldabschreibung nicht im Kapitalbereich verbraucht, so läßt sich Steiners «organisches» Wertesystem interpretieren, so muß es sich als reines Konsumgeld (Schenkungsgeld) verbrauchen. Auf diese Weise werden die beiden Wertminderungen, die im Zusammenhang mit der Wirksamkeit des Geistes im Bereich der wirtschaftlichen Produktion auftreten, Verbrauch der Produktionsmittel und Wertverzehr im Bereich des freien Geisteslebens, miteinander verbunden.

Wir nehmen im folgenden an, ein Besitzer einer Obligation verwendet seine jährliche Annuität A erstens zum Konsum, zweitens zur Reinvestition (z.B. Kauf einer weiteren Obligation) und drittens für eine Schenkung. Die jährliche Annuität A ergibt sich aus der Formel

(1) $\quad A = \dfrac{K \cdot q^n\,(q-1)}{q^n-1}$

mit K = Kapitalbetrag
$\quad q$ = Zinsfaktor = $1 + \dfrac{p}{100}$

Die Annuität A setzt sich aus der Tilgung T und dem Zins Z zusammen:

(2) $\quad A = T + Z$

Entsprechend dem werttheoretischen Grundgedanken der Herstellung einer Analogie zwischen dem Wertverzehr des produktiven Kapitals und einem zu bewirkenden Wertverzehr des Geldkapitals im

Sinne des Leihgeldes, wird der Tilgungsbetrag folgendermaßen «abgeschrieben» und als Schenkungsgeld verwendet:

(3) $S = T \cdot a_r$

      mit S = Geldabschreibung (zugleich Schenkung)
           a_r = Geldabschreibungsrate

Die Tilgungsbeträge werden sukzessive «abgeschrieben und die Geldabschreibung einer Periode ergibt sich daher wie folgt:

(4) $S_t = T_t \cdot a_r$

Die Annuität einer Periode beträgt:

(5) $A_t = T_t \cdot a_r + Z_t$

Wird (4) und (5) eingesetzt, ergibt sich:

(6) $A_t = S_t + Z_t$

Jährlich wird also ein Teil der Annuität über die Schenkung dem freien Geistesleben zur Verfügung gestellt. Z_t kann vom Sparer konsumiert oder reinvestiert werden.

Äußerlich gleicht die Geldabschreibung S einer Kapitalsteuer. Trotzdem ist sie nicht mit einer solchen zu verwechseln. Werttheoretisch ist die Geldabschreibung dadurch begründet, daß das Geld den «vergänglichen» Waren angepaßt wird. *Kreislauftheoretisch* deckt sich die Geldabschreibung mit dem Wertekreislauf, wobei das volkswirtschaftlich «alte» Geld aus dem Leihbereich in den Schenkungsbereich transferiert wird. Denn im «Minusbereich» der Wirtschaft wird nur konsumiert und verbraucht, es wird nichts im materiell-wirtschaftlichen Sinne produziert.

Die Geldabschreibung tritt nur ein, wenn der Sparer nicht schenkt. Das Schenkungswesen soll sich frei von staatlicher Organisation auf «assoziative» Weise entwickeln. «Wenn Sie direkt schenken, dann ist Ihre Vernunft drinnen. Jetzt schenken Sie auch, nur wird es in die Steuer und so weiter hinein gemacht, da verschwindet es im allgemeinen Nebel des Wirtschaftens, und man bemerkt die Geschichte nicht.»[1] Derjenige, der schenken will, soll sich dabei, so Steiner, von einer «Assoziation» beraten lassen. Diese direkten Beziehungen zwischen Kulturproduzenten und Kulturkonsumenten entsprechen den Grundvorstellungen Steiners aus der «Dreigliederung des sozialen Organismus». Erst wenn Wirtschaft, Kultur und staatliche Rechtsetzung so zusammenwirken, daß die Vertreter der einzelnen Wirtschaftssphären in direkten Beziehungen zueinander stehen, kann die Dominanz bürokratischer oder kommerzieller Gesellschaftsmodelle, wie sie für die heutige Zeit kennzeichnend sind, überwunden und «soziale Vernunft» im Sinne einer neuen gesellschaftlichen Transparenz wirksam werden.

Das Modell der Geldabschreibung und das Wachstumsproblem

Das Modell der Geldabschreibung erfüllt eine *Verteilungsfunktion,* indem die volkswirtschaftlichen «Abschreibungsgelder» dem freien Geistesleben zufließen. Die Geldabschreibung läßt sich aber auch so ausgestalten, daß sie sich als volkswirtschaftliches *Lenkungsinstrument* einsetzen läßt. Dazu ist es notwendig, die Geldabschreibung S nicht nur am unmittelbaren Bedarf auszurichten, sondern zwischen Geldabschreibung (vom Sparvermögen abgezogene Gelder) und den tatsächlich an das freie Geistesleben ausbezahlten Schenkungsgeldern zu unterscheiden. Auf diese Weise entsteht ein Schenkungsgeld-Pool, der nach wachstumsökonomischen Gesichtspunkten gesteuert werden kann. Die Geldabschreibung differenziert sich demnach in:

(6) $\quad S = S_1 + S_2$

$\quad$ mit S_1 = einbehaltene Geldabschreibungen (Poolgeld)
$\qquad S_2$ = ausbezahlte Schenkungsgelder

Wird S_1 angehoben und S entsprechend auch vergrößert, verringern sich die Investitionen unter gleichzeitiger Aufrechterhaltung der Nachfrage nach Konsumgütern. Denn durch die erhöhte Geldabschreibung S werden dem freien Geistesleben schließlich mehr Mittel zur Verfügung gestellt (auch wenn diese Mittel vorläufig «gepoolt»

---

1 $\quad$ R. Steiner 1986, S. 181.

werden). Ein Bestand an S_1 (Pool) ermöglicht aber auch ein Ansteigen der Investitionen bei gleichzeitiger Aufrechterhaltung des Konsums. In diesem Fall wird S_2 erhöht, ohne daß S_1 weiter wächst (Poolgeld fließt ab).

Diese Wirkung ist gleichgewichtstheoretisch erklärungsbedürftig und erfordert eine Analyse des Verhältnisses zwischen der Kapitalsphäre und dem freien Geistesleben. Ansatzpunkte dazu liefert Steiners Begriff einer post-Wachstumsökonomie.

Steiner stellt im elften und zwölften Vortrag die Frage, wie sich die Wirtschaft weiterentwickeln solle, wenn die Weltwirtschaft die ganze Erde in eine Binnenwirtschaft verwandelt habe. Mit wem denn die Weltwirtschaft tauschen solle, wenn sich die Weltwirtschaft voll entwickelt habe, fragt Steiner. Die weitere Expansion werde dadurch gebremst, daß man mit dem Mond oder dem Mars keinen Handel treiben könne. Die post-weltwirtschaftliche Ökonomie, so lautet Steiners Antwort, werde sich mit dem Verhältnis zwischen der Arbeitsersparnis der dritten Stufe (via Expansion des Produktionskapitals) und der vierten Stufe (Ersparnis von Arbeit im materiellen Produktionsbereich für die Vertreter des freien Geisteslebens) auseinandersetzen müssen.

Wird in die Arbeitsersparnis der dritten Stufe investiert, so wird der Produktionsprozeß immer kapitalintensiver und teurer. Die Arbeitsersparnis schlägt sich im wesentlichen in Wirtschaftswachstum nieder, d.h. in eine beständige Erhöhung der Produktion von Gütern und Dienstleistungen pro Einheit Arbeitseinsatz. Das Wachstum folgt hier einer systembedingten «Logik». Denn die höheren Kapitalkosten können nur durch eine Senkung der Durchschnittskosten ausgeglichen werden, und die Senkung kann nur über einen vermehrten Umsatz erreicht werden, da es sich bei Kapitalinvestitionen um Fixkosten handelt, deren Erhöhung sich nur dann lohnt, wenn sie auf eine große Absatzmenge umgelegt werden können (im allgemeinen ist die Senkung der variablen Kosten geringer als die Erhöhung der Fixkosten).

Demgegenüber liegt der «Investition» in die vierte Stufe der Arbeitsersparnis die Vorstellung zugrunde, daß sich die Erhöhung von nicht kommerziellen Schenkungsgeldern hauptsächlich in kostensenkenden Innovationen (und damit nicht im Wachstum von Nettoinvestitionen) niederschlagen wird. Denn durch intelligente Optimierungen von Materialverbrauch, System- und Prozeßabläufen und -steuerungen werden die Arbeitskosten pro Produktionsgut gesenkt und damit letztlich auch die Preise der Endprodukte. Von einer Arbeitsersparnis, die zu Güterpreissenkungen führt, gingen auch die Klassiker aus. Dies bedeutet gleichgewichtstheoretisch, daß sich die höheren Schenkungsausgaben nicht nur auf der konsumtiven Seite auswirken, sondern auch auf der produktiven Seite. Zwar ist das Schenkungsgeld z.T. aus Tilgungsbeträgen gebildet und sieht vordergründig wie eine einseitige Transferleistung aus, doch führt die Erhöhung der Produktivität via Schenkungen zur Verbilligung der Preise für Produktionsmittel (und der Verbrauchsgüter).

Gesamthaft treten im Rahmen des obigen Modelles folgende Verteilungswirkungen auf: Wenn man davon ausgeht, daß das freie Geistesleben die Produktivität erhöht und damit die Güterpreise sinken, gilt:

> Der Konsument gewinnt, weil und wenn er gleichviel Einkommen erhält. Denn das Einkommen wird durch sinkende Güterpreise real mehr wert.

> Der Sparer erhält über die Tilgung (Geldabschreibung) absolut weniger, aber real gleichviel. Er gewinnt über den Zins, der real mehr wert wird (Erhöhung der Kaufkraft).

> Das freie Geistesleben erhält real gleichviel, soweit S unverändert bleibt. Denn auch bei absolut sinkendem nominellen Einkommen (die Geldabschreibung verringert sich bei geringerem Tilgungsbedarf aufgrund billigerer Produktionsmittel) bleibt aufgrund gefallener Güterpreise die Kaufkraft erhalten.

Eine ähnliche Wirkung schwebte Adam Smith in bezug auf die Produktivität des Kapitals vor. So schreibt Smith im «Wealth of Nations»: «It is the natural effect of improvement, however, to diminish gradually the real price of almost all manufactures. That of the manufacturing workmanship diminishes, perhaps, in all of them without exception. In consequence of better machinery, of greater dexterity, and of a more proper division and distribution of work, all of which are the natural effects of improvement, a much smaller quantity of labour becomes requisite for executing any particular piece of work, and though, in consequence of the flourishing circumstances of the society, the real price of labour should rise very considerably, yet the great diminuition of the quantity will generally much more than compensate the greatest rise which can happen in the price.»[1]

Allein, Adam Smith sah Schenkungen als unproduktiv an, so daß er eine wichtige Komponente außer acht ließ. Denn die Ausgaben für die Arbeitsersparnis der vierten Stufe (Schenkungen) bilden eine wichtige Voraussetzung für das Sinken der Güterpreise.

Die Investitionen in die nicht kommerzielle Intelligenz, die nach Steiner langfristig die «fruchtbarsten» Investitionen darstellen, hat auch bestimmte Konsequenzen für die Geldpolitik. Denn bei dem dann erwarteten niedrigen Preisniveau kann mit der gleichen Geldmenge M mehr konsumiert werden. Dies ist natürlich auch heute bei Investitionen in die dritte Stufe der Arbeitsersparnis der Fall (Wachstum des Kapitalstockes) mit dem Unterschied, daß auf der vierten Stufe der Arbeitsersparnis der Mehrkonsum nicht über den Zwang zur Umsatzausweitung erkauft werden muß. In der Praxis wirken Investitionen in die dritte und vierte Stufe der Arbeitsersparnis zusammen. Doch ist die Unterscheidung deshalb wichtig, weil sich aus der Dominanz entweder des einen oder des anderen ganz unterschiedliche wirtschaftliche Entwicklungspfade ergeben.

Die Geldabschreibung S sollte nicht nur aus der Perspektive des Konsums des freien Geisteslebens betrachtet werden. Verläßt man eine ökonomische Kurzfristbetrachtung und berücksichtigt die langfristigen gesamtwirtschaftlichen Wirkungen der Leistungen des freien Geisteslebens, so stellt S einen Produktivitätsfaktor dar, der wirksam werden kann, ohne daß die Wirtschaft auf einen Wachstumspfad gerät.

Voraussetzung dazu ist ein sich frei entwickelndes Geistesleben, das mit seinen Dienstleistungen den Menschen dient. Schenkungsgeld ist der monetäre Ausdruck für dieses freie Geistesleben. Der Begriff des Schenkungsgeldes umfaßt daher mehr als den abschließenden Teil von Steiners Wert- und Geldtheorie. Er ist Ausdruck eines neuen Gesellschaftsverständnisses, das die Glieder der Gesellschaft benennt und neu belebt. Daher spricht Steiner nie vom Geld als solchem, sondern vom Kauf-, Leih- und eben auch dem Schenkungsgeld.

Geht man nach wie vor von Nettoinvestitionen (Erweiterungsinvestitionen) im Sinne vermehrter Investitionen in die Arbeitsersparnis der dritten Stufe aus, ist ein Wachstum der Geldmenge durch Geld-

---

1   A. Smith 1926, S. 224.

schöpfung und Sparerweiterung erforderlich. Das Produktivitätswachstum wird hier von einem Wachstum der Kapitalsummen begleitet, während bei reinen Ersatzinvestitionen (steady state) die Produktivität bei gleicher bzw. geringerer Kapitalsumme erhöht wird.

Das Modell der Geldabschreibung ist kein mechanisches System

Rudolf Steiner bemerkt u.a. über seine Ideen zur Geldreform: «Deshalb gab ich solche Bilder, welche unmittelbar lebendig sein sollten. Das Lebendige aber — machen Sie sich das nur ganz klar! — ist immer ein Vieldeutiges. Daher wird mancher von Ihnen aus diesen Betrachtungen vielleicht weggehen können mit dem Gefühl, gegen das eine oder andere sei dieses oder jenes einzuwenden. Ich bin in einem gewissen Sinne, wenn das mit einem wirklichen Forscherernst und Forschergeist geschieht, froh, wenn dieses Gefühl vorhanden ist; denn dieses Gefühl muß dem Lebendigen gegenüber immer vorhanden sein. Das Lebendige duldet keine dogmatische Theorie. Und so müssen Sie auch die Begriffsbilder, die ich gegeben habe, auffassen.»[1]
Mit diesen Sätzen wollte Steiner seine Ideen nicht relativieren im Sinne der Unverbindlichkeit. Er folgte nur dem Grundgesetz des Lebendigen. Alles was lebt — und das Wirtschaftlich-Soziale gehört dazu — kann verschieden ausgestaltet werden und muß immer wieder einem Erneuerungsprozeß anheimfallen. So wichtig die instrumentelle Konkretisierung von Steiners Ideen zur Geldreform ist, man darf an ihr nicht wie an einem mechanischen System, das seine Gültigkeit nie verliert, festhalten. Wesentlich ist das Festhalten an den sozialen Urideen, die Steiner im «Kurs» formulierte: Der Kreislauf der Werte und der Kreislauf des Geldes. Diese Urideen fordern weniger geldmechanische Modellansätze, sondern lebendigen und konkreten sozialen Gestaltungswillen, in welchen auch der Ideenreichtum des Menschen einfließen soll. Aus diesem Grunde hat Steiner immer wieder betont, daß seine Ideen keine Idealwelten unter bestimmten Bedingungen darstellen, sondern zu unmittelbarer Tätigkeit anregen sollen. Die Theorie, so sagt Steiner im «Kurs», muß im Bereich der Sozialwissenschaften zugleich immer Praxis reflektieren, zur Praxis

---

1 R. Steiner 1979 a), S. 199.

anleiten. Der abstrakten Intellektualität sind somit im Bereich der Sozialwissenschaften wesensbedingte Grenzen gesetzt, die in Zukunft immer mehr erkannt werden müssen!

Das assoziative Bankwesen

Im Rahmen einer Interpretation der Ideen Steiners zu einer Reform des Geldwesens spielt die Frage eine wichtige Rolle, welche rechtliche und organisatorische Rahmensetzung die Verwirklichung des Kauf-, Leih- und Schenkungskreislaufes benötigt.

Steiner selbst betonte, daß es dafür kein normatives Modell gibt und die Verwirklichung eine Frage der Erfahrungsbildung in der Praxis ist. Gleichzeitig maß Steiner den rechtlichen und organisatorischen Aspekten die größte Bedeutung zu. Von Bedeutung ist ferner, daß Steiner die Qualität sozialer Reformideen an ihrer Praktikabilität im Rahmen bestehender Ordnungen maß. Steiner vertraute auf die Erfahrung und die Einsicht von Menschen, die sich zu einzelnen Initiativen zusammenschließen und aus ihrer praktischen Kenntnis heraus damit beginnen, neue Ideen in Taten umzusetzen. Dazu bieten Steiners Reformideen sehr große Spielräume. Gerade bei der gesellschaftlichen Verobjektivierung des Schenkungswesens kommt es auf den einzelnen und auf eine Vielzahl von praktischen Initiativen an. Dies schließt eine breite gesellschaftliche Konzeption der Geldprozesse, vor allem wenn man sie mit Steiners Dreigliederung des sozialen Organismus in Verbindung bringt, nicht aus.

Laut Rudolf Steiner ist jeder Gesellschaftsbereich in sich selbst dreigliedrig. Das Wirtschaftsleben z.B. hat in sich ein Geistes- und ein Rechtsleben (Rechtsvereinbarungen im Bereich der Wirtschaft, Ausbildung und Forschung). Hierbei handelt es sich nicht um kategoriale Einzeldreigliederungen. Man muß sich die Dreigliederung ganz lebendig vorstellen; die drei Glieder sind vielfach ineinander verschlungen. Wesentlich für das Verständnis der Dreigliederung ist, daß die heutige Aufteilung der Aufgaben zwischen Staat, Wirtschaft und Kultur grundlegend gewandelt wird. Was das Bankensystem angeht, läßt sich dies folgendermaßen verdeutlichen.

Ein assoziatives Bankensystem ist auf bestimmten Grundprinzipien aufgebaut, wobei, wie im heutigen Zwei-Bankensystem üblich, zwischen Zentralbank und Geschäftsbanken unterschieden wird. «Assoziativ» bedeutet im Zusammenhang mit einem Zentralbankensystem zweierlei. Zum einen die Vernetzung zwischen Wirtschafts-, Kultur- und Rechtsleben im Bereich der Banken selbst und zum anderen die Verwirklichung der Handlungs- und Rechtssubsidiarität. Voraussetzung für die Schaffung eines solchen assoziativen Bankensystems ist allerdings, daß der geographische und sachliche Geltungsbereich genügend präzis definiert und gegen andere Bankensysteme abgegrenzt werden kann.

Grundlegend muß für eine assoziative Zentralbank gelten, daß den wirtschaftlichen Körperschaften, d.h. dem Wirtschaftsleben im eigentlichen Sinne, dem Wirtschaftsbereich der politischen Verwaltung sowie demjenigen des freien Geisteslebens das verfassungsmäßige Recht zugesprochen wird, das Geldwesen einzurichten und zu verwalten. Die einzelnen Organe bilden ein oberstes Organ, den zentralen Bankrat. Die Angehörigen des Bankrates sind Spitzenvertreter ihrer jeweiligen Bereiche und gehen aus der föderativen Gesamtstruktur der Wirtschaft (Länder und Regionen) sowie assoziativen Zusammenschlüssen (Branchen, Produzenten/Konsumenten) hervor. Der Bankrat schafft nicht nur die rechtlichen Voraussetzungen für ein funktionsfähiges Geschäftsbankensystem, sondern übernimmt auch gesamtwirtschaftliche Lenkungsaufgaben. Die Bestimmung des Geldabschreibungssatzes, z.B. die Konditionen der Wirksamkeit der Geldabschreibung (die Höhe geldabschreibungsfreier Tilgungsbeträge) und die Emission von Schenkungszertifikaten und -wechseln gehört zu den Lenkungsaufgaben des Bankrates.

Über die Tätigkeit der Geschäftsbanken macht Steiner ebensowenig konkrete Angaben wie zur Zentralbankfunktion. Allerdings lassen sich aus Steiners Bemerkungen zu den Geschäftsbanken im «Kurs» und seiner Kreditauffassung wesentliche Anhaltspunkte gewinnen. Unter der Ausbreitung des modernen Bankwesens fangen die «volkswirtschaftlichen Impulse an, rein finanzwirtschaftliche Impulse zu werden».[1] Einen «Zwischenhandel» mit Geld, bei welchem das Geld selbst zur Ware wird, lehnt Steiner ab.[2] Daraus folgt, daß die Geschäftsbanken im Aktiv- und Pässivgeschäft ausschließlich Serviceleistungen zur Vermittlung von «Personalkrediten» erbringen. «Personalkredite» sind all solche Finanzierungsinstrumente, in deren Mittelpunkt die Evaluierung der unternehmerischen Befähi-

---

1   R. Steiner 1979 a), S. 138.
2   R. Steiner 1979 a), S. 203.

gung des Kreditnehmers steht. Daraus ergibt sich auch der assoziative Charakter der Geschäftsbanken. Denn um diese Serviceleistungen in optimaler Weise erbringen zu können, ist im Aktiv- und Passivgeschäft die enge Zusammenarbeit mit Sparern bzw. Investoren nötig.

Im Aktivbereich geht es im Sinne der Projekt- und Fähigkeitseinschätzung um die Bonitätsprüfung des Investors. Das assoziative Bankgeschäft befaßt sich somit nicht nur mit Fragen der technischen Abwicklung, sondern in viel stärkerem Ausmaß als im gewöhnlichen Kreditgeschäft mit den Menschen, die an den einzelnen Leihprozessen Anteil haben. Der Kredit soll zu einem Bewährungsfeld der gesellschaftlich-solidarischen Vertrauensbildung werden, wobei die Banken dem Prinzip der Vermittlung zwischen Sparer und Investor sowie der unternehmerischen Initiative der Investoren und Unternehmer verpflichtet sein sollten.

Annex: Assoziatives Bankenwesen in der Praxis

Rudolf Steiner hat im nationalökonomischen Kurs mehrfach von der assoziativen Wirtschaft im Bankbereich gesprochen.[1] Einen neuen Umgang mit dem Geld im Sinne Steiners haben sich die GLS Gemeinschaftsbank e.G., Bochum/Stuttgart in der Bundesrepublik Deutschland und die Freie Gemeinschaftsbank BCL in Dornach/Schweiz zum Anliegen gemacht.[2]

Da die GLS Bank und die BCL über eine sehr ähnliche Konzeption verfügen, soll auf eine gesonderte Darstellung der GLS verzichtet werden.[3] Es sind vor allem zwei wesentliche Punkte, die den Charakter der Freien Gemeinschaftsbank BCL bestimmen. Das sind zum einen das Bankdienstleistungskonzept und zum anderen das Zinskonzept.

---

1   Vgl. R. Steiner a.a.O., S. 182; 1986, S. 81.
2   So heißt es etwa in den Statuten der BCL, Art. 2 Gesellschaftszweck, Ziffer 2: «Die Freie Gemeinschaftsbank BCL bezweckt die Förderung gemeinnütziger oder sonst der Allgemeinheit dienender Initiativen durch Entgegennahme und Gewährung zinsgünstiger Gelder. Die Bank baut in ihren grundlegenden Impulsen auf der Geisteswissenschaft Rudolf Steiners auf.» Wie aus der Konzeption der assoziativen Wirtschaft ersichtlich, gehören die Sozialwissenschaften zur Geisteswissenschaft Steinerscher Prägung. Vgl. Freie Gemeinschaftsbank BCL-Statuten 1984, S. 5 und S. 11 (Art. 17, Ziffer 2).
3   Über weiteres zur GLS vgl. Bankspiegel 1987.

1. *Bankdienstleistungskonzept:* Die BCL ist eine Genossenschaft im Sinne der Art. 282ff. OR. Die Grundanliegen der Genossenschaft sind ein besseres Durchschauen dessen, was «durch Geld geschieht und bewirkt wird», so daß der einzelne Mensch kein unbeteiligter «Zuschauer des sozialen Geschehens» ist. Dazu ist notwendig, daß Geld nicht als Ware behandelt wird, «mit der eine Bank handelt, um Gewinne zu erzielen», sondern «zu einem Mittel gegenseitiger Hilfe wird». Konkret bedeutet dies zunächst einmal, daß die Gemeinschaftsbank keinen Gewinn erstrebt. Damit den zu fördernden Initiativen von Beginn an wirksam geholfen werden kann, wird das Genossenschaftskapital nicht verzinst.[1] Die BCL fördert:

gemeinnützige kulturelle und soziale Einrichtungen (Kindergärten, Schulen, Heilpädagogische Heime, Forschungseinrichtungen);

Dienstleistungsbetriebe (Therapeutika, Verlage, Gaststätten, Altersheime, Kliniken etc.);

Unternehmungen in Handel, Gewerbe und Landwirtschaft, «denen es ein Anliegen ist, ihre Produkte im Hinblick auf und in Zusammenarbeit mit Menschen, die nach solchen Produkten verlangen, bereitzustellen und zu verteilen».[2]

Besonders hervorzuheben sind die Direktkredite bzw. Bürgschaftskredite. Das Kernproblem beim Kreditgeschäft ist die Einschätzung und das Vertrauen in die Fähigkeiten des Kreditnehmers. Anstatt sich aber das eingegangene Risiko durch einen Risikozuschlag vergüten zu lassen, strebt die Bank danach, das Risikoproblem direkt anzugehen und einen realen Beitrag zur Verringerung des Risikos zu leisten; denn die Wertbildung erfolgt einerseits durch unternehmerische Fähigkeiten und andererseits durch die Hilfe und das Vertrauen der am Projekt beteiligten Menschen. Der Bankier hat also nicht nur eine Verantwortung gegenüber dem Kreditgeber, sondern auch gegenüber dem Kreditnehmer. Der Kreditnehmer sollte nicht nur seine Bücher öffnen. In der Auffassung der BCL sollte eine «neue Begegnung ...

---

1 Vgl. Freie Gemeinschaftsbank BCL, Broschüre: Eine Bank, die neue Wege geht, S. 2ff.
2 Freie Gemeinschaftsbank BCL, Broschüre: Wie arbeitet die Gemeinschaftsbank? S. 2.

zwischen Bankier und Kreditnehmer entstehen können».[1] Das Wissen über die Vertrauenswürdigkeit eines Kreditnehmers liegt nicht unmittelbar bei der Bank. Kunden, Geschäftspartner, ja Freunde des Betreffenden besitzen das nötige Wissen. Die BCL bemüht sich deshalb darum, den sozialen Umkreis des Kreditnehmers zu aktivieren. Durch eine große Zahl von kleinen Bürgschaften wird für die Bank sichtbar, wie stark die Initiative und die Initianten in ihr soziales Umfeld eingegliedert sind.[2] Neben Bürgschaftskrediten werden ganz allgemein mehr Direktkredite erstrebt. Die Bank *vermittelt* den Einlegern Projekte und Initiativen. Geld soll sich nicht einfach auf der Bank «stauen», sondern bedarfsgerechter weiterfließen; denn durch die Begegnung von Kreditgeber und Kreditnehmer, durch die Begegnung von Mensch zu Mensch «werden die doch oft zu Recht beklagten anonymen und undurchsichtigen Bankprozesse sichtbar gemacht und durchlichtet».[3]

Die Bank versteht sich in diesem Sinne auch als «Vernetzer» von Beziehungen. Nur die persönliche Einsicht und Anteilnahme der Kreditpartner schaffen ein Engagement, welches das Denken in finanziellen Nutzenkategorien relativieren kann, weil in der echten sozialen Verbundenheit der höhere Lebenssinn: die Dienstleistung an Mensch und Sache, entsteht. Aus diesem Grunde legt die Bank neben der finanztechnischen Professionalität Wert auf lebendige «soziale Urteile».[4]

2. Zinskonzept. Einem Finanzdienstleistungskonzept, das neben den sachlichen Kriterien des Finanzgeschäftes «Gegenseitigkeiten» von Menschen im Zeichen sozialer und ökologischer Verantwortung initiieren und stützen will, kann die Höhe des Zinses nicht alleiniger Angelpunkt für die Allokation von Kapital sein. Es geht um die Optimierung des wirtschaftlichen Fähigkeitspotentials in einem ganzheitlichen Sinne. Die Zinsen sind im Prinzip Vereinbarungssache und damit in der BCL eine *variable Größe* in dem Sinne, als die Bank ver-

---

1 Freie Gemeinschaftsbank BCL 1987, S. 3.
2 Bereits im Juli 1987 sind über 1 200 Bürginnen und Bürgen eine solche Kleinsolidarbürgschaft eingegangen und haben dadurch Kredite von rund 2 Mio. SFR. ermöglicht. Vgl. Freie Gemeinschaftsbank BCL a.a.O., S. 3.
3 Freie Gemeinschaftsbank BCL 1986, S. 2.
4 In diesem Sinne geht es um «gemeinsame Beratungen», um ein lebendiges Konkretisieren gemeinsamer Ziele. Vgl. Freie Gemeinschaftsbank BCL, Broschüre: Eine Bank, die neue Wege geht, S. 4.

schieden verzinste Einlagemöglichkeiten anbieten. Die Spannbreite reichte in den vergangenen Jahren von 0-3%. Mit diesem Zinskonzept wird ein konkreter Weg aufgezeigt, wie der Zins aus seiner heutigen starren Rolle in einen lebendigen Beziehungsprozeß von Wirtschaftspartnern übergeführt werden kann. In der heutigen Wirtschaft muß die einzelne Unternehmung den Zins einfach hinnehmen. Er stellt eine gegebene Größe dar.[1] In der BCL kann sich jeder Einleger über Sinn und Zweck von Zinsen in bezug auf einzelne Projekte sein eigenes Urteil bilden.

Abschließende Betrachtung

Rudolf Steiners nationalökonomischer Kurs stellt kein neues volkswirtschaftliches Lehrgebäude dar. Allerdings enthalten seine «Anregungen» Elemente zu einer wesentlichen Weiterentwicklung volkswirtschaftlicher Ideen und Begriffe.

In Bezug auf die Wirtschaftsordnung ist Steiner der Auffassung, daß eine Neuinterpretation der wirtschaftlichen und sozialen Bedeutung der Arbeitsteilung die wesentliche Voraussetzung zur Lösung der sozialen Frage ist. Steiner betrachtet die Arbeitsteilung als auf dem Prinzip der Gegenseitigkeit aufbauendes System von Tauschbeziehungen und sieht in der Überwindung des klassischen Paradigmas der Nutzenmaximierung eine wichtige Bedingung zu einer Verbesserung der wirtschaftlichen und sozialen Ordnung. Aus diesem Ansatz entwickelte Steiner insbesondere sein Modell der wirtschaftlichen Assoziationen.

Steiners Prognose, daß das Eigennutzparadigma zur Zunahme staatlicher Reglementierung auf Kosten der individuellen Handlungsfreiheit führt, ist zutreffend. Die zunehmende staatliche Regelungs-

---

1 Nicht zuletzt diesem Umstand ist das in jüngster Zeit neu erwachte Interesse am «Islamic Banking» zu verdanken. Im Islam ist die Zinsnahme verboten. Erlaubt hingegen ist die Beteiligung am Gewinn einer Unternehmung. Die Höhe dieses Gewinnanteiles ist im Prinzip die Angelegenheit zwischen Kapitalgeber und Kapitalnehmer. Wenn dieses Prinzip nicht verletzt wird, kann sich kein gewinnorientierter «Zwischenverdiener» zwischen die Parteien mehr einschalten. Vgl. dazu z.B. M.S. Kahn 1986.

dichte, die sich heute durch die technologische Entwicklung und die ökologische Krise zum Teil dramatisch verschärft, bestätigt Steiners Analyse. Vor diesem Hintergrund ist Steiners Vorschlag einer Assoziierung der Wirtschaft durchaus als freiheitlicher Impuls zu werten; denn der staatlichen Reglementierung soll ja gerade dadurch vorgebeugt werden, daß die Wirtschaftspartner durch enge Vernetzung und Abstimmung wirtschaftliche *und* soziale Aufgaben selbstverantwortlich übernehmen.

Diese Aufgabengebiete umfassen heute nicht nur die sozialen Fragen im klassischen Sinne, sondern auch technologische und ökologische und kulturelle Fragestellungen. Aus diesem Grunde ist Steiners Anliegen eines freien Geisteslebens, das auf Wirtschaft und Gesellschaft befruchtend einwirken soll, von ungebrochener Aktualität. Erst dadurch kann gewährleistet werden, daß nicht der Mensch dem Staat oder der Wirtschaft — verstanden als Träger von Machtinteressen — dient, sondern Staat und Wirtschaft dem Menschen dienen.

Transparenz und Unmittelbarkeit der sozialen Beziehungen zeichnen auch Steiners werttheoretischen Ansatz aus. Steiner erfaßt nicht nur die produktiven Leistungen im Sinne der Klassik, sondern bezieht im Rahmen seines Wertkreislaufes auch Natur und Kultur sowie deren interdependentes Verhältnis zueinander in seine Werttheorie ein.

Steiners bedeutendste wirtschaftstheoretische Leistung ist mit dem Begriff der Schenkung und des Schenkungsgeldes verbunden. Schenkungen sind einseitige Übertragungen, die nur indirekt den Wirtschaftspartnern zugute kommen. Schenkungsempfänger ist das Kulturleben (freies Geistesleben), dessen Repräsentanten zwar befruchtend auf die Wirtschaft einwirken (Erziehung und Ausbildung), die aber selbst keine wirtschaftlichen Verbrauchsgüter herstellen. Die Bedeutung von Schenkungen ergibt sich im einzelnen wie folgt:

> Durch assoziative Zusammenschlüsse zwischen Unternehmen, Wirtschaftsorganisationen und Kultureinrichtungen soll ein ausgedehntes Schenkungswesen entstehen. Grundidee dabei ist, daß die Produktionsgrundlagen nach Steiners Auffassung Rechts- und keine Wirtschaftsgüter darstellen und daß daher deren Nutznießung zeitlich beschränkt und mit einer persönlichen Leistungserstellung verbunden sein muß. Zugleich soll durch das Schenkungswesen der Akkumulation von Eigentum und Besitz vorgebeugt werden.

Das Schenkungsgeld spielt bei Steiner im Rahmen seiner Analyse der Geldwirtschaft eine zentrale Rolle. Schenkungsgeld dient dem Lebensunterhalt des Kulturlebens. Werttheoretisch stellt es den (Verbrauchs-)Endpunkt des Wirtschaftskreislaufes dar.

Mit dem Schenkungsgeld wird ein notwendiges Gegengewicht zum zinstragenden Geld in der Kapitalsphäre geschaffen. Geldwerte, so Steiners Folgerung aus seiner Werttheorie, sollen sich nicht in der Kapitalsphäre der Wirtschaft ad infinitum durch Kapitalanlagen vermehren. Geld soll genau so «altern» wie die übrigen Wirtschaftsgüter auch. Dies wird durch das Schenkungsgeld als konsumtives «Ausgabengeld» des freien Geisteslebens gewährleistet. Insofern hat Steiners geldtheoretischer Ansatz auch eine wachstumsökonomische Konsequenz, indem die heute vorherrschende Wachstumsdoktrin durchbrochen wird. Dies ist insbesondere auch in bezug auf die heutige ökologische Problematik von Bedeutung.

Die Vieldimensionalität von Steiners wirtschaftstheoretischen Ansätzen — sie wird am Schenkungsbegriff exemplarisch deutlich — entspricht ganz dem imaginativen Denken, das Steiner im nationalökonomischen Kurs die «innere Vernunft» genannt hat. Statt, wie die Klassik, die Wirtschaft in atomistischer und abstrakter Weise zu erklären, vermittelt Steiner ein ganzheitliches Bild der Wirtschaft. Die Werttheorie wird als «organischer» Kreislauf dargestellt, als System der Wertentstehung und des Wertverbrauches.

Der an die methodischen Vorgaben empirisch quantitativer Modelle gewöhnte Ökonom wird an Steiners Ökonomie ganzheitlicher «Bilder» vielleicht wenig für ihn greifbares entdecken können, und er wird die mangelnde Konkretheit mancher Aussagen Steiners — aus seiner Sicht sogar zu Recht — bemängeln. Letzterem kann entgegengehalten werden, daß Steiner einen grundsätzlich anderen epistemologischen und methodischen Ansatz gewählt hat, der dem Ökonomen eigenes und produktives Denken abverlangt, wobei Steiner diesen Neuansatz immer aus der Sache selbst heraus zu begründen suchte.

Zweifellos glaubte Steiner an die geistig-seelische Entwicklungsfähigkeit des Menschen, wobei er seine diesbezügliche Auffassung durch die Ergebnisse seiner geisteswissenschaftlichen Forschungen zu unterstreichen suchte. Die sozialen Fragen der Zukunft werden nach Steiners Auffassung nicht bewältigt werden können, wenn die geistigen Quellen des menschlichen Wesens außer acht gelassen werden. Denn die Lösung ökonomischer und sozialer Fragen hängt von der Qualität des anthropologischen Fundamentes ab, auf dem das wirtschaftliche und soziale System errichtet wird.

LITERATURVERZEICHNIS

ALBERT, Hans	Ökonomische Ideologie und politische Theorie, Göttingen 1972.
ALMEDER, Robert	Morality in the market place, in: Business Ethics, ed. by M. Snoeyenbos et al., Buffalo 1983.
ARISTOTELES	- Hauptwerke, Stuttgart 1963.
	- Nikomachische Ethik, Stuttgart 1980.
ARROW, Kenneth J.	Gift and Exchanges, in Edmund S. Phelps ed.: Altruism, Morality and Economic Theory, New York 1975.
BANKSPIEGEL	Jahresbericht GLS Gemeinschaftsbank e.G. 1987. GLS Gemeinschaftsbank Stuttgart.
BARRY, Norman	Hayek's Social and Economic Philosophy, London 1979.
BATEMAN, Bradley W.	Keynes's Changing Conception of Probability. Economics and Philosophy 1987, 3, S. 97ff.
BEITRÄGE	zur Rudolf Steiner Gesamtausgabe. Die soziale Frage vor 66 Jahren: Dreigliederungszeit, Nr. 88, 1985.
BERNHOLZ, Peter	Growth of Government, Economic Growth and Individual Freedom. Journal of Institutional and Theoretical Economics (JITE) 1986, 142, S. 661ff.
BETZ, H.K.	How Does the German Historical School Fit? History of Political Economy 1988, 26, 3, S. 409ff.
BHAGWATI, Jagdish	The New International Economic Order, Cambridge (Mass.)/London 1977.
BIDARD, Christian/ FRANKE, Reiner	On Walras' Model of General Equilibrium: A Simpler Way to Demonstrate its Existence. Journal of Economics (Zeitschrift für Nationalökonomie) 1987, 47, Heft 3, S. 315ff.
BINGER, Brian R./ HOFFMAN, Elizab.	Institutional Persistence and Change: The Question of Efficiency. Journal of Institutional and Theoretical Economics (JITE) 1989, 145, S. 67ff.
BINSWANGER, H.C.	- Die Wirtschaft zwischen Geld und Natur, in: Beiträge zur Weltlage (Sonderheft) 1980, S. 62ff.
	- Geld und Wirtschaft im Verständnis des Merkantilismus, in Fritz Neumark (Hrsg.): Studien zur Entwicklung der ökonomischen Theorie II (Sonderdruck), Berlin 1983.
	- Geld und Magie: Deutung und Kritik der modernen Wirtschaft, Stuttgart 1985 a).
	- J.G. Schlossers Theorie der imaginären Bedürfnisse — Ein Beitrag zur deutschen Nationalökonomie jenseits von Physiokratie und Klassik. Forschungsgemeinschaft für Nationalökonomie an der Hochschule St. Gallen für Wirtschafts-, Rechts- und Sozialwissenschaften, St. Gallen, Juli 1985 a).

- Wachstumszwang und Geldwirtschaft. (Masch.) Forschungsgemeinschaft für Nationalökonomie an der Hochschule St. Gallen für Wirtschafts-, Rechts- und Sozialwissenschaften, St. Gallen 1989.
- Geld und Gleichgewicht. Ein Vorschlag zur Überwindung der Dichotomie der Preis- und Werttheorie. Zeitschrift für Wirtschafts- und Sozialwissenschaften (ZWS) 110 (1990), S. 337ff.

BINSWANGER, H.C./ FRISCH, H./ NUTZINGER, H.G. Arbeit ohne Umweltzerstörung, Strategien einer neuen Wirtschaftspolitik, Frankfurt 1983.

BIRKEN, Lawrence From Macroeconomics to Microeconomics: The Marginalist Revolution in Socio-Cultural Perspective. History of Political Economy 1988, 20, 2, S. 251ff.

BLACHNIK-GÖLLER, T. Gentechnik und Geschäft, in: Gentechnologie, Arbeitskreis der Bundesfachschaftentagung/Biologie, Bielefeld 1986.

BLADEN, Vincent From Adam Smith to Maynard Keynes. Toronto and Buffalo 1974.

BLANCPAIN, J.P. Die Quadratur des Kreises. Neue Züricher Zeitung v. 15./16.10.1988, S. 33.

BLAUG, Mark Economic Theory in Retrospect, 2. ed. London 1986.

BLUM, A. Die subjektivistisch-psychologische Wertlehre von ihren Anfängen bis auf Gossen, Diss. Gießen 1934.

BÖHM v. BAWERK, Eugen Kleinere Abhandlungen über Kapital und Zins, Wien/ Leipzig 1926.

BONUS, Holger The Cooperative Association as a Business Enterprise: A Study in the Economics of Transaction. Journal of Institutional and Theoretical Economics (JITE) 1986, 142, Heft 2, S. 310ff.

BOS, Lex «Heilsam ist nur ... », Mitteilungen aus der anthroposophischen Arbeit in Deutschland 1983, 37, Heft 1, S. 7ff.

BOUDREAUX, Don/ EKELUND, Robert B. Regulation as an Exogenous Response to Market Failure: A Neo-Schumpeterian Response, Journal of Institutional and Theoretical Economics (JITE) 1987, 143, S. 537ff.

BRANDT, Reinhard Über Moral, in: David Hume, Ein Traktat über die menschliche Natur, Erstes Buch: Über den Verstand (Bd.1), Hamburg 1978.

BROWNING, Peter Economic Images. Current Economic Controversies, London/New York 1983.

BRÜGGE, Peter Die Anthroposophen, Reinbek bei Hamburg 1984.

BRÜLL, Dieter Der anthroposophische Sozialimpuls — ein Versuch seiner Erfassung, Schaffhausen 1984.

BÜCHER, Karl Die Entstehung der Volkswirtschaft, Tübingen 1922.

CANAL, Georg von Grundgedanken zur Sicherung des Wettbewerbes, in: The Spirit of Competition. Reader zum 16. Internationalen Management-Gespräch an der Hochschule St. Gallen für Wirtschafts-, Rechts- und Sozialwissenschaften, St. Gallen 1986.

238

CARDIM DE CAR-   Keynes on Probability, Uncertainty, and Decision
VALHO, Fernando   Making. Journal of Post Keynesian Economics 1988, S.
                      66ff.
CARTER, Michael   Financial Innovation and Financial Fragility. Journal
                      of Economic Issues, vol. XXIII, No. 3, September
                      1989.
CHICK, Victoria   Are the General Theory's Central Contributions Still
                      Valid? Journal of Economic Studies 1987, 14, S. 8ff.
CLARK, John B.   - Essentials of Economic Theorey, New York 1968.
                      - The Philosophy of Wealth, New York 1967.
CROCKETT, John H.   Irving Fisher on the Financial Economics of Uncertain-
                      ty. History of Political Economy 1980, 12/1, S. 66ff.
DER SPIEGEL   Hochschule: Prinzessin oder Hure? 31.10.1988, S. 86ff.
DIEHL, T.   Arbeit. In: Handwörterbuch der Wirtschaftswissen-
                      schaften, Bd. 1, Jena 1931.
DILLARD, Dudley   Money as an Institution of Capitalism. Journal of Eco-
                      nomic Issues 1987, vol. XXI, 4, S. 1623ff.
DOPFER, Kurt   The Historonomic Approach to Economics: Beyond Pure
                      Theory and Pure Experience. Journal of Economic Is-
                      sues 1986, vol. XX, 4, S. 509ff.
DORNBUSCH, Rüdiger   Der Weg zur internationalen Währungsstabilität. Neue
                      Zürcher Zeitung v. 13.10.1988, 35.
DRUCKER, Peter   Towards the Next Economics, in Daniel Bell and Irving
                      Kristol (es.): The Crisis in Economic Theory, New York
                      1981.
EBBINGHAUS, H.-D.   Rechnendes Erkennen. Neue Zürcher Zeitung v.
                      4.1.1989, 51.
ELTIS, Walter   The Classical Theory of Economic Growth, London
                      and Basingstoke 1984.
EMERSON, Ralph W.   The Best of Ralph Waldo Emerson, Toronto/London/
                      New York 1941.
EVENSKY, Jerry   The Two Voices of Adam Smith: Moral Philosopher
                      and Social Critic. History of Political Economy; 1987,
                      S. 447ff.
FEIGER, George   What is Speculation? Quarterly Journal of Economics;
                      Volume XL, 1976, S. 677ff.
FELDER, Karl R.   Zuschlag an Kohlberg Kravis Roberts für die Über-
                      nahme von RJR Nabisco. Neue Zürcher Zeitung v.
                      2.12.1988, 33.
FISHER, Irving   The Nature of Capital and Income, New York 1965.
FLIEGER, Burghard   - Erzeuger-Verbraucher-Genossenschaften (1). Über die
                      Chancen einer neuen Kooperationsform, in Rolf
                      Schwendter (Hrsg.): Die Mühen der Ebenen. Grundle-
                      gungen zur alternativen Ökonomie — Teil 2, München
                      1986.
                      - Dritter Weg gleich zweimal. Anthroposophische Ideen
                      als Grundlage, in Rolf Schwendter (Hrsg.): Die Mühen
                      der Berge. Grundlegungen zur alternativen Ökonomie
                      — Teil 1, München 1986.

FLOTOW, Paschen von — Inwiefern können freiwirtschaftliche Vorschläge zur Geldreform zur Verbesserung der Umweltsituation beitragen? Diplomarbeit St. Gallen 1986.

FRANKLIN, Benjamin — The Autobiography of Benjamin Franklin, Nathan G. Goodman ed., New York 1932.

FREIE GEMEIN-SCHAFTSBANK BCL — - Eine Bank die neue Wege geht (Broschüre). Freie Gemeinschaftsbank BCL, Dornach/Schweiz.
- Statuten. Freie Gemeinschaftsbank BCL Dornach/CH
- Wie arbeitet die Gemeinschaftsbank? (Broschüre). Freie Gemeinschaftsbank BCL Dornach/Schweiz.
- 6./7./9. Rundbrief 1986-1987, 13.-18. Rundbrief 1988-1990.

FRIEDMAN, Milton — The Responsibility of Business is to Increase its Profits, in Milton Snoeyenbos et al. ed.: Business Ethics, Buffalo/New York 1982.

GEITMANN, Roland — Bibel, Kirchen und Zinswirtschaft, Zeitschrift für Sozialökonomie 80, 3, 1989, S. 17ff.

GOETHE, J.W. von — - Faust. Der Tragödie erster und zweiter Teil, Stuttgart 1977.
- Schriften zur Botanik und Wissenschaftslehre. Gesamtausgabe Bd. 39, München 1975.

GREFE, Christiane — Kein Brot für die Welt, Gentechnik X: Die Welt nach Maß. Die Zeit v. 6.5.1988, S. 41ff.

GUTH, Wilfried — Die Welt der Finanzen im Umbruch — Chancen und Risiken heute. Frankfurter Allgemeine Zeitung v. 12.5.1987. S.B., 15.

HAVERBECK, W.G. — Die andere Schöpfung, Stuttgart 1978.

HAYEK, F.A. von — - Evolution und spontane Ordnung. Vortrag gehalten am 5. Juli 1983 in Zürich (Bank Vontobel).
- Die drei Quellen der menschlichen Werte. Walter Eucken Institut Freiburg, Vorträge und Aufsätze, Tübingen 1979.

HEINISCH, Klaus — Der utopische Staat, Hamburg 1983.

HEINZE, Rolf G./ OLK, Thomas — Eigenarbeit, Selbsthilfe, Alternativökonomie: Entwicklungstendenzen des informellen Sektors, in Rolf Schwendter (Hrsg.): Die Mühen der Berge. Grundlegungen zur alternativen Ökonomie — Teil 1, München 1986.

HENRY, John F. — John Bates Clark and the Marginal Product: An Historical Inquiry into the Origins of Value-Free Economic Theory. History of Political Economy 15, 3, 1983, S. 375ff.

HERRMANNSTORFER, Udo — - Der Pendelschlag des Kapitals zwischen uneingeschränkter Unternehmerinitiative und gesellschaftlichem Kreislauf. Info 3-Extra. Das Magazin der Zeitschrift Info 3 1988, Heft 2, S. 34ff.
- Zur sozialorganischen Bewältigung des Geldwesens, in S. Leber (Hrsg.): Wesen und Funktion des Geldes, Stuttgart 1989.

HICKS, John R.	A Suggestion for Simplifying the Theory of Money. Economica 1935, vol II, 5-8, S. 3ff.
HIRSHLEIFER, J.	Speculation and Equilibrium: Information, Risk, and Markets: The Quarterly Journal of Economics 1975, 4, S. 519ff.
HUBER, Joseph	Wer soll das alles ändern? Die Alternativen der Alternativbewegung, Berlin 1981.
IMBACH, Ruedi	Wilhelm Ockham, in Ottfried Höffe (Hrsg.): Klassiker der Philosophie, Bd. 2, München 1981.
INFO 3 - EXTRA	1988, S. 32.
JACOBSON, H.K./ SIDJARSKI, D.	The Emerging International Economic Order, Beverly Hills/London/New Delhi 1982.
JARCHOW, H.-J.	Theorie und Politik des Geldes, I. Geldtheorie, Göttingen 1978.
JENSEN, Fr. H.	Recent Developments in Corporate Finance. Federal Reserve Bulletin, November 1986, S. 746ff.
JÖHR, Walter A.	Geschichte der Volkswirtschaftslehre, 3. Ausgabe des Kompendiums zur Geschichte der volkswirtschaftlichen Lehrmeinungen, St. Gallen 1971.
JONAS, Friedrich	Das allgemeine Stabilitätspostulat in der nationalökonomischen Klassik, insbesondere bei Ricardo. Schmollers Jahrbuch LXXIV, 5, 1957, S. 527ff.
KANNENBERG-RENTSCHLER, M.	Die Dreigliederung des Geldes und das freie Geistesleben — ein Beitrag zur internationalen Schuldenkrise, Dornach 1988.
KAHN, Mohsin S.	Islamic Interest — Free Banking, International Monetary Fund Staff Papers, vol. 33/1, 1986, S. 2ff.
KATZENSTEIN, P.J.	Corporatism and Change, Ithaca/London 1984.
KAUDER, Emil	The Genesis of Marginal Utility. The Economic Journal, Spetember 1953, S. 649ff.
KERN, William S.	Aristotle and the Problem of Insatiable Desires: A reply. History of Political Economy 17, 3, 1985, S. 393f.
KEYNES, John M.	- The General Theory of Employment, Interest and Money, London 1936. - Alternative Theories of the Rate of Interest. The Economic Journal 1937, vol XLVII, 185-188, S. 241ff.
KIENE, Helmut	Grundlinien einer essentialen Wissenschaftstheorie. Die Erkenntnistheorie Rudolf Steiners im Spannungsfeld moderner Wissenschaftstheorien, Stuttgart 1984.
KLEIN, Daniel	Deductive Economic Methodology in the French Enlightment: Condillac and Destutt de Tracy. History of Political Economy 1985, 17, 1, S. 51ff.
KLEINEWEFERS, H.	Über Friedrich A. von Hayeks Verfassung der Freiheit. Wirtschafts- und Sozialwissenschaftliches Institut Universität Freiburg i.Ü. 1983.
KOWALSKI, Emil	Vom Fließband zur Sofortbildkamera. Beispiele für «zeitsparende» Erfindungen. Neue Zürcher Zeitung v. 11.1.1989, S. 61.

KNORR, Christa — Die kindersüchtige Wissenschaft oder jedem ein Retortenbaby, in: Gentechnologie, Arbeitskreis der Bundesfachschaftentagung/Biologie, Bielefeld 1986.

KREGEL, J.A. — The Reconstruction of Political Economy, London 1973.

KRISTOL, Irving — Rationalism in Economics, in Daniel Bell and Irving Kristol (ed.): The Crisis in Economic Theory, New York 1981.

KROHN, Wolfgang — Francis Bacon, in Ottfried Höffe (Hrsg.): Klassiker der Philosophie, Bd. 2, München 1981.

KRUSE, Alfred — Geschichte der volkswirtschaftlichen Theorien, Berlin 1979.

KUGLER, Walter — Rudolf Steiner und die Anthroposophie, Köln 1978.

LAKATOS, Imre — Die Methodologie der wissenschaftlichen Forschungsprogramme, Bd. 1, Wiesbaden 1982.

LANGUETIN, Pierre — Ich höre nur Worte, SHZ Gespräche mit Pierre Languetin, Schweizerische Handelszeitung v. 23.12.1987, 13.

LEADBEATER, David — The Consistency of Marx's Categories of Productive and Unproductive Labour. History of Political Economy 1985, 17, 4, S. 591ff.

LEHMAN, Craig K. — Moral and Conceptual Issues in Investment and Finance: An Overview. Journal of Business Ethics 1988, 7, 1-2, S. 3ff.

LINSTROMBERG, R.C. — The Philosophy of Science and Alternative Approaches to Economic Thought, in Warren J. Samuels (ed.): The Methodology of Economic Thought, New Brunswick (USA)/London (UK) 1980.

LONGHOLM, Odd — Wealth and Money in the Aristotelian Tradition, Bergen/Oslo/Stavanger/Tromso 1983.

LOWRY, S. Todd — The Roots of Hedonism: An Ancient Analysis of Quantity and Time. History of Political Economy 1981, 13, 4, S. 812ff.

LÜTHY, Herbert — Nochmals: Calvinismus und Protestantismus. Schweizerische Zeitschrift für Geschichte 1961, S. 57ff.

MAHR, Bernd — Poker-Phase oder die Unberechenbarkeit einer Vision. Kursbuch, März 1986, S. 27ff.

MALTHUS, Robert — Definitions in Political Economy, New York 1954.

MARX, Karl — Die Kritik des Gothaer Programms, Zürich 1934.

MARSHALL, Alfred — The Principles of Economics, London 1898.

McGREGOR, Peter G. — Keynes on Ex-Ante Saving and the Rate of Interest. History of Political Economy 1988, 20, 1, S. 107ff.

McKEAN, Roland N. — Economics of Trust, Altruism, and Corporate Responsibility, in Edmund S. Phelps (ed.): Altruism, Morality and Economic Theory, New York 1975.

MENGER, Carl — - Untersuchungen über die Methode der Sozialwissenschaften und der politischen Ökonomie. The Collected Works of Carl Menger, vol. I, London 1933.
- Grundzüge der Volkswirtschaftslehre. The Collected Works of Carl Menger, vol. II, London 1934.

	- Kleinere Schriften zur Methode und Geschichte der Volkswirtschaftslehre. The Collected Works of Carl Menger, vol. III, London 1935.
MILGATE, Murray	Novalis (Friedrich von Hardenberg), in: The New Palgrave. A Dictionary of Economics, London/New York/Tokyo 1986.
MINI, Piero V.	Philosophy and Economics, Gainesville (Florida) 1974.
MIROWSKI, Philip	- Physics and the ‹marginalist revolution›. Cambridge Journal of Economics 1984, (a) 8, S. 361ff.
	- Macroeconomic instability and the «Natural» Processes in Early Neoclassical Economics. Journal of Economic History 1984, (b) 16, 2, S. 345ff.
	- Energy and Energetics in Economic Theory: A Review Essay. Journal of Economic Issues, vol. XXII, No. 3, September 1988, S. 811ff.
MITCHELL, Neill J.	John Locke and the Rise of Capitalism. History of Political Economy 1986, 18, 2, S. 291ff.
MONROE, Arthur Eli	Monetary Theory before Adam Smith, New York 1966.
MÜLLER, Adam	Vom Geiste der Gemeinschaft, Elemente der Staatskunst, Theorie des Geldes, Leipzig 1931.
MYHRMANN, Johan	The New Institutional Economics and the Process of Economic Development. Journal of Institutional and Theoretical Economics (JITE) 1989, 145, S. 67ff.
NACHRICHTEN	- der Rudolf Steiner-Nachlaßverwaltung. 1919 — Das Jahr der Dreigliederungsbewegung und der Gründung der Waldorf-Schule. Nr. 27/28, Dornach 1969 a).
	- der Rudolf Steiner-Nachlaßverwaltung. Sonderheft. 50 Jahre «Die Kernpunkte der sozialen Frage», April 1919 - April 1969. Nr. 24/25, Dornach 1969 b).
NAWROTH, Egon	Die Sozial- und Wirtschaftsphilosophie des Neoliberalismus. Diss. Fribourg 1961.
NIEHANS, Jürg	The Theory of Money, Baltimore/London 1979.
NOVALIS	(Friedrich von Hardenberg) Werke. Herausgegeben und kommentiert von Gerhard Schulz, München 1981.
OTT, Alfred E./ WINKEL, Harald	Geschichte der theoretischen Volkswirtschaftslehre, Göttingen 1985.
PACK, Spencer J.	Aristotle and the Problem of Insatiable Desires: A Comment on Kern's Interpretation of Aristotle: History of Political Economy, 1985, 17, 3, S. 391ff.
PHELPS, Edmund S.	Altruism, Morality and Economic Theory. New York 1975.
PISTON, Fritz	Assoziative Wirtschaft als Forderung Rudolf Steiners, Diss. Tübingen 1923.
POLZER-HODITZ, Ludwig	Erinnerungen an Rudolf Steiner, Dornach/Schweiz 1985.
POPPER, Karl	Die Logik der Forschung, Tübingen 1971.
REILLY, Neill	Banking in 1990: Liquidity and Vigilance. Financial Executive, Special Issue 1987, 2, S. 54ff.

RICARDO, David — Absoluter Wert und Tauschwert, in B. Schefold (Hrsg.): Ökonomische Klassik im Umbruch, Frankfurt/M. 1986.
— On The Principles Of Political Economy And Taxation, London 1926.

ROBINSON, Joan — Die Arbeitswerttheorie als analytisches System. Wirtschaft und Gesellschaft 1977, Heft 4, S. 21ff.

RÖSCHERT, Günter — Ethik und Mathematik. Intuitives Denken bei Cantor, Gödel, Steiner, Stuttgart 1985.

RYAN, Cheyney C. — The Fiends of Commerce: Romantic and Marxist Criticisms of Classical Political Economy. History of Political Economy 1981, 13, 1, S. 80ff.

SALANT, Stephen W. — J. Hirshleifer, «Speculation and Equilibrium: Informations, Risk, and Markets», The Quarterly Journal of Economics, XL 1976.

SALIN, Edgar — Geschichte der Volkswirtschaftslehre, Bern/Tübingen 1951.

SANTIAGO-VALIENTE, Wilfredo — Historical Background of the Classical Monetary Theory and the ‹Real-Bills› Banking Tradition. History of Political Economy 20, 1, 1988, S. 43ff.

SAPORITO, Bill — Companies that Compete Best. Fortune International 1989, 11, S. 38ff.

SCHEFOLD, Betram — Nachfrage und Zufuhr in der klassischen Ökonomie, in B. Schefold (Hrsg.): Ökonomische Klassik im Umbruch, Frankfurt/M. 1986.

SCHMITT, Peter — Go Space! Kursbuch, März 1986, S. 118ff.

SCHMUNDT, Wilhelm — Erkenntnisübungen zur Dreigliederung des sozialen Organismus, Achberg 1980.

SCHULTZ, Theod. W. — Resources for Higher Education: An Economist's View. Journal of Political Economy Vol. 1, 1986, S. 327ff.

SCHULZ, Gerhard — Novalis. Kommentar zum theoretischen Werke, in: Novalis Werke, München 1981.

SCHUMACHER, E.F. — Small is Beautiful. A Study of Economics as if People Mattered, London 1973.

SCHUMPETER, Jos. — Geschichte der ökonomischen Analyse, Bd. 1, Göttingen 1965.
— Economic Doctrine and Method, London 1954.

SCHWARTZ, Gerhard — Von der Radikalität des Marktes. Neue Zürcher Zeitung v. 24.9.1986, S. 23.

SCHWENDTER, Rolf — Notare zur neuesten Geschichte der alternativen Ökonomie, in: Die Mühen der Ebenen. Grundlegungen zur alternativen Ökonomie — Teil 2, München 1986.

SCHWEPPENHÄUSER, Hans Georg — Das Geld in Vergangenheit, Gegenwart und Zukunft. Fallstudien. Institut für soziale Gegenwartsfragen e.V., Freiburg i.Br. 1981.
— Die Assoziation im Dialog. Fallstudien. Institut für soziale Gegenwartsfragen e.V., Freiburg i.Br. 1980.
— Inflation, Schaffhausen 1978.

- Die organische Geldordnung. Institut für soziale Gegenwartsfragen e.V., Berlin 1975.
- Das kranke Geld, Stuttgart 1971.

SEWALL, Hannah — The Theory Of Value Before Adam Smith, New York 1978.

SMITH, Adam — An Inquiry indo the Nature and Causes of the Wealth of Nations, London 1926 und Cannan Edition, Oxford 1976.

SMITH, Verdaman — John Stuart Mill's Famous Distinction Between Production and Distribution. Economics and Philosophy, 1985, 1, S. 267ff.

SOLO, Robert — Profits without Production. Journal of Economic Issues, vol. XIX, Number 1, March 1985, S. 201ff.

SPECHT, Rainer — René Descartes, in Offtried Höffe (Hrsg.): Klassiker der Philosophie, Bd. 2, München 1981.

SPIEGEL, Henry W. — The Growth of Economic Thought, Durham (USA) 1983.

SRAFFA, Piero — Introduction. The Works and Correspondence of David Ricardo. Edited by Piero Sraffa, vol. 1, Cambridge/London/New York/New Rochelle/Melbourne/Sydney 1981.

STEINER, Rudolf — - Anthroposophie — ihre Erkenntniswurzeln und Lebensfrüchte, Stuttgart 1962.
- Die Assoziationen der Wirtschaft, in: Roman Boos. Fallstudien, Heft 4. Institut für soziale Gegenwartsfragen e.V., Freiburg i.Br. 1980, (b).
- Aufsätze über die Dreigliederung des sozialen Organismus und zur Zeitlage 1915-1921, Dornach/CH 1982 (b).
- Geisteswissenschaftliche Erläuterungen zu Goethes Faust, Bd. 1, Dornach 1982 (c).
- Geisteswissenschaft und soziale Frage. Drei Aufsätze, Dornach/Schweiz 1982 (d).
- Goethes Naturwissenschaftliche Schriften, Freiburg i.Br. 1949.
- Goethes Weltanschauung, Freiburg i.Br. 1948, (a).
- Grundlinien einer Erkenntnistheorie der Goetheschen Weltanschauung, Dornach/Schweiz 1979, (c).
- Die Kardinalfrage des Wirtschaftslebens. Öffentlicher Vortrag, gehalten in Kristiana (Oslo) am 30. November 1921, Dornach/Schweiz 1962 (b).
- Die Kernpunkte der sozialen Frage in den Lebensnotwendigkeiten der Gegenwart und Zukunft, Dornach/Schweiz 1980, (a).
- Landwirtschaft und Industrie. Neuordnung des Bodenrechtes als soziale Forderung der Gegenwart, hrsg. v. Roman Boos. Forschungsring für Biologisch-Dynamische Wirtschaftsweise, Stuttgart 1957.
- Nationalökonomischer Kurs. Vierzehn Vorträge 1922, Dornach/Schweiz 1979, (a).

- Nationalökonomisches Seminar. 6 Seminarbesprechungen 1922, Dornach/Schweiz 1986.
- Naturbeobachtung, Mathematik, Wissenschaftliches Experiment und Erkenntnisergebnisse vom Gesichtspunkt der Anthroposophie. Vorträge 1921, Dornach/Schweiz 1972.
- Die Philosophie der Freiheit, Dornach/Schweiz 1978.
- Die Rätsel der Philosophie, Bd. 1 u. 2, Berlin 1914.
- Die soziale Grundforderung unserer Zeit in geänderter Zeitlage. Zwölf Vorträge 1919, Dornach/CH 1979, (b).
- Soziale Zukunft. 6 Vorträge 1919, Dornach/CH 1981.
- Wahrheit und Wissenschaft, Freiburg i.Br. 1948, (b).
- Das Wesen der wirtschaftlichen Assoziationen. Rudolf-Steiner-Texte (zusammengestellt von Fritz Götte). Fallstudien, Heft 3. Institut für soziale Gegenwartsfragen e.V., Freiburg i.Br. 1980, (c).
- Zukunftsimpulse für den sozialen Organismus. Vortrag. Oxford 29.8.1922 in: Mitteilungen aus der anthroposophischen Arbeit in Deutschland, 1983, 37, Heft 1.

STOHS, Mark — ‹Uncertainty› in Keynes' General Theory. History of Political Economy 1980, 12, 3, S. 372ff.

STRAWE, Christoph — Marxismus und Anthroposophie, Stuttgart 1986.

STREECK, Wolfgang/ SCHMITTER, Ph.C. — Community, Market, State and Associations? The Prospective Contribution of Interest Governance to Social Order. London/Beverly Hills/New Delhi 1984.

STREET, Donald R. — Jovellanos, an Antecedent to Modern Human Capital Theory. History of Political Economy 20/2 1988, S. 191ff.

STUDER, H.-P. — Die Entwicklung des Wirtschaftsverständnisses von ‹primitiven› Kulturen bis hin zur Neuzeit. Eine kritische Betrachtung mit Hinblick auf die heutige materialistische Gesellschaft und ihre Folgen für Mensch und Natur, Diss. St. Gallen 1987.

SUHR, Dieter — - Alterndes Geld. Das Konzept Rudolf Steiners aus geldtheoretischer Sicht. Schaffhausen 1988.
- Geld ohne Mehrwert. Entlastung der Marktwirtschaft von monetären Transaktionskosten. Frankfurt/M. 1983.

TOBIN, James — Sand ins Räderwerk der Devisenspekulation. Neue Zürcher Zeitung v. 11.10.1988, 35.

TSCHUPP, Armin — Das theoretische System Turgots und seine Beziehungen zur physiokratischen Doktrin, Diss. Zürich 1929.

TURGOT, A.J.R. — Oeuvres, vol. 2, Paris 1914.

ULRICH, Peter — Spekulation ist eine Modeerscheinung, St. Galler Tagblatt v. 1.3.1989, S. 11.

VAGGI, Gianni — The role of profits in Physiocratic economics, History of Political Economy 17, 3, 1985, S. 367ff.

VANBERG, Viktor — Spontaneous Market Order And Social Rules. A Critical Examination of F.A. Hayek's Theory of Cultural Evolution. Economics and Philosophy 1986, vol. 2, S. 75ff.

VANDERWALLE, G.	Romanticism and Neoromanticism in Political Economy. History of Political Economy 1986, 18, 1, S. 33ff.
VERBUND FREIE UNTERNEHMENS-INITIATIVEN	Partnerschaft von Initiative und Kapital. Freie Unternehmensinitiativen Gesellschaft zur Förderung Partnerschaftlichen Wirtschaftens mbH & Co. KG, Stuttgart.
VESTER, Michael	Zur Geschichte der Genossenschaftsbewegung, in Rolf Schwendter (Hrsg.): Die Mühen der Berge. Grundlegungen zur alternativen Ökonomie — Teil 1, München 1986.
VIVO, G. de	David Ricardo, in: The New Palgrave. A Dictionary of Economics, vol. 4, London/New York/Tokyo 1987.
VRIES, Rimmer de	Global Financial Change. World Financial Markets, Morgan Guarantee Trust of New York, December 1986, S. 1ff.
WAIBL, Elmar	Ökonomie und Ethik. Die Kapitalismusdebatte in der Philosophie der Neuzeit, Stuttgart 1984.
WEBER, Alfred	Der freie Kapitalmarkt, das Herzstück der Marktwirtschaft, in: E. v. Beckenrath et al. (Hrsg.): Wirtschaftsfragen der freien Welt. Festschrift zum 60. Geburtstag von Ludwig Erhard, Frankfurt/M. 1957.
WEBER, Max	Religionssoziologie, Band I, Tübingen 1920.
WEYMARK, John A.	Money and Locke's Theory of Property. History of Political Economy 1980, 12, 2, S. 282ff.
WILKEN, Folkert	Das Kapital. Sein Wesen, seine Geschichte und sein Wirken im 20. Jahrhundert, Schaffhausen/Schweiz 1976.
WIRTSCHAFTSWOCHE	Hektische Aufholjagd, 19.9.1986, S. 94ff.
YOUNG, Geoffrey T.	Classical Theories of Value: From Smith to Sraffa, Boulder (Colorado) 1978.
ZEHNTNER, Daniel	Die große Illusion. Bilanz 5/1987, S. 74ff.